〔元〕脱脱 等撰

點校本二十四史修訂本

金史

第四册

卷四六至卷五八

中華書局

2020 年 2 月第 1 版　　　　　2024 年 6 月第 2 次印刷

ISBN 978-7-101-14218-1

金史卷四十六

志第二十七

食貨一

户口　通檢推排

國之有食貨，猶人之有飲食也。人非飲食不生，國非食貨不立。然燧人、庖犧能爲飲食之道以教人，而不能使人無飲食之疾。三王能爲食貨之政以遺後世，而不能使後世無食貨之弊。唯善養生者如不欲食啖，而飲食自不闕焉，故能適飢飽之宜，可以疾少而長壽。善裕國者初不事貨殖，而食貨自不乏焉，故能制豐約之節，可以弊少而長治。

金於食貨，其立法也周，其取民也審。太祖肇造，減遼租稅，規模遠矣。熙宗、海陵之世，風氣日開，兼務遠略，君臣講求財用之制，切切然以是爲先務。雖以世宗之賢，儲積之志曷嘗一日而忘之。章宗彌文熠興，邊費亦廣，食貨之議不容不急。宣宗南遷，國土日蹙，汙池數罟，往往而然。攷其立國以來，所謂食貨之法，犖犖大者曰租税、銅錢、交鈔三者而已。三者之法數變而數窮。

官田曰租，私田曰税。租税之外筭其田園屋舍車馬牛羊樹藝之數，及其藏鏹多寡，徵錢曰物力。物力之徵，上自公卿大夫，下逮民庶，無苟免者。近臣出使外國，歸必增物力錢，以其受饋遺也。猛安謀克户又有所謂牛頭税者，宰臣有納此税，庭陛間諮及其增減，則州縣徵求於小民蓋可知矣。故物力之外又有鋪馬、軍須、輸庸、司吏、河夫、桑皮故紙等錢，名目瑣細，不可殫述。其爲户有數等，有課役户、不課役户、本户、雜户、正户、監户、官户、奴婢户〔一〕、二税户。有司始以三年一籍，後變爲通檢，又爲推排。凡户隸州縣者，與隸猛安謀克，其輸納高下又各不同。

法之初行，唯恐不密，言事者謂其厲民，即命罷之。罷之未久，會計者告用乏，又即舉行。其罷也志以便民，而民未見德。其行也志以足用，而用不加饒。一時君臣節用之言不絶告誡。嘗自計其國用，數亦浩瀚，若足支歷年者，郡縣稍遇歲侵，又遽不足，竟莫詰其故焉。

至於銅錢、交鈔之弊，蓋有甚者。初用遼、宋舊錢，雖劉豫所鑄，豫廢，亦兼用之。正隆而降，始議鼓鑄，民間銅禁甚至，銅不給用，漸興窑冶。凡産銅地脉，遣吏境内訪察無遺，且及外界，而民用銅器不可闕者，皆造於官而鬻之。既而官不勝煩，民不勝病，乃聽民冶銅造器，而官爲立價以售，此銅法之變也。

若錢法之變，則鼓鑄未廣，斂散無方，已見壅滯。初恐官庫多積，錢不及民，立法廣布。繼恐民多匿錢，乃設存留之限，開告訐之路，犯者繩以重罰，卒莫能禁。州縣錢艱，民間自鑄，私錢苦惡特甚。乃以官錢五百易其一千，其策愈下。及改鑄大錢，所準加重，百計流通，卒莫獲效。濟以鐵錢，鐵不可用，權以交鈔，錢重鈔輕，相去懸絶，物價騰踊，鈔至不行。權以銀貨，銀弊又滋，捄亦無策，遂罷銅錢，專用交鈔、銀貨。然而二者之弊乃甚於錢，在官利於用大鈔，而大鈔出多，民益見輕。在私利於得小鈔，而小鈔入多，國亦無補。於是，禁官不得用大鈔，已而恐民用銀而不用鈔，則又責民以鈔納官，以示必用。先造二十貫至百貫例，後造二百貫至千貫例，先後輕重不倫，民益眩惑。及不得已，則限以年數，限以地方，公私受納限以分數，由是民疑日深。其間，易交鈔爲寶券，寶券未久更作通寶，準銀并用。通寶未久復作寶泉，寶泉未久織綾印鈔，名曰珍貨。珍貨未久復作寶會，汔無定制，而金祚訖矣。

歷觀自古財聚民散，以至亡國，若鹿臺、鉅橋之類，不足論也。其國亡財匱，比比有之，而國用之屈，未有若金季之甚者。金之爲政，常有卹民之志，而不能已苛征之令，徒有聚斂之名，而不能致富國之實。及其亡也，括粟、闌糴，一切掊克之政靡不爲之。加賦數倍，豫借數年，或欲得鈔則豫賣下年差科。高琪爲相，議至榷油。進納濫官，輒售空名宣勑，或欲與以五品正班。僧道入粟，始自度牒，終至德號、綱副威儀、寺觀主席亦量其貲而鬻之。甚而丁憂鬻以求仕，監户鬻以從良，進士出身鬻至及第。又甚而叛臣劇盜之效順，無金帛以備賞激，動以王爵固結其心，重爵不蔇，則以國姓賜之。名實混淆，倫法斁壞，皆不暇顧，國欲不亂，其可得乎。

迨夫宋絶歲幣而不許和，貪其淮南之蓄，謀以力取，至使樞府武騎盡於南伐。訛可、時全之出，初志得糧，後乃尺寸無補，三軍儥亡，我師壓境，兵財俱困，無以禦之。故志金之食貨者，不能不爲之掩卷而興嘅也。傳曰：「作法於涼，其弊猶貪。作法於貪，弊將若何。」

金起東海，其俗純實，可與返古。初入中夏，兵威所加，民多流亡，土多曠閒，遺黎惴惴，何求不獲。使於斯時，縱不能復井地溝洫之制，若用唐之永業、口分以制民産，倣其租庸調之法以足國計，何至百年之内所爲經畫紛紛然，與其國相終始耶。其弊在於急一時之利，踵久壞之法。及其中葉，鄙遼儉朴，襲宋繁縟之文，懲宋寬柔，加遼操切之政。是棄二國之所長，而併用其所短也。繁縟勝必至於傷財，操切勝必至於害民，訖金之世，國用易匱，民心易離，豈不由是歟。作法不慎厥初，變法以捄其弊，秖益甚焉耳。

其他鹽筴、酒麴、常平、和糴、茶稅、征商、榷場等法，大概多宋舊人之所建明，息耗無定，變易靡恒，視錢鈔何異。田制、水利、區田之目，或驟行隨輟，或屢試無效，或熟議未行，咸著于篇，以備一代之制云。

户口。金制，男女二歲以下爲黄，十五以下爲小，十六爲中，十七爲丁，六十爲老，無夫爲寡妻妾，諸篤廢疾不爲丁。户主推其長充，内有物力者爲課役户，無者爲不課役户。

令民以五家爲保。泰和六年，上以舊定保伍法，有司滅裂不行，其令結保，有匿姦細、盜賊者連坐。宰臣謂舊以五家爲保，恐人易爲計搆而難覺察，遂令從唐制，五家爲隣、五隣爲保，以相檢察。京府州縣郭下則置坊正，村社則隨户衆寡爲鄉置里正，以按比户口，催督賦役，勸課農桑。村社三百户以上則設主首四人，二百户以上三人〔三〕，五十户以上二人，以下一人，以佐里正禁察非違。置壯丁，以佐主首巡警盜賊。猛安謀克部村寨，五十户以上設寨使一人，掌同主首。寺觀則設綱首。凡坊正、里正，以其户十分内取三分，富民均出顧錢，募强幹有抵保者充，人不得過百貫，役不得過一年。大定二十九年，章宗嘗欲罷坊、里正，復以主首遠，入城應代，妨農不便，乃以有物力謹愿者二年一更代。

凡户口計帳，三年一籍。自正月初，州縣以里正、主首，猛安謀克則以寨使，詣編户家責手實，具男女老幼年與姓名，生者增之，死者除之。正月二十日以實數報縣，二月二十日申州，以十日內達上司，無遠近皆以四月二十日到部呈省。

凡漢人、渤海人不得充猛安謀克户。猛安謀克之奴婢免爲良者，止隸本部爲正户。凡没入官良人，隸宫籍監爲監户，没入官奴婢，隸太府監爲官户。

當收國二年時，法制未定，兵革未息，貧民多依權右爲苟安，多隱蔽爲奴婢者，太祖下詔曰：「比以歲凶民飢，多附豪族，因陷爲奴隸。及有犯法，徵償莫辦，折身爲奴。或私約立限，以人對贖，過期則以爲奴者。並聽以兩人贖一爲良，元約以一人贖者從便。」

天輔五年，以境土既拓，而舊部多瘠鹵，將移其民于泰州，乃遣皇弟昱及族子宗雄按視其地。昱等苴其土以進，言可種植，遂摘諸猛安謀克中民户萬餘，使宗人婆盧火統之，屯種于泰州。婆盧火舊居阿注滸水，又作按出虎。至是遷焉。其居寧江州者，遣拾得、查端、阿里徒歡、奚撻罕等四謀克，挈家屬耕具，徙于泰州，仍賜婆盧火耕牛五十。

天輔六年，既定山西諸州，以上京爲内地，則移其民實之。又命耶律佛頂以兵護送諸降人于渾河路，以皇弟昂監之，命從便以居。七年，以山西諸部族近西北二邊，且遼主未獲，恐陰相結誘，復命皇弟昂與孛堇稍喝等以兵四千護送，處之嶺東，惟西京民安堵如故，且命昂鎮守上京路。既而，上聞昂已過上京，而降人復苦其侵擾多叛亡者，遂命孛堇出里底往戒諭之，比至，而諸部已叛去。又以猛安詳穩留住所領歸附之民還東京，命有司常撫慰，且貸一歲之糧，其親屬被虜者皆令聚居。及七年取燕京路，二月，盡徙六州氏族富强工技之民於內地〔三〕。

太宗天會元年，以舊徙潤、隰等四州之民於瀋州之境，以新遷之户艱苦不能自存，詔曰：「比聞民乏食至鬻子者，聽以丁力等者贖之。」又詔孛堇阿實賚曰：「先皇帝以同姓之人昔有自鬻及典質其身者，命官爲贖。今聞尚有未復者，其悉閱贖之。」又命以官粟贖上京路新遷寧江州户口貧而賣身者六百餘人。二年，民有自鬻爲奴者，詔以丁力等者易之。三年，禁內外官及宗室毋得私役百姓，權勢家不得買貧民爲奴，其脅買者一人償十五人，詐買者一人償二人，罪皆杖百。七年，詔兵興以來，良人被略爲驅者，聽其父母妻子贖之。

熙宗皇統四年詔陝西、蒲、解、汝、蔡等州歲飢，百姓流落典雇爲驅者，官以絹贖爲良，丁男三疋，婦人幼小二疋。

世宗大定二年，詔免二税户爲民。初，遼人佞佛尤甚，多以良民賜諸寺，分其税一半輸官，一半輸寺，故謂之二税户。遼亡，僧多匿其實，抑爲賤，有援左證以告者，有司各執以聞，上素知其事，故特免之。

十七年五月，省奏「咸平府路一千六百餘户，自陳皆長白山星顯、禪春河女直人，遼時簽爲獵户，移居於此，號移典部，遂附契丹籍。本朝義兵之興，首詣軍降，仍居本部，今乞釐正」。詔從之。

二十年，以上京路女直人户，規避物力，自賣其奴婢，致耕田者少，遂以貧乏，詔定制禁之。又謂宰臣曰：「猛安謀克人户，兄弟親屬若各隨所分土，與漢人錯居，每四五十户結爲保聚，農作時令相助濟，此亦勸相之道也。」

二十一年六月，徙銀山側民於臨潢。又命避役之户舉家逃於他所者，元貫及所寓司縣官同罪，爲定制。

二十三年，定制，女直奴婢如有得力，本主許令婚娉者，須取問房親及村老給據，方許娉於良人。

是年八月〔四〕，奏猛安謀克户口、墾地、牛具之數。猛安二百二，謀克千八百七十八，户六十一萬五千六百二十四，口六百一十五萬八千六百三十六，内正口四百八十一萬二千六百六十九，奴婢口一百三十四萬五千九百六十七。墾田一百六十九萬三百八十頃有奇，牛具三十八萬四千七百七十一。在都宗室將軍司，户一百七十，口二萬八千七百九十，内正口九百八十二，奴婢口二萬七千八百八。墾田三千六百八十三頃七十五畝，牛具三百四。迭刺、唐古二部五乣，户五千五百八十五，口十三萬七千五百四十四，内正口十一萬九千四百六十三〔五〕，奴婢口一萬八千八十一。墾田萬六千二十四頃一十七畝，牛具五千六十六。

二十五年，命宰臣禁有禄人一子及農民避課役爲僧道者。

大定初，天下户纔三百餘萬，至二十七年天下户六百七十八萬九千四百四十九，口四千四百七十萬五千八十六。

章宗大定二十九年十一月，上封事者言，乞放二税户爲良。省臣欲取公牒可憑者爲准，參知政事移剌履謂「憑驗真僞難明，凡契丹奴婢今後所生者悉爲良，見有者則不得典賣，如此則三十年後奴皆爲良，而民且不病焉」。上以履言未當，令再議。省奏謂不拘括則訟終不絶，遂遣大興府治中烏古孫仲和、侍御史范楫分括北京路及中都路二税户〔六〕，凡無憑驗，其主自言之者及因通檢而知之者，其税半輸官、半輸主，而有憑驗者悉放爲良。

明昌元年正月，上封事者言：「自古以農桑爲本，今商賈之外又有佛、老與他游食，浮費百倍。農歲不登，流殍相望，此末作傷農者多故也。」上乃下令，禁自披剃爲僧、道者。

是歲，奏天下户六百九十三萬九千，口四千五百四十四萬七千九百，而粟止五千二百二十六萬一千餘石，除官兵二年之費，餘驗口計之，口月食五斗，可爲四十四日之食。上曰：「蓄積不多，是力農者少故也。其集百官，議所以使民務本廣儲之道，以聞。」六月，奏北京等路所免二税户，凡一千七百餘户，萬三千九百餘口，此後爲良爲驅，皆從已斷爲定。

明昌六年二月，上謂宰臣曰：「凡言女直進士，不須稱女直字。卿等誤作迴避女直、契丹語，非也。今如分别户民，則女直言本户，漢户及契丹，餘謂之雜户。」

明昌六年十二月，奏天下女直、契丹、漢户七百二十二萬三千四百，口四千八百四十九萬四百，物力錢二百六十萬四千七百四十二貫。

泰和七年六月，勑，中物力户，有役則多逃避，有司令以次户代之，事畢則復業，以致大損不逃之户。令省臣詳議。宰臣奏，舊制太輕，遂命課役全户逃者徒二年，賞告者錢五萬。先逃者以百日内自首，免罪。如實銷乏者，内從御史臺，外從按察司，體究免之。十二月，奏天下户七百六十八萬四千四百三十八，口四千五百八十一萬六千七十九〔七〕。户增於大定二十七年一百六十二萬三千七百一十五，口增八百八十二萬七千六十五。此金版籍之極盛也。

及衞紹王之時，軍旅不息，宣宗立而南遷，死徙之餘，所在爲虚戾。户口日耗，軍費日急，賦斂繁重，皆仰給於河南，民不堪命，率棄廬田，相繼亡去。乃屢降詔招復業者，免其歲之租，然以國用乏竭，逃者之租皆令居者代出，以故多不敢還。興定元年十二月，宣宗欲懸賞募人捕亡户，而復慮騷動，遂命依已降詔書，已免債逋，更招一月，違而不來者然後捕獲治罪，而以所遺地賜人。四年，省臣奏，河南以歲飢而賦役不息，所亡户令有司招之，至明年三月不復業者，論如律。時河壖爲疆，烽鞞屢警，故集慶軍節度使温迪罕達言，亳州户舊六萬，自南遷以來不勝調發，相繼逃去，所存者曾無十一，碭山、下邑，野無居民矣。

通檢推排。通檢，即周禮大司徒三年一大比，各登其鄉之衆寡、六畜、車輦，辨物行徵之制也。金自國初占籍之後，至大定四年，承正隆師旅之餘，民之貧富變更，賦役不均。世宗下詔曰：「粵自國初，有司常行大比，于今四十年矣。正隆時，兵役並興，調發無度，富者今貧不能自存，版籍所無者今爲富室而猶幸免。是用遣信臣泰寧軍節度使張弘信等十三人，分路通檢天下物力而差定之，以革前弊，俾元元無不均之嘆，以稱朕意。凡規措條理，命尚書省畫一以行。」又命「凡監户事產，除官所撥賜之外，餘凡置到百姓有税田宅，皆在通檢之數」。時諸使往往以苛酷多得物力爲功，弘信檢山東州縣尤爲酷暴，棣州防禦使完顏永元面責之曰：「朝廷以正隆後差調不均，故命使者均之。今乃殘暴，妄加民産業數倍，一有來申訴者，則血肉淋離，甚者即殞杖下，此何理也。」弘信不能對，故惟棣州稍平。

五年，有司奏諸路通檢不均，詔再以户口多寡、貧富輕重，適中定之。既而，又定通檢地土等第税法。十五年九月，上以天下物力，自通檢以來十餘年，貧富變易，賦調輕重不均，遣濟南尹梁肅等二十六人，分路推排。

二十年四月，上謂宰臣曰：「猛安謀克户，富貧差發不均，皆自謀克内科之，暗者惟胥吏之言是從，輕重不一。自窩斡叛後，貧富反復，今當籍其夾户，推其家貲，儻有軍役庶可均也。」詔集百官議，右丞相克寧、平章政事安禮、樞密副使宗尹言：「女直人除猛安謀克僕從差使，餘無差役。今不推奴婢孳畜、地土數目，止驗産業科差爲便。」左丞相守道等言：「止驗財産，多寡分爲四等，置籍以科差，庶得均也。」左丞通、右丞道、都點檢襄言：「括其奴婢之數，則貧富自見，緩急有事科差，與一例科差者不同。請俟農隙，拘括地土牛具之數，各以所見上聞。」上曰：「一謀克户之貧富，謀克豈不知。一猛安所領八謀克，一例科差。設如一謀克内，有奴婢二三百口者，有奴婢一二人者，科差與同，豈得平均。正隆興兵時，朕之奴婢萬數，孳畜數千，而不差一人一馬，豈可謂平。朕於庶事未嘗專行，與卿謀之。往年散置契丹户，安禮極言恐擾動，朕決行之，果得安業。安禮雖盡忠，未審長策。其從左丞通等所見，拘括推排之。」十二月，上謂宰臣曰：「猛安謀克多新强舊弱，差役不均，其令推排，當自中都路始。」至二十二年八月，始詔令集耆老，推貧富，驗土地牛具奴婢之數，分爲上中下三等。以同知大興府事完顏烏里也先推中都路，續遣户部主事按帶等十四人與外官同分路推排。九月，詔「毋令富者匿隱畜産，貧户或有不敢養馬者。昔海陵時，拘括馬畜，絶無等級，富者倖免，貧者盡拘入官，大爲不均。今並覈實貧富造籍，有急即按籍取之，庶幾無不均之弊」。張汝弼、梁肅奏：「天下民户通檢既定，設有産物移易，自應隨業輸納。至於浮財，須有增耗，貧者自貧，富者自富，似不必屢推排也。」上曰：「宰執家多有新富者，故皆不願也。」肅對曰：「如臣者，能推排中都物力。臣以嘗爲南使，先自添物力錢至六十餘貫，視其他奉使無如臣多者。但小民無知，法出姦生，數動摇則易駭。如唐、宋及遼時，或三二十年不測通比則有之。頻歲推排，似爲難爾。」

二十六年，復以李晏等分路推排。二十七年，奏晏等所定物力之數，上曰：「朕以元推天下物力錢三百五萬餘貫，除三百萬貫外〔八〕，令減五萬餘貫。今減不及數，復續收二萬餘貫，即是實二萬貫爾〔九〕，而曰續收，何也？」對曰：「此謂舊脱漏而今首出者，及民地舊無力耕種，而今耕種者也。」上曰：「通檢舊數，止於視其營運息耗，與房地多寡，而加減之。彼人賣地，此人買之，皆舊數也。至如營運，此强則彼弱，强者增之，弱者減之而已。且物力之數蓋是定差役之法，其大數不在多寡也。朕恐實有營運富家所當出者，反分與貧者爾。」

章宗大定二十九年六月，命爲國信使之副者，免增物力。又命農民如有積粟，毋充物力。錢慳之郡，所納錢貨則許折粟帛。九月，以曹州河溢，遣馬百禄等推排遭墊溺州縣之貧乏者。明昌元年四月，刑部郎中路伯達等言，民地已納稅，又通定物力，比之浮財所出差役，是爲重併也。遂詳酌民地定物力，減十之二。尚書户部言，中都等路被水，詔委官推排，比舊減錢五千六百餘貫。明昌三年八月，勑尚書省「百姓當豐稔之時不務積貯，一遇凶儉輒有阻飢，何法可使民重穀而多積也」。宰臣對曰：「二十九年，已詔農民能積粟免充物力。明昌初，命民之物力與地土通推者，亦減十分之二，此固其術也。」

承安元年，尚書省奏，是年九月當推排，以有故不克。詔以冬已深，比事畢恐妨農作，乃權止之。二年冬十月，勑令議通檢，宰臣奏曰：「大定二十七年通檢後，距今已十年，舊户貧弱者衆，儻遲更定，恐致流亡。」遂定制，已典賣物業，止隨物推收，析户異居者許令别籍，户絶及困弱者減免，新强者詳審增之，止當從實，不必敷足元數。邊城被寇之地，皆不必推排。於是，令吏部尚書賈執剛〔一〇〕、吏部侍郎高汝礪先推排在都兩警巡院，示爲諸路法。每路差官一員，命提刑司官一員副之。三年九月，奏十三路籍定推排物力錢二百五十八萬六千七百二貫四百九十文，舊額三百二萬二千七百十八貫九百二十二文，以貧乏除免六十三萬八千一百一十一貫。除上京、北京、西京路無新强增者，餘路計收二十萬二千九十五貫。

泰和二年閏十二月，上以推排時，既問人户浮財物力，而又勘當比次，期迫事繁，難得其實，勅尚書省，定人户物力隨時推收法，令自今典賣事産者隨業推收，别置標簿，臨時止拘浮財物力以增减之。泰和四年十二月，上以職官仕於遠方，其家物力有應除而不除者，遂定典賣實業逐時推收，若無浮財營運，應除免者，令本家陳告，集坊村人户推唱，驗實免之。造籍後如無人告，一月内以本官文牒推唱，定標附于籍。五年，以西京、北京邊地常罹兵荒，遣使推排之。舊大定二十六年所定三十五萬三千餘貫，遂减爲二十八萬七千餘貫。

五年六月，簽南京按察司事李革言：「近制，令人户推收物力，置簿標題，至通推時，止增新强，銷舊弱，庶得其實。今有司奉行滅裂，恐臨時冗併，卒難詳審，可定期限，立罪以督之。」遂令自今年十一月一日，令人户告詣推收標附，至次年二月一日畢，違期不言者坐罪。且令諸處税務，具税訖房地，每半月具數申報所屬，違者坐以怠慢輕事之罪。仍勅物力既隨業，通推時止令定浮財。

八年九月，以吏部尚書賈守謙、知濟南府事蒲察張家奴、莒州刺史完顏百嘉、南京路轉運使宋元吉等十三員，分路同本路按察司官一員，推排諸路。上召至香閣，親諭之曰：「朕選卿等隨路推排，除推收外，其新强消乏户，雖集衆推唱，然消乏者勿銷不盡，如一户物力元三百貫，今蠲免二百五十貫猶有未當者。新强勿添盡，量存其力，如一户可添三百貫，而止添二百貫之類。卿等各宜盡心，一推之後十年利害所關，苟不副所任，罪當不輕也。」

校勘記

〔一〕奴婢户　金代奴婢均稱口，不稱户，没有奴婢户一説。本書稱「奴婢户」，僅此一見。

〔二〕二百户以上三人　「户」字原脱。按，上文言「三百户」，下文言「五十户」，今據文例補。

〔三〕二月盡徙六州氏族富强工技之民於内地　按，本書卷二太祖紀，天輔七年四月，「命習古乃、婆盧火監護長勝軍及燕京豪族工匠，由松亭關徙之内地」。繫月與此異。

〔四〕是年八月　「八月」，原作「七月」。按，本書卷八世宗紀下，大定二十三年八月乙巳，「括定猛安謀克户口田土牛具」；卷四七食貨志二牛頭税，大定二十三年「八月，尚書省奏，推排定猛安謀克户口、田畝、牛具之數」。今據改。

〔五〕内正口十一萬九千四百六十三　「一」字原脱。據此正口與奴婢口之和比上文口數相差一萬，顯誤。按，本書卷四七食貨志二牛頭税記此事正作「内正口十一萬九千四百六十三」。今據補。

〔六〕分括北京路及中都路二税户　「京」字原脱。按，下文云，明昌元年「六月，奏北京等路所免二税户，凡一千七百餘户」，今據補。

〔七〕口四千五百八十一萬六千七十九　此數當有誤字。按，上文云，「明昌六年十二月，奏天下女直、契丹、漢户七百二十二萬三千四百，口四千八百四十九萬四百」，泰和七年户增於前四十六萬有奇，不應口反減二百六十餘萬。又下文小注比大定二十七年户口增加數，核以該年數字亦不合。

〔八〕除三百萬貫外　「萬」字原脱，據文義補。

〔九〕即是實二萬貫爾　「實」下疑有脱文，或是「增」字。

〔一〇〕吏部尚書賈執剛　「吏部尚書」，本書卷一〇七高汝礪傳作「户部尚書」。

金史卷四十七

志第二十八

食貨二

田制　租賦　牛具稅

田制。量田以營造尺，五尺爲步，闊一步，長二百四十步爲畝，百畝爲頃。民田業各從其便，賣質於人無禁，但令隨地輸租而已。凡桑棗，民户以多植爲勤，少者必植其地十之三，猛安謀克户少者必課種其地十之一，除枯補新，使之不闕。凡官地，猛安謀克及貧民請射者，寬鄉一丁百畝，狹鄉十畝，中男半之。請射荒地者，以最下第五等減半定租，八年始徵之。作己業者以第七等減半爲稅，七年始徵之。自首冒佃比隣地者，輸官租三分之二〔一〕。佃黄河退灘者，次年納租。

太宗天會九年五月，始分遣諸路勸農之使者。熙宗天會十四年，罷來流、混同間護邏地，以予民耕牧。海陵正隆元年二月，遣刑部尚書紇石烈婁室等十一人，分行大興府、山東、真定府，拘括係官或荒閑牧地，及官民占射逃絶户地，戍兵占佃宫籍監、外路官本業外增置土田，及大興府、平州路僧尼道士女冠等地，蓋以授所遷之猛安謀克户，且令民請射，而官得其租也。

世宗大定五年十二月，上以京畿兩猛安民户不自耕墾，及伐桑棗爲薪鬻之，命大興少尹完顏讓巡察。

十年四月，禁侵耕圍場地。十一年，謂侍臣曰：「往歲，清暑山西，傍路皆禾稼，殆無牧地。嘗下令，使民五里外乃得耕墾。今聞其民以此去之他所，甚可矜憫。其令依舊耕種，毋致失業。凡害民之事患在不知，知之朕必不爲。自今事有類此，卿等即告毋隱。」

十三年，勅有司：「每歲遣官勸猛安謀克農事，恐有煩擾。自今止令各管職官勸督，弛慢者舉劾以聞。」

十七年六月，邢州男子趙迪簡言：「隨路不附籍官田及河灘地，皆爲豪强所占，而貧民土瘠税重，乞遣官拘籍冒佃者，定立租課，復量減人户税數，庶得輕重均平。」詔付有司，將行而止。復以近都猛安謀克所給官地率皆薄瘠，豪民租佃官田歲久，往往冒爲己業，令拘籍之。又謂省臣曰：「官地非民誰種，然女直人户自鄉土三四千里移來，盡得薄地，若不拘刷良田給之，久必貧乏，其遣官察之。」又謂參知政事張汝弼曰：「先嘗遣問女直土地，皆云良田。及朕出獵，因問之，則謂自起移至此，不能種蒔，斫蘆爲席，或斬芻以自給。卿等其議之。」省臣奏，官地所以人多蔽匿盜耕者，由其罪輕故也。乃更條約，立限令人自陳，過限則人能告者有賞。遣同知中都路轉運使張九思往拘籍之。

十九年二月，上如春水，見民桑多爲牧畜齧毁，詔親王公主及勢要家，牧畜有犯民桑者，許所屬縣官立加懲斷。

十二月，謂宰臣曰：「亡遼時所撥地，與本朝元帥府，已曾拘籍矣。民或指射爲無主地，租佃及新開荒爲己業者可以拘括。其間播種歲久，若遽奪之，恐民失業。」因詔括地官張九思戒之。復謂宰臣曰：「朕聞括地事所行極不當，如皇后莊、太子務之類，止以名稱便爲官地，百姓所執憑驗，一切不問。其相隣冒占官地，復有幸免者。能使軍户稍給，民不失業，乃朕之心也。」

二十年四月，以行幸道隘，扈從人不便，詔户部沿路頓舍側近官地，勿租與民耕種。又詔故太保阿里先於山東路撥地百四十頃，大定初又於中都路賜田百頃，命拘山東之地入官。五月，諭有司曰：「白石門至野狐嶺，其間淀濼多爲民耕植者，而官民雜畜往來無牧放之所，可差官括元荒地及冒佃之數。」

二十一年正月，上謂宰臣曰：「山東、大名等路猛安謀克户之民，往往驕縱，不親稼穡，不令家人農作，盡令漢人佃蒔，取租而已。富家盡服紈綺，酒食遊宴，貧者爭慕效之，欲望家給人足，難矣。近已禁賣奴婢，約其吉凶之禮，更當委官閱實户數，計口授地，必令自耕，力不贍者方許佃於人。仍禁其農時飲酒。」又曰：「奚人六猛安，已徙居咸平、臨潢、泰州，其地肥沃，且精勤農務，各安其居。女直人徙居奚地者，菽粟得收穫否？」左丞守道對曰〔二〕：「聞皆自耕，歲用亦足。」上曰：「彼地肥美，異於他處，惟附都民以水害稼者振之。」

三月，陳言者言，豪强之家多占奪田者。上曰：「前參政納合椿年占地八百頃，又聞山西田亦多爲權要所占，有一家一口至三十頃者，以致小民無田可耕，徙居陰山之惡地，何以自存。其令占官地十頃以上者皆括籍入官，將均賜貧民。」省臣又奏，「椿年子猛安參謀合、故太師耨盌温敦思忠孫長壽等，親屬計七十餘家〔三〕，所占地三千餘頃」。上曰：「至秋，除牛頭地外，仍各給十頃，餘皆拘入官。山後招討司所括者，亦當同此也。」又謂宰臣曰：「山東路所括民田，已分給女直屯田人户，復有籍官閑地，依元數還民，仍免租税。」

六月，上謂省臣曰：「近者大興府平、灤、薊、通、順等州，經水災之地，免今年税租。」

不罷水災者姑停夏稅，俟稔歲徵之。」時中都大水，而濱、棣等州及山後大熟，命修治懷來以南道路，以來糴者。又命都城減價以糶。又曰：「近遣使閱視秋稼，聞猛安謀克人惟酒是務，往往以田租人，而預借三二年租課者。或種而不耘，聽其荒蕪者。自今皆令閱實各户人力，可耨幾頃畝，必使自耕耘之，其力果不及者方許租賃。如惰農飲酒，勸農謀克及本管猛安謀克并都管，各以等第科罪。收獲數多者則亦以等第遷賞。」

七月，上謂宰臣曰：「前徙宗室户於河間，撥地處之，而不迴納舊地，豈有兩地皆占之理，自今當以一處賜之。山東刷民田已分給女直屯田户，復有餘地，當以還民而免是歲之租。」八月，尚書省奏山東所刷地數，上謂梁肅曰：「朕嘗以此問卿，卿不以言。此雖稱民地，然皆無明據，括爲官地有何不可？」又曰：「黄河已移故道，梁山濼水退，地甚廣，已嘗遣使安置屯田。民昔嘗恣意種之，今官已籍其地，而民懼徵其租，逃者甚衆。若徵其租，而以冒佃不即出首罪論之，固宜。然若遽取之，恐致失所。可免其徵，赦其罪，別以官地給之。」御史臺奏：「大名、濟州因刷梁山濼官地，或有以民地被刷者」。上復召宰臣曰：「雖曾經通檢納稅，而無明驗者，復當刷問。有公據者，雖付本人，仍須體問。」十月，復與張仲愈論冒占田事。

二十二年，以附都猛安户不自種，悉租與民，有一家百口壠無一苗者，上曰：「勸農官，何勸諭爲也，其令治罪。」宰臣奏曰：「不自種而輒與人者，合科違例。」上曰：「太重，愚民安知。」遂從大興少尹王脩所奏，以不種者杖六十，謀克四十，受租百姓無罪。

又命招復梁山濼流民，官給以田。時人户有執契據指墳壠爲驗者，亦拘在官，先委恩州刺史奚晦招之，復遣安肅州刺史張國基驗實給之，如已撥係猛安，則償以官田。上曰：「工部尚書張九思執强不通，向遣刷官田，凡犯秦、漢以來名稱，如長城、燕子城之類者，皆以爲官田。此田百姓爲己業不知幾百年矣，所見如此，何不通之甚也。」八月，以趙王永中等四王府冒占官田，罪其各府長史府掾，及安次、新城、宛平、昌平、永清、懷柔六縣官，皆罰贖有差。

九月，遣刑部尚書移剌慥于山東路猛安内摘八謀克民，徙于河北東路酬斡、青狗兒兩猛安舊居之地，無牛者官給之。河間宗室未徙者令盡徙于平州，無力者官津發之，土薄者易以良田。先嘗令俟豐年則括籍官地，至是歲，省臣復以爲奏，上曰：「本爲新徙四猛安貧窮，須刷官田與之，若張仲愈等所擬條約太刻，但以民初無得地之由，自撫定後未嘗輸税，妄通爲己業者，刷之。如此，恐民苦之，可爲酬直。且先令猛安謀克人户，隨宜分處，計其丁壯牛具，合得土田實數，給之。不足，則以前所刷地二萬餘頃補之。復不足，則續當議。」時有落兀者與婆薩等爭懿州地六萬頃，以皆無據驗，遂没入官。

二十七年，隨處官豪之家多請占官地，轉與它人種佃，規取課利。命有司拘刷見數，以與貧難無地者，每丁授五十畝，庶不至失所，餘佃不盡者方許豪家驗丁租佃。章宗大定二十九年五月，擬再立限，令貧民請佃官地，緣今已過期，計已數足，其占而有餘者，若容告訐，恐滋姦弊。況續告漏通地，勑旨已革，今限外告者宜却之，止付元佃。兼平陽一路地狹人稠，官地當盡數拘籍，驗丁以給貧民。上曰：「限外指告多佃官地者，却之，當矣。如無主不願承佃，方許諸人告請。其平陽路宜計丁限田，如一家三丁已業止三十畝，則更許存所佃官地一頃二十畝，餘者拘籍給付貧民可也。」

七月，諭旨尚書省曰：「唐、鄧、潁、蔡、宿、泗等處，水陸膏腴之地，若驗等級，量立歲租，寬其徵納之限，募民佃之，公私有益。今河南沿邊地多爲豪民冒占，若民或流移至彼，就募令耕，不惟貧民有贍，亦增羨官租。其給丁壯者出及耕具，而免其租稅。」八月，尚書省奏：「河東地狹，稍凶荒則流亡相繼。竊謂河南地廣人稀，若令招集他路流民，量給閑田，則河東飢民減少，河南且無曠地矣。」上從所請。九月戊寅，又奏：「在制，諸人請佃官閑地者免五年租課，今乞免八年，則或多墾。」並從之。十一月，尚書省奏：「民驗丁佃河南荒閑官地者，如願作官地則免租八年〔四〕，願爲己業則免稅三年，並不許貿易典賣。若豪强及公吏輩有冒佃者，限兩月陳首，免罪而全給之，其稅則視其鄰地定之，以三分爲率減一分，限外許諸人告詣給之。」制可。

明昌元年二月，諭旨有司曰：「瀕水民地，已種蒔而爲水浸者，可令以所近官田對給。」

三月，勑「當軍人所受田，止令自種，力不足者方許人承佃，亦止隨地所産納租，其自欲折錢輸納者從民所欲，不願承佃者毋强」。

六月，尚書省奏：「近制以猛安謀克户不務栽植桑果，已令每十畝須栽一畝，今乞再下各路提刑及所屬州縣，勸諭民户，如有不栽及栽之不及十之三者，並以事怠慢輕重罪科之。」詔可。

八月，勑「隨處係官閑地，百姓已請佃者仍舊，未佃者以付屯田猛安謀克」。

三年六月，尚書省奏：「南京、陝西路提刑司言，舊牧馬地久不分撥，以致軍民起訟，比差官往各路定之。凡民户有憑驗己業，及宅井墳園，已改正給付，而其中復有官地者，亦驗數對易之矣。兩路牧地，南京路六萬三千五百二十餘頃，陝西路三萬五千六百八十餘頃。」

五年，諭旨尚書省：「遼東等路女直、漢兒百姓，可並令量力爲蠶桑。」二月，陳言人乞以長吏勸農立殿最，遂定制「能勸農田者，每年謀克賞銀絹十兩疋，猛安倍之，縣官於本等陞五人。三年不怠者猛安謀克遷一官，縣官陞一等。田荒及十之一者笞三十，分數加至徒一年。三年皆荒者，猛安謀克追一官，縣官以陞等法降之」。爲永格。

六年二月，詔罷括陝西之地。又陝西提刑司言：「本路户民安水磨、油栿，所占步數在私地有税，官田則有租，若更輸水利錢銀，是重併也，乞除之。」省臣奏：「水利錢銀以輔本路之用，未可除也，宜視實占地數，除税租。」命他路視此爲法。

承安二年，遣户部郎中上官瑜往西京并沿邊，勸舉軍民耕種〔五〕。又差户部郎中李敬義往臨潢等路規畫農事。舊令，軍人所授之地不得租賃與人，違者苗付地主。泰和四年九月定制，所撥地土十里内自種之數，每丁四十畝，續進丁同此，餘者許令便宜租賃及兩和分種，違者錢業還主。上聞六路括地時，其間屯田軍户多冒名增口，以請官地，及包取民田，而民有空輸税賦、虚抱物力者，應詔陳言人多論之。五年二月，尚書省奏：「若復遣官分往，追照案憑，訟言紛紛何時已乎。」遂令虚抱税石已輸送入官者，命於税内每歲續剋之。

泰和七年，募民種佃清河等處地，以其租分爲諸春水處餌鵝鴨之食。

八年八月，户部尚書高汝礪言：「舊制，人户請佃荒地者，以各路最下第五等減半定租，仍免八年輸納。若作己業，並依第七等税錢減半，亦免三年輸納。自首冒佃比隣田，定租三分納二。其請佃黄河退灘地者，次年納租。向者小民不爲久計，比至納租之時多巧避匿，或復告退，蓋由元限太遠，請佃之初無人保識故爾〔六〕。今請佃者可免三年，作己業者免一年，自首冒佃并請退灘地，並令當年輸租，以隣首保識，爲長制。」

宣宗貞祐三年七月，以既徙河北軍户於河南，議所以處之者，宰臣曰：「當指官田及牧地分界之，已爲民佃者則俟秋穫後，仍日給米一升，折以分鈔。」太常丞石抹世勣曰：「荒田牧地耕闢費力，奪民素墾則民失所。況軍户率無牛，宜令軍户分人歸守本業，至春復還，爲固守計。」上卒從宰臣議，將括之，侍御史劉元規上書曰：「伏見朝廷有括地之議，聞者無不駭愕。向者河北、山東已爲此舉，民之塋墓井竈悉爲軍有，怨嗟爭訟至今未絶，若復行之，則將大失衆心。荒田不可耕，徒有得地之名，而無享利之實。縱得熟土，不能親耕，而復令民佃之，所得無幾，而使紛紛交病哉。」上大悟，罷之。

八月，先以括地事未有定論，北方侵及河南，由是盡起諸路軍户南來，共圖保守，而不能知所以得軍糧之術。衆議謂可分遣官聚耆老問之，其將益賦，或與軍田，二者孰便。參政汝礪言：「河南官民地相半，又多全佃官地之家，一旦奪之，何以自活。小民易動難安，一時避賦遂有捨田之言，及與人能勿悔乎，悔則忿心生矣。如山東撥地時，腴地盡入富家，瘠者乃付貧户，無益於軍，而民有損。惟當倍益官租，以給軍食，復以係官荒田牧地量數與之，令其自耕，則民不失業，官不厲民矣。」從之。

三年十月，高汝礪言：「河北軍户徙居河南者幾百萬口，人日給米一升，歲費三百六十萬石，半以給直，猶支粟三百萬石〔七〕。河南租地計二十四萬頃，歲租纔一百五十六萬，乞於經費之外倍徵以給之。」遂命右司諫馮開等五人分詣諸郡〔八〕，就授以荒官田及牧地可耕者，人三十畝。

十一月，又議以括荒田及牧馬地給軍，命尚書右丞高汝礪總之。汝礪還奏：「今頃畝之數較之舊籍甚少，復瘠惡不可耕，均以可耕者與之，人得無幾〔九〕。又僻遠之處必徙居以就之，彼皆不能自耕，必以與人，又當取租於數百里之外。況今農田且不能盡闢，豈有餘力以耕叢薄交固、草根糾結之荒地哉。軍不可仰此得食也，審矣。今詢諸軍户，皆曰：『得半糧猶足自養，得田不能耕，復罷其廩，將何所賴。』臣知初籍地之時，未嘗按閱其實，所以不如其數，不得其處也。若復考計州縣，必各妄承風旨，追呼究結以應命。不足其數，則妄指民田以充之，則所在騷然矣。今民之賦役三倍平時，飛輓轉輸，日不暇給，而復爲此舉，何以堪之。且軍户蹔遷，行有還期，何爲以此病民哉。病民而軍獲利，猶不可爲，況無所利乎。惟陛下加察。」遂詔罷給田，但半給糧、半給實直焉。

四年，復遣官括河南牧馬地，既籍其數，上命省院議所以給軍者，宰臣曰：「今軍户當給糧者四十四萬八千餘口，計當口占六畝有奇，繼來者不與焉。但相去數百里者，豈能以六畝之故而遠來哉。兼月支口糧不可遽罷，臣等竊謂軍户願佃者即當計口給之。自餘僻遠不願者，宜准近制，係官荒地許軍民耕闢例，令軍民得占蒔之。」院官曰：「牧馬地少，且久荒難耕，軍户復乏農器，然不給之，則彼自支糧外，更無從得食，非蓄鋭待敵之計。給之則亦未能遽減其糧，若得遲以歲月，俟頗成倫次，漸可以省官廪耳。今奪於有力者，即以授其無力者，恐無以耕。乞令司縣官勸率民户，借牛破荒，至來春然後給之。司縣官能率民户以助耕而無騷動者，量加官賞，庶幾有所激勸。」宰臣復曰：「若如所言，則司縣官貪慕官賞，必將抑配，以至擾民。今民家之牛，量地而畜之。況比年以來，農功甫畢則併力轉輸猶恐不及，豈有暇耕它人之田也。惟如臣等前奏爲便。」詔再議之。乃擬民有能開牧馬地及官荒地作熟田者，以半給之爲永業，半給軍户。奏可。

四年，省奏：「自古用兵，且耕且戰，是以兵食交足。今諸帥分兵不啻百萬，一充軍伍咸仰於官，至於婦子居家安坐待哺，蓋不知屯田爲經久之計也。願下明詔，令諸帥府各以其軍耕耨，亦以逸待勞之策也。」詔從之。

興定三年正月，尚書右丞領三司事侯摯言：「按河南軍民田總一百九十七萬頃有奇，見耕種者九十六萬餘頃，上田可收一石二斗，中田一石，下田八斗，十一取之，歲得九百六十萬石，自可優給歲支，且使貧富均，大小各得其所。臣在東平嘗試行一二年，民不疲而軍用足。」詔有司議行之。

四年十月，移剌不言：「軍户自徙於河南，數歲尚未給田，兼以移徙不常，莫得安居，故貧者甚衆。請括諸屯處官田，人給三十畝，仍不移屯它所，如此則軍户可以得所，官糧可以漸省。」宰臣奏：「前此亦有言授地者，樞密院以謂俟事緩而行之。今河南罹水災，流亡者衆，所種麥不及五萬頃，殆減往年太半，歲所入殆不能足。若撥授之爲永業，俟有獲即罷其家糧，亦省費之一端也。」上從之。又河南水災，逋户太半，田野荒蕪，恐賦入少而國用乏，遂命唐、鄧、裕、蔡、息、壽、潁、亳及歸德府被水田，已燥者布種，未滲者種稻，復業之户免本租及一切差發，能代耕者如之，有司擅科者以違制論，闕牛及食者率富者就貸。

五年正月，京南行三司石抹斡魯言：「京南、東、西三路，屯軍老幼四十萬口，歲費糧百四十餘萬石，皆坐食民租，甚非善計。宜括逋户舊耕田，南京一路舊墾田三十九萬八千五百餘頃，内官田民耕者九萬九千頃有奇。今飢民流離者太半，東、西、南路計亦如之，朝廷雖招使復業，民恐既復之後生計未定而賦斂隨之，往往匿而不出。若分給軍户人三十畝，使之自耕，或召人佃種，可數歲之後畜積漸饒，官糧可罷。」令省臣議之，更不能行。

租賦。金制，官地輸租，私田輸税。租之制不傳。大率分田之等爲九而差次之，夏税畝取三合，秋税畝取五升，又納秸一束，束十有五斤。夏税六月止八月，秋税十月止十二月，爲初、中、末三限，州三百里外，紓其期一月。屯田户佃官地者，有司移猛安謀克督之。泰和五年，章宗諭宰臣曰：「十月民穫未畢，遽令納税可乎。」改秋税限十一月爲初。中都、西京、北京、上京、遼東、臨潢、陝西地寒，稼穡遲熟，夏税限以七月爲初。凡輸送粟麥，三百里外石減五升，以上每三百里遞減五升。粟折秸百稱者，百里内減三稱，二百里減五稱，不及三百里減八稱，三百里及輸本色槀草，各減十稱。

計民田園、邸舍、車乘、牧畜、種植之資，藏鏹之數，徵錢有差，謂之物力錢。遇差科，必按版籍，先及富者，勢均則以丁多寡定甲乙。有横科，則視物力，循大至小均科。其或不可分摘者，率以次户濟之。凡民之物力，所居之宅不預。猛安謀克户、監户、官户所居外，自置民田宅，則預其數。墓田、學田，租税、物力皆免。

民愬水旱應免者，河南、山東、河東、大名、京兆、鳳翔、彰德部内支郡，夏田四月，秋田七月，餘路夏以五月，秋以八月，水田則通以八月爲限，遇閏月則展期半月，限外愬者不理。非時之災則無限。損十之八者全免，七分免所損之數，六分則全徵。桑被災不能蠶，則免絲綿絹税。諸路雨雪及禾稼收穫之數，月以捷步申户部。

凡敍使品官之家，並免雜役，驗物力所當輸者，止出雇錢。進納補官未至廕子孫、及凡有出身者、謂司吏、譯人等。出職帶官敍當身者、雜班敍使五品以下、及正品承應已帶散官未出職者，子孫與其同居兄弟，下逮終場舉人、係籍學生、醫學生，皆免一身之役。三代同居，已旌門則免差發，三年後免雜役。

太宗天會元年，勑有司輕徭賦，勸稼穡。十年，以遼人士庶之族賦役等差不一，詔有司命悉均之。熙宗天眷五年十二月〔一〇〕，詔免民户殘欠租税。皇統三年，蠲民税之未足者。世宗大定二年五月，謂宰臣曰：「凡有徭役，均科强户，不得抑配貧民。」有言以用度不足，奏預借河北東西路、中都租税，上以國用雖乏，民力尤艱，遂不允。三年，以歲歉，詔免二年租税。又詔曰：「朕比以元帥府從宜行事，今聞河南、陝西、山東、北京以東及北邊州郡，調發甚多，而省部又與他州一例征取賦役，是重擾也。可憑元帥府已取者例，蠲除之。」五年，命有司，凡罹蝗旱水溢之地，蠲其賦税。六年，以河北、山東水，免其租。

八年十月，彰德軍節度使高昌福上書言税租甚重，上諭翰林學士張景仁曰：「今租税法比近代甚輕，而以爲重，何也？」景仁曰：「今之税斂殊輕，非税斂則國用何從而出。」

二年二月〔一一〕，尚書省奏，天下倉廩貯粟二千七十九萬餘石。上曰：「朕聞國無九年之蓄則國非其國，朕是以括天下之田以均其賦，歲取九百萬石，自經費七百萬石外，二百萬石又爲水旱之所蠲免及賑貸之用，餘纔百萬石而已。朕廣蓄積，備飢饉也。小民以爲稅重，小臣沽民譽，亦多議之，蓋不慮國家緩急之備也。」

十二年正月，以水旱免中都、西京、南京、河北、河東、山東、陝西去年租稅。十三年，謂宰臣曰：「民間科差，計所免已過半矣。慮小民不能詳知，吏緣爲姦，仍舊徵取，其令所在揭牓諭之。」十月，勑州縣官不盡力催督稅租，以致逋懸者，可止其俸，使之徵足，然後給之。十六年正月，詔免去年被水旱路分租稅。十七年，上問宰臣曰：「遼東賦稅舊六萬餘石，通檢後幾二十萬。六萬時何以仰給，二十萬後所積幾何？」戶部契勘，謂先以官吏數少故能給，今官吏兵卒及孤老數多，以此費大。上曰：「當察其實，毋令妄費也。」十七年三月，詔免河北、山東、陝西、河東、西京、遼東等十路去年被旱蝗租稅。十八年正月，免中都、河北、河東、山東、河南、陝西等路前年被灾租稅。十九年秋，中都、西京、河北、山東、河東、陝西以水旱傷民田十三萬七千七百餘頃，詔蠲其租。二十年三月，以中都、西京、河北、山東、河東、陝西路前歲被災，詔免其租稅。以戶部尚書曹望之之言〔三〕，詔減鄜延及河東南路稅五十二萬餘石，增河北西路稅八萬八千石。又詔諸稅粟非關邊要之地者，除當儲數外，聽民從便折納。二十一年九月，以中都水災，免租。前時近官路百姓以牛夫充遞運者，復於它處未嘗就役之家徵錢償之。

二十三年，宗州民王仲規告乞徵還所役牛夫錢，省臣以奏，上曰：「此既就役，復徵錢於彼，前雖如此行之，復恐所給錢未必能到本户，是兩不便也。不若止計所役，免租稅及鋪馬錢爲便。其預計實數以聞。若和雇價直亦須裁定也。」有司上其數，歲約給六萬四千餘貫，計折粟八萬六千餘石。上復命，自今役牛夫之家，以去道三十里内居者充役。

二十六年，軍民地罹水旱之災者二十一萬頃，免稅凡四十九萬餘石。二十七年六月，免中都、河北等路嘗被河決水災軍民租稅。十一月，詔河水泛溢，農田被災者，與免差稅一年。懷、衞、孟、鄭四州塞河勞役，并免今年差稅。章宗大定二十九年，赦民租十之一。河東南北路則量減之。尚書省奏，兩路田多峻阪，磽瘠者往往再歲一易，若不以地等級蠲除，則有不均。遂勅以赦書特免一分外，中田復減一分，下田減二分。

舊制，夏、秋稅納麥、粟、草三色，以各處所須之物不一，户部復令以諸所用物折納。上封事者言其不可，户部謂如此則諸路所須之物要當和市，轉擾民矣。遂命太府監，應折納之物爲祗承宫禁者，治黄河薪芻，增直二錢折納。如黄河岸所用木石固非土産，乃令所屬計置，而罷它應折納者。

明昌元年四月〔一三〕，上封事者乞薄民之租稅，恐廩粟積久腐敗。省臣奏曰：「臣等議，大定十八年户部尚書曹望之奏，河東及鄜延兩路稅頗重，遂減五十二萬餘石。去年赦十之一，而河東瘠地又減之。今以歲入度支所餘無幾，萬一有水旱之災，既蠲免其所入，復出粟以賑之，非有備不可。若復欲減，將何以待之。如慮腐敗，令諸路以時曝涼，毋令致壞，違者論如律。」制可。

十一月，尚書省奏，「河南荒閒官地，許人計丁請佃，願仍爲官者免租八年，願爲己業者免稅三年」。詔從之。

明昌二年二月〔一四〕，勑自今民有訴水旱災傷者，即委官按視其實，申所屬州府，移報提刑司，同所屬檢畢，始令翻耕。三年六月，有司言河州災傷，闕食之民猶有未輸租者，詔蠲之。九月，以山東、河北三路被災，其權閣之租及借貸之粟，令俟歲豐日續徵。上如秋山，免圍場經過人户今歲夏秋租稅之半。

四年冬十月，上行幸，諭旨尚書省曰：「海壖石城等縣，地瘠民困，所種惟黍稗而已。及賦於官，必以易粟輸之。或令止課所産，或依河東路減稅，至還京當定議以聞。」五年，勑免河決被菑之民秋租。

泰和四年四月，以久旱下詔責躬，免所旱州縣今年夏稅。九月，陳言者謂河間、滄州逃户，物力錢至數千貫，而其差發，有司止取辦於見户，民不能堪矣。詔令按察司，除地土物力命隨其業，而權止其浮財物力。五年正月，詔有司，自泰和三年嘗所行幸至三次者，被科之民特免半年租稅。

八年五月〔一五〕，以宋謀和，詔天下，免河南、山東、陝西六路今年夏稅，河東、河北、大名等五路半之。八月，詔諸路農民請佃荒田者，與免租賦三年，作已業者一年，自首冒佃及請佃黃河退灘地者，不在免例。

宣宗貞祐三年十月，御史田迥秀言：「方今軍國所需，一切責之河南。有司不惜民力，徵調太急，促其期限，痛其棰楚。民既罄其所有而不足，遂使奔走傍求於它境，力竭財殫，相踵散亡，禁之不能止也。乞自今凡科徵必先期告之，不急者皆罷，庶民力寬而逋者可復。」詔行之。十二月，詔免逃户租稅〔一六〕。

四年三月，免陝西逃户租。五月，山東行省僕散安貞言：「泗州被災，道殣相望，所食者草根木皮而已。而邳州戍兵數萬，急徵重役，悉出三縣。官吏酷暴，擅括宿藏，以應一切之命。民皆逋竄，又別遣進納閑官以相迫督。皆怙勢營私，實到官者纔十之一，而徒使國家有厚斂之名。乞命信臣革此弊以安百姓。」詔從之。

興定元年二月〔一七〕，免中京、嵩、汝等逋租十六萬石。

四年，御史中丞完顏伯嘉奏，亳州大水，計當免租三十萬石，而三司官不以實報，止免十萬而已。詔命治三司官虛妄之罪。七月，以河南大水，下詔免租勸種，且命參知政事李復亨爲宣慰使，中丞完顏伯嘉副之〔一八〕。十月，以久雨，令寬民輸税之限。十一月，上曰：「聞百姓多逃，而逋賦皆抑配見户，人何以堪。軍儲既足，宜悉除免。今又添軍須錢太多，亡者詎肯復業乎。」遂命行部官閱實免之，已代納者給以恩例，或除它役，仍減桑皮故紙錢四之一。三年，令逃户復業者但輸本租〔一九〕，餘差役一切皆免。能代耕者，免如復户。有司失信擅科者，以違制論。

四年十二月，鎮南軍節度使温迪罕思敬上書言：「今民輸税，其法大抵有三，上户輸遠倉，中户次之，下户最近。然近者不下百里，遠者數百里，道路之費倍于所輸，而雨雪有稽違之責，遇賊有死傷之患。不若止輸本郡，令有司檢筭倉之所積，稱屯兵之數，使就食之。若有不足，則增斂于民，民計所斂不及道里之費，將忻然從之矣。」

五年十月，上諭宰臣曰：「比欲民多種麥，故令所在官貸易麥種。今聞實不貸與，而虚立案簿，反收其數以補不足之租。其遣使究治。」

元光元年，上聞向者有司以徵税租之急，民不待熟而刈之，以應限。今麥將熟矣，其諭州縣，有犯者以慢軍儲治罪。九月，權立職官有田不納租罪。京南司農卿李蹊言：「按齊民要術，麥晚種則粒小而不實，故必八月種之。今南路當輸秋税百四十餘萬石，草四百五十餘萬束，皆以八月爲終限。若輸遠倉及泥淖，往返不下二十日，使民不暇趨時，是妨來歲之食也。乞寬徵斂之限，使先盡力於二麥。」朝廷不從。

元光二年，宰臣奏：「去歲正月京師見糧纔六十餘萬石，今三倍矣，計國用頗足，而民間租税徵之不絶，恐貧民無所輸而逋亡也。」遂以中旨遍諭止之。

牛頭税。即牛具税，猛安謀克部女直户所輸之税也。其制每耒牛三頭爲一具，限民口二十五受田四頃四畝有奇，歲輸粟大約不過一石，官民占田無過四十具。天會三年，太宗以歲稔，官無儲積無以備飢饉，詔令一耒賦粟一石，每謀克别爲一廩貯之。四年〔二〇〕，詔内地諸路，每牛一具賦粟五斗，爲定制。

世宗大定元年，詔諸猛安不經遷移者，徵牛具税粟，就命謀克監其倉，虧損則坐之。十二年，尚書省奏「唐古部民舊同猛安謀克定税，其後改同州縣，履畝立税，頗以爲重」，遂命從舊制。

二十年，定功授世襲謀克，許以親族從行，當給以地者，除牛九具以下全給，十具以上四十具以下者，則於官豪之家量撥地六具與之。

二十一年，世宗謂宰臣曰：「前時一歲所收可支三年，比聞今歲山西豐稔，所穫可支三年。此間地一歲所穫不能支半歲，而又牛頭税粟，每牛一頭止令各輸三斗，又多逋懸，此皆遞互隱匿所致，當令盡實輸之。」

二十三年，有司奏其事，世宗謂左丞完顔襄曰：「卿家舊止七具，今定爲四十具。朕始令卿等議此，而卿皆不欲，蓋各顧其私爾。是後限民口二十五，筭牛一具。」七月，尚書省復奏其事，上慮版籍歲久貧富不同，猛安謀克又皆年少，不練時事，一旦軍興，按籍徵之必有不均之患。乃令驗實推排，閱其户口、畜産之數，其以上京二十二路來上。八月，尚書省奏，推排定猛安謀克户口、田畝、牛具之數。猛安二百二，謀克千八百七十八，户六十一萬五千六百二十四，口六百一十五萬八千六百三十六，内正口四百八十一萬二千六百六十九，奴婢口一百三十四萬五千九百六十七〔二一〕。田一百六十九萬三百八十頃有奇，牛具三十八萬四千七百七十一。在都宗室將軍司，户一百七十，口二萬八千七百九十，内正口九百八十二，奴婢口二萬七千八百八〔二二〕。田三千六百八十三頃七十五畝有奇，牛具三百四。迭剌、唐古二部五糺，户五千五百八十五，口一十三萬七千五百四十四，内正口十一萬九千四百六十三，奴婢口一萬八千八十一〔二三〕。田四萬六千二十四頃一十七畝，牛具五千六十六。後二十六年，尚書省奏併徵牛頭稅粟，上曰：「積壓五年，一見併徵，民何以堪。其令民隨年輸納，被灾者蠲之，貸者俟豐年徵還。」

校勘記

〔一〕自首冒佃比隣地者輸官租三分之二　「佃」字原脱。按下文，泰和八年八月，户部尚書高汝礪言：「舊制，（中略）自首冒佃比隣田，定租三分納二。」今據補。

〔二〕左丞守道對曰　「左丞」，當爲「左丞相」之誤。按，本書卷七世宗紀中，大定十八年八月「丙辰，以尚書右丞相完顏守道爲左丞相」；卷八世宗紀下，大定二十一年閏三月「癸卯，以尚書左丞相完顏守道爲太尉、尚書令」。

〔三〕椿年子猛安參謀合故太師耨盌温敦思忠孫長壽等親屬計七十餘家　「子」字原脱；「參謀合」，原作「三合」，據本書卷八三納合椿年傳補改。又「耨盌温敦思忠孫長壽」、「七十餘家」，納合椿年傳作「温都思忠子長壽」、「三十餘家」。

〔四〕如願作官地則免租八年　「租」，原作「税」。按，本書卷四六食貨志一序：「官田曰租，私田曰税。」又本卷下文租賦曰：「願仍爲官者免租八年。」今據改。

〔五〕遣户部郎中上官瑜往西京并沿邊勸舉軍民耕種　按，本書卷一〇章宗紀二，承安二年十二月「癸未，遣户部侍郎上官瑜體究西京逃亡，勸率沿邊軍民耕種」。此處「郎中」、「勸舉」疑有誤。

〔六〕請佃之初無人保識故爾　「爾」，原作「用」，據北監本、殿本、局本改。

〔七〕河北軍户徙居河南者幾百萬口人日給米一升歲費三百六十萬石半以給直猶支粟三百萬石

「幾」下原脱「百」字；「米」，原作「粟」；「猶支」下原脱「粟」字、「石」字。按，本書卷一〇七高汝礪傳，貞祐三年「十月，汝礪言：『今河北軍户徙河南者幾百萬口，人日給米一升，歲率三百六十萬石，半給其直猶支粟三百萬石。』」今據以改補。

〔八〕遂命右司諫馮開等五人分詣諸郡　「詣」字原脱。按，本書卷一〇七高汝礪傳記此事作「乃遣右司諫馮開等分詣諸郡就給之，人三十畝」。今據補。

〔九〕均以可耕者與之人得無幾　「之」字、「得」字原脱。按，本書卷一〇七高汝礪傳記此事作「計其可耕者均以與之，人得無幾」。今據補。

〔一〇〕熙宗天眷五年十二月　按，天眷止三年，此處作「五年」誤。

〔一一〕二年二月　按，上文爲「六年」、「八年」，下文爲「十二年」、「十三年」，則此「二年」必誤。

〔一二〕以户部尚書曹望之之言　按，下文明昌元年四月，省臣奏曰：「臣等議，大定十八年户部尚書曹望之奏，河東及鄜延兩路税頗重，遂減五十二萬餘石。」此處次於大定二十年三月之後，恐有錯簡。

〔一三〕明昌元年四月　「明昌元年」四字原脱。按，上文「大定二十九年，赦民租十之一」，而此奏又云「去年赦十之一」，則此「四月」必在明昌元年。今據補。

〔一四〕明昌二年二月　「二年」，原作「一年」，據南監本、北監本、殿本、局本改。

〔一五〕八年五月　本書卷一二章宗紀四記此事在六月。

〔一六〕（三年）十二月詔免逃户租稅　本書卷一四宣宗紀上記此事在四年正月。

〔一七〕興定元年二月　本書卷一五宣宗紀中記此事在興定二年二月。

〔一八〕七月以河南大水下詔免租勸種且命參知政事李復亨爲宣慰使中丞完顏伯嘉副之　此處敍事失次。按，本書卷一〇〇完顏伯嘉傳，此三十四字當接「四年」二字下，下接「御史中丞完顏伯嘉奏，亳州大水」。

〔一九〕三年令逃户復業者但輸本租　「輸」，原作「輪」，據南監本、北監本、殿本、局本改。按，本書卷一六宣宗紀下，此句上下文所述皆興定四年事，不當中間插入三年之事。又卷一五宣宗紀中載，興定元年十二月「庚午，免逃户復業者差賦」，當即此事，蓋修史者誤記於此。

〔二〇〕四年　本書卷三太宗紀記此事在天會五年。

〔二一〕内正口四百八十一萬二千六百六十九奴婢口一百三十四萬五千九百六十七　此三十二字原爲大字正文，今據元刻本及本志文例改爲小字注文。

〔二二〕内正口九百八十二奴婢口二萬七千八百八　此十八字原爲大字正文，今據元刻本、局本及本志文例改爲小字注文。

〔二三〕内正口十一萬九千四百六十三奴婢口一萬八千八十一　「六十三」，南監本、北監本、殿本、局本並作「六十二」。此二十三字原爲大字正文，今據元刻本、局本及本志文例改爲小字注文。

金史卷四十八

志第二十九

食貨三

錢幣

錢幣。金初用遼、宋舊錢，天會末，雖劉豫「阜昌元寶」、「阜昌重寶」亦用之。海陵庶人貞元二年遷都之後，户部尚書蔡松年復鈔引法，遂製交鈔，與錢並用。正隆二年，歷四十餘歲，始議鼓鑄。冬十月，初禁銅越外界，懸罪賞格。括民間銅鍮器，陝西、南京者輸京兆，他路悉輸中都。三年二月，中都置錢監二，東曰寶源，西曰寶豐。京兆置監一，曰利用。三監鑄錢，文曰「正隆通寶」，輕重如宋小平錢，而肉好字文峻整過之，與舊錢通用。

世宗大定元年，用吏部尚書張中彦言，命陝西路參用宋舊鐵錢。四年，浸不行，詔陝西行户部，并兩路通檢官詳究其事。皆言，「民間用錢，名與鐵錢兼用，其實不爲準數，公私不便」，遂罷之。

八年，民有犯銅禁者，上曰：「銷錢作銅，舊有禁令，然民間猶有鑄鏡者，非銷錢而何。」遂併禁之。

十年，上諭户部臣曰：「官錢積而不散，則民間錢重，貿易必艱，宜令市金銀及諸物。其諸路酤榷之貨，亦令以物平折輸之。」十月，上責户部官曰：「先以官錢率多，恐民間不得流通，令諸處貿易金銀絲帛，以圖流轉。今知乃有以抑配反害百姓者。前許院務得折納輕賫之物以便民，是皆朕思而後行者也，此尚出朕，安用若爲。又隨處時有振濟，往往近地無糧，取於它處，往返既遠，人愈難之。何爲不隨處起倉，年豐則多糴以備振贍，設有緩急，亦豈不易辦乎，而徒使錢充府庫，將安用之。天下之大，朕豈能一一徧知，凡此數事，汝等何爲而使至此。且户部與它部不同，當從宜爲計，若但務因循，以守其職，則户部官誰不能爲。」

十一年二月，禁私鑄銅鏡，舊有銅器悉送官，給其直之半。惟神佛像、鐘、磬、鈸、鈷、腰束帶、魚袋之屬，則存之。

十二年正月，以銅少，命尚書省遣使諸路規措銅貨，能指坑冶得實者，賞。上與宰臣議鼓鑄之術，宰臣曰：「有言所在有金銀坑冶，皆可採以鑄錢，臣竊謂工費過於所得數倍，恐不可行。」上曰：「金銀，山澤之利，當以與民，惟錢不當私鑄。今國家財用豐盈，若流布四方與在官何異。所費雖多，但在民間，而新錢日增爾。其遣能吏經營之。」左丞石琚進曰：「臣聞天子之富藏在天下，錢貨如泉，正欲流通。」上復問琚曰：「古亦有民自鑄錢者乎？」琚對曰：「民若自鑄，則小人圖利，錢益薄惡，此古所以禁也。」

十三年，命非屯兵之州府，以錢市易金帛，運致京師，使錢幣流通，以濟民用。

十五年十一月，上謂宰臣曰：「或言鑄錢無益，所得不償所費。朕謂不然。天下如一家，何公私之間，公家之費私家得之，但新幣日增，公私俱便也。」

十六年三月，遣使分路訪察銅鑛苗脉。

十八年，代州立監鑄錢，命震武軍節度使李天吉、知保德軍事高季孫往監之，而所鑄斑駁黑澀不可用，詔削天吉、季孫等官兩階，解職，仍杖季孫八十。更命工部郎中張大節、吏部員外郎麻珪監鑄。其錢文曰「大定通寶」，字文肉好又勝正隆之制，世傳其錢料微用銀云。十九年，始鑄至萬六千餘貫。二十年，詔先以五千進呈，而後命與舊錢並用。

初，新錢之未行也，以宋大觀錢作當五用之。二月，上聞上京修內所，市民物不即與直，又用短錢，責宰臣曰：「如此小事，朕豈能悉知，卿等何爲不察也。」時民間以八十爲陌，謂之短錢，官用足陌，謂之長錢。大名男子斡魯補者上言，謂官私所用錢皆當以八十爲陌，遂爲定制。

二十年十一月，名代州監曰阜通，設監一員，正五品，以州節度兼領。副監一員，正六品，以州同知兼領。丞一員，正七品，以觀察判官兼領。設勾當官二員，從八品。給銀牌，命副監及丞更馳驛經理。二十二年十月，以參知政事粘割斡特剌提控代州阜通監。二十三年，上以阜通監鼓鑄歲久，而錢不加多，蓋以代州長貳廳幕兼領，而奪於州務，不得專意綜理故也。遂設副監、監丞爲正員，而以節度領監事。

二十六年，上曰：「中外皆言錢難，朕嘗計之，京師積錢五百萬貫亦不爲多，外路雖有終亦無用，諸路官錢非屯兵處可盡運至京師。」太尉丞相克寧曰：「民間錢固已艱得，若盡歸京師，民益艱得矣。不若起其半至都，餘半變折輕齎，則中外皆便。」十一月，上諭宰臣曰：「國家銅禁久矣，尚聞民私造腰帶及鏡，託爲舊物，公然市之。宜加禁約。」

二十七年二月，曲陽縣鑄錢别爲一監，以利通爲名，設副監、監丞，給驛更出經營銅事。

二十八年，上謂宰臣曰：「今者外路見錢其數甚多，聞有六千餘萬貫，皆在僻處積貯，既不流散，公私無益，與無等爾。今中都歲費三百萬貫，支用不繼，若致之京師，不過少有輓運之費，縱所費多，亦惟散在民爾。」

章宗大定二十九年十二月，鴈門、五臺民劉完等訴，「自立監鑄錢以來，有銅鑛之地雖曰官運，其顧直不足則令民共償。乞與本州司縣均爲差配」。遂命甄官署丞丁用楫往審其利病，還言「所運銅鑛，民以物力科差濟之，非所願也。其顧直既低，又有刻剥之弊。而相視苗脉工匠，妄指人之垣屋及寺觀謂當開採，因以取賄。又隨冶夫匠，日辦淨銅四兩，多不及數，復銷銅器及舊錢，送官以足之。今阜通、利通兩監〔二〕，歲鑄錢十四萬餘貫，而歲所費乃至八十餘萬貫，病民而多費，未見其利便也」。宰臣以聞，遂罷代州、曲陽二監。

初，貞元間既行鈔引法，遂設印造鈔引庫及交鈔庫，皆設使、副、判各一員，都監二員，而交鈔庫副則專主書押、搭印合同之事。印一貫、二貫、三貫、五貫、十貫五等謂之大鈔，一百、二百、三百、五百、七百五等謂之小鈔，與錢並行，以七年爲限，納舊易新，猶循宋張詠四川交子之法而紓其期爾，蓋亦以銅少，權制之法也。時有欲罷之者，至是二監既罷，有司言：「交鈔舊同見錢，商旅利於致遠，往往以錢買鈔，蓋公私俱便之事，豈可罷去。止因有釐革年限，不能無疑，乞削七年釐革之法，令民得常用。若歲久字文磨滅，許於所在官庫納舊換新，或聽便支錢。」遂罷七年釐革之限，交鈔字昏方換，法自此始，而收斂無術，出多入少，民寖輕之。厥後其法屢更，而不能革，弊亦始於此焉。

交鈔之制，外爲闌，作花紋，其上衡書貫例，左曰「某字料」，右曰「某字號」。料號外，篆書曰「僞造交鈔者斬，告捕者賞錢三百貫」。料號衡闌下曰「中都交鈔庫，准尚書户部符，承都堂劄付，户部覆點勘，令史姓名押字」。又曰：「聖旨印造逐路交鈔，於某處庫納錢换鈔，更許於某處庫納鈔换錢，官私同見錢流轉。」其鈔不限年月行用，如字文故暗，鈔紙擦磨，許於所屬庫司納舊换新。若到庫支錢，或倒换新鈔，每貫剋工墨錢若干文。庫掐、攢司、庫副、副使、使各押字〔二〕，年月日。印造鈔引庫庫子、庫司、副使各押字〔三〕，上至尚書户部官亦押字。其搭印支錢處合同，餘用印依常例。

初，大定間定制，民間應許存留銅鍮器物，若申賣入官，每斤給錢二百文。其弃藏應禁器物〔四〕，首納者每斤給錢百文，非器物銅貨一百五十文，不及斤者計給之。在都官局及外路造賣銅器價，令運司佐貳檢校，鏡每斤三百十四文，鍍金御仙花腰帶十七貫六百七十一文，五子荔支腰帶十七貫九百七十一文，擡鈒羅文束帶八貫五百六十文，魚袋二貫三百九文，鈸鈷鐃磬每斤一貫九百二文，鈴杵坐銅者二貫七百六十九文，鍮石者三貫六百四十六文。明昌二年十月，勑減賣鏡價，防私鑄銷錢也。

舊嘗以夫匠逾天山北界外採銅，明昌三年，監察御史李炳言：「頃聞有司奏，在官銅數可支十年，若復每歲令夫匠過界遠採，不惟多費，復恐或生邊釁。若支用將盡之日，止可於界内採煉。」上是其言，遂不許出界。

五月，敕尚書省曰：「民間流轉交鈔，當限其數，毋令多於見錢也。」

四年，上諭宰臣曰：「隨處有無用官物，可爲計置，如鐵錢之類是也。」或有言鐵錢有破損，當令所司以銅錢償之者，參知政事胥持國不可，上曰：「令償之尚壞，不償將盡壞矣。若果無用，曷别爲計？」持國曰：「如江南用銅錢，江北、淮南用鐵錢，蓋以隔閡銅錢不令過界爾。如陝西市易亦有用銀布薑麻，若舊有鐵錢，宜姑收貯，以備緩急。」遂令有司籍鐵錢及諸無用之物〔五〕，貯於庫。

八月，提刑司言：「所降陝西交鈔多於見錢，使民艱於流轉。」宰臣以聞，遂令本路榷稅及諸名色錢，折交鈔。官兵俸，許錢絹銀、鈔各半之，若錢銀數少，即全給交鈔。

五年三月，宰臣奏：「民間錢所以艱得，以官豪家多積故也。在唐元和間，嘗限富家錢過五千貫者死〔六〕，王公重貶没入，以五之一賞告者。」上令參酌定制，令官民之家以品從、物力限見錢，多不過二萬貫，猛安謀克則以牛具爲差，不得過萬貫，凡有所餘，盡令易諸物收貯之。有能告數外留錢者，奴婢免爲良，傭者出離，以十之一爲賞，餘皆没入。

又諭旨有司，凡使高麗還者，所得銅器令盡買之。

承安二年十月，宰臣奏：「舊立交鈔法，凡以舊易新者，每貫取工墨錢十五文。至大定二十三年，不拘貫例，每張收八文，既無益於官，亦妨鈔法，宜從舊制便。若以鈔買鹽引，每貫權作一貫五十文，庶得多售。」上曰：「工墨錢，貫可令收十二文。買鹽引者，每貫可權作一貫一百文。」時交鈔所出數多，民間成貫例者艱於流轉，詔以西北二京、遼東路從宜給小鈔，且許於官庫換錢，與它路通行。

十二月，尚書省議，謂時所給官兵俸及邊戍軍須，皆以銀鈔相兼，舊例銀每鋌五十兩，其直百貫，民間或有截鑿之者，其價亦隨低昂，遂改鑄銀名「承安寶貨」，一兩至十兩分五等，每兩折錢二貫，公私同見錢用，仍定銷鑄及接受稽留罪賞格。

承安三年正月，省奏，「隨處榷場若許見錢越境，雖非銷毁，即與銷毁無異」。遂立制，以錢與外方人使及與交易者，徒五年，三斤以上死，驵儈同罪。捕告人之賞，官先爲代給錢五百貫。其逮及與接引、館伴、先排、通引、書表等以次坐罪，仍令均償。

時交鈔稍滯，命西京、北京、臨潢、遼東等路一貫以上俱用銀鈔、寶貨，不許用錢，一貫以下聽民便。時既行限錢法，人多不遵，上曰：「已定條約，不爲不重，其令御史臺及提刑司察之。」九月，以民間鈔滯〔七〕，盡以一貫以下交鈔易錢用之，遂復減元限之數，更定官民存留錢法，三分爲率，親王、公主、品官許留一分，餘皆半之，其贏餘之數期五十日内盡易諸物，違者以違制論，以錢賞告者。於兩行部各置回易務，以綿絹物段易銀鈔，亦許本務納銀鈔。赴榷貨出鹽引〔八〕，納鈔於山東、河北、河東等路，從便易錢。各降補官及德號空勑三百、度牒一千，從兩行部指定處，限四月進納補換。又更造一百例小鈔，並許官庫易錢。一貫、二貫例並支小鈔，三貫例則支銀一兩、小鈔一貫，若五貫、十貫例則四分支小鈔、六分支銀，欲得寶貨者聽，有阻滯及輒減價者罪之。

四年三月，又以銀鈔阻滯，乃權止山東諸路以銀鈔與綿絹鹽引從便易錢之制。令院務諸科名錢，除京師、河南、陝西銀鈔從便，餘路並許收銀鈔各半，仍於鈔四分之一許納其本路。隨路所收交鈔，除本路者不復支發，餘通行者並循環用之。榷貨所鬻鹽引，收納寶貨與鈔相半，銀每兩止折鈔兩貫。省許人依舊詣庫納鈔，隨路漕司所收，除額外羨餘者，亦如之。所支官錢，亦以銀鈔相兼，銀已零截者令交鈔庫不復支，若寶貨數少，可浸增鑄。銀鈔既通則物價自平，雖有禁法亦安所施，遂除阻滯銀鈔罪制。

四年，以户部言，命在都官錢、榷貨務鹽引，並聽收寶貨，附近鹽司貼錢數亦許帶納。民間寶貨有所歸，自然通行，不至銷毁。先是，設四庫印小鈔以代鈔本，令人便賫小鈔赴庫換錢，即與支見錢無異。今更不須印造，俟其換盡，可罷四庫，但以大鈔驗錢數支易見錢。

時私鑄「承安寶貨」者多雜以銅錫，寖不能行，京師閉肆。五年十二月，宰臣奏：「比以軍儲調發，支出交鈔數多，遂鑄寶貨，與錢兼用，以代鈔本，蓋權時之制，非經久之法。」遂罷「承安寶貨」。

泰和元年六月，通州刺史盧構言：「民間鈔固已流行，獨銀價未平，官之所定每鋌以十萬爲準，而市肆纔直八萬，蓋出多入少故也。若令諸税以錢銀鈔三分均納，庶革其弊。」下省議，宰臣謂「軍興以來，全賴交鈔佐用，以出多遂滯，頃令院務收鈔七分，亦漸流通。若與銀均納，則彼增此減，理必偏勝，至礙鈔法。必欲銀價之平，宜令諸名若『鋪馬』、『軍須』等錢，許納銀半，無者聽便」。

先是，嘗行三合同交鈔，至泰和二年，止行於民間，而官不收斂，朝廷慮其病民，遂令諸税各帶納一分，雖止係本路者，亦許不限路分通納。户部見徵累年鋪馬錢，亦聽收其半。閏十二月，上以交鈔事，召户部尚書孫鐸、侍郎張復亨，議於内殿。復亨以三合同鈔可行，鐸請廢不用，既而復亨言竟詘。自是而後，國虚民貧，經用不足，專以交鈔愚百姓，而法又不常，世宗之業衰焉。以至泰和三年，其弊彌甚，乃謂宰臣曰：「大定間，錢至足，今民間錢少，而又不在官，何耶？其集問百官，必有能知之者。」四年七月，罷限錢法，從户部尚書上官瑜所請也。

四年，欲增鑄錢，命百官議所以足銅之術。中丞孟鑄謂：「銷錢作銅，及盜用出境者不止，宜罪其官及隣。」太府監梁瑻等言：「鑄錢甚費，率費十錢可得一錢。識者謂費雖多猶增一錢也，乞採銅、拘器以鑄。」宰臣謂：「鼓鑄未可速行，其銅冶聽民煎煉，官爲買之。凡寺觀不及十人，不許畜法器。民間鍮銅器期以兩月送官給價，匿者以私法坐，限外人告者，以知而不糾坐其官。寺觀許童行告者賞。俟銅多，別具以聞。」八月，定從便易錢法，聽人輸納於京師，而於山東、河北、大名、河東等路依數支取。後鑄大錢一直十，篆文曰「泰和重寶」〔九〕，與鈔參行。

五年，上欲罷交鈔工墨錢，復以印時常費遂命貫止收六文。

六年四月，陝西交鈔不行，以見錢十萬貫爲鈔本，與鈔相易，復以小鈔十萬貫相參用之。六年十一月，復許諸路各行小鈔。中都路則於中都及保州，南京路則於南京、歸德、河南府，山東東路則於益都、濟南府，山東西路則於東平、大名府，河北東路則於河間府、冀州，河北西路則於真定、彰德府，河東南路則於平陽，河東北路則於太原、汾州，遼東則於上京、咸平，西京則於西京、撫州，北京則於臨潢府官庫易錢。令户部印小鈔五等，附各路同見錢用。

七年正月，勑在官毋得支出大鈔，在民者令赴庫，以多寡制數易小鈔及見錢。院務商税及諸名錢，三分須納大鈔一分，惟遼東從便。

時民以貨幣屢變，往往怨嗟，聚語於市。上知之，諭旨於御史臺曰：「自今都市敢有相聚論鈔法難行者，許人捕告，賞錢三百貫。」

五月，以户部尚書高汝礪議，立「鈔法條約」，添印大小鈔，以鈔庫至急切，增副使一員。汝礪又與中都路轉運使孫鐸言錢幣，上命中丞孟鑄、禮部侍郎喬宇、國子司業劉昂等十人議，月餘不決。七月，上召議于泰和殿，且諭汝礪曰：「今後毋謂鈔多，不加重而輒易之。重之加於錢，可也。」明日，勑「民間之交易、典質，一貫以上並用交鈔，毋得用錢。須立契者，三分之一用諸物。六盤山西、遼河東以五分之一用鈔，東鄙屯田户以六分之一用鈔。不須立契者，惟遼東錢鈔從便。犯者徒二年，告者賞有差，監臨犯者杖且解職，縣官能奉行流通者升除，否者降罰，集衆沮法者以違制論。工墨錢每張止收二錢。商旅賫見錢不得過十貫。所司籍辨鈔人以防僞冒。品官及民家存留見錢，比舊減其數，若舊有見錢多者，許送官易鈔，十貫以上不得出京」。

又定制，按察司以鈔法流通爲稱職，而河北按察使斜不出巡按所給券應得鈔一貫，以難支用，命取見錢，御史以沮壞鈔法劾之，上曰：「糾察之官乃先壞法，情不可恕。」杖之七十，削官一階解職。

户部尚書高汝礪言：「鈔法務在必行，府州縣鎮宜各籍辨鈔人，給以條印，聽與人辨驗，隨貫量給二錢，貫例雖多，六錢即止。每朝官出使，則令體究通滯以聞。民間舊有宋會子，亦令同見錢用，十貫以上不許持行。榷鹽許用銀絹，餘市易及俸，並用交鈔，其奇數以小鈔足之，應支銀絹而不足者亦以鈔給之。」

上遣近侍諭旨尚書省：「今既以按察司鈔法通快爲稱職，否則爲不稱職，仍於州府司縣官給由內，明書所犯之數，但犯鈔法者雖監察御史舉其能幹，亦不准用。」

十月，楊序言：「交鈔料號不明，年月故暗，雖令赴庫易新，然外路無設定庫司，欲易無所，遠者直須赴都。」上以問汝礪，對曰：「隨處州府庫內，各有辨鈔庫子，鈔雖弊不僞，亦可收納。去都遠之城邑，既有設置合同換錢，客旅經之皆可相易。更慮無合同之地，難以易者，令官庫凡納昏鈔者受而不支，於鈔背印記官吏姓名，積半歲赴都易新鈔。如此，則昏鈔有所歸而無滯矣。」

十一月，上諭户部官曰：「今鈔法雖行，卿等亦宜審察，少有壅滯，即當以聞，勿謂已行而憚改。」汝礪對曰：「今諸處置庫多在公廨內，小民出入頗難，雖有商賈易之，然患鈔本不豐。比者河北西路轉運司言，一富民首其當存留錢外，見錢十四萬貫。它路臆或有如此者，臣等謂宜令州縣委官及庫典，於市肆要處置庫支換。以出首之錢爲鈔本，十萬户以上州府，給三萬貫，以次爲差，易鈔者人不得過二貫。以所得工墨錢充庫典食直，仍令州府佐貳及轉運司官一員提控。」上是之，遂命移庫於市肆之會，令民以鈔易錢。

是月，勑捕獲僞造交鈔者，皆以交鈔爲賞。

時復議更鈔法，上從高汝礪言，命在官大鈔更不許出，聽民以五貫十貫例者赴庫易小鈔，欲得錢者五貫内與一緡，十貫内與兩緡，惟遼東從便。河南、陝西、山東及它行鈔諸路，院務諸税及諸科名錢，並以三分爲率，一分納十貫例者，二分五貫例者，餘並收見錢。

八年正月，以京師鈔滯，定所司賞罰格。時新制，按察司及州縣官，例以鈔通滯爲陞降。遂命監察御史賞罰同外道按察司，大興府警巡院官同外路州縣官。

是月，收毁大鈔，行小鈔。

八月，從遼東按察司楊雲翼言〔一〇〕，以咸平、東京兩路商旅所集，遂從都南例，一貫以上皆用交鈔，不得用錢。十月，孫鐸又言：「民間鈔多，正宜收斂，院務税諸名錢，可盡收鈔，秋夏税納本色外，亦令收鈔，不拘貫例。農民知之則漸重鈔，可以流通。比來州縣抑配市肆買鈔，徒增騷擾，可罷諸處創設鈔局，止令赴省庫換易。今小鈔各限路分，亦甚未便，可令通用」。上命亟行之。

十二月〔一一〕，宰臣奏：「舊制，内外官兵俸皆給鈔，其必用錢以足數者，可以十分爲率，軍兵給三分，官員承應人給二分，多不過十貫。凡前所收大鈔，俟至通行當復計造，其終須當精緻以圖經久。民間舊鈔故暗者，乞許於所在庫易新。若官吏勢要之家有賤買交鈔，而於院務換錢興販者，以違制論。復遣官分路巡察，其限錢過數雖許奴婢以告，乃有所屬默令其主藏匿不以實首者，可令按察司察之。若舊限已滿，當更展五十日，許再令變易鈔引諸物。」

是制既行之後，章宗尋崩，衛紹王繼立，大安三年會河之役〔一三〕，至以八十四車爲軍賞，兵衄國殘，不遑救弊，交鈔之輕幾於不能市易矣。至宣宗貞祐二年二月，思有以重之，乃更作二十貫至百貫例交鈔，又造二百貫至千貫例者。然自泰和以來，凡更交鈔，初雖重，不數年則輕而不行，至是則愈更而愈滯矣。南遷之後，國蹙民困，軍旅不息，供億無度，輕又甚焉。

三年四月，河東宣撫使胥鼎上言曰：「今之物重，其弊在於鈔窒，有出而無入也。雖院務税增收數倍，而所納皆十貫例大鈔，此何益哉。今十貫例者民間甚多，以無所歸，故市易多用見錢，而鈔每貫僅直一錢，曾不及工墨之費。臣愚謂，宜權禁見錢，且令計司以軍須爲名，量民力徵斂，則泉貨流通，而物價平矣。」自是，錢貨不用，富家内困藏鏹之限，外弊交鈔屢變，皆至窘敗，謂之「坐化」。商人往往舟運貿易于江淮，錢多入于宋矣。宋人以爲喜，而金人不禁也。識者惜其既不能重無用之楮，而又棄自古流行之寶焉。

五月，權西安軍節度使烏林達與言：「關、陝軍多，供億不足，所仰交鈔則取於京師，徒成煩費。乞降板就造便。」又言：「懷州舊鐵錢鉅萬〔一三〕，今既無用，願貫爲甲，以給戰士。」時有司輕罪議罰，率以錢贖，而當罪不平，遂命贖銅計贓皆以銀價爲準。

六月，敕議交鈔利便。七月，改交鈔名爲「貞祐寶券」，仍立沮阻罪。九月，御史臺言：「自多故以來，全藉交鈔以助軍需，然所入不及所出，則其價浸減，卒無法以禁，此必然之理也。近用『貞祐寶券』以革其弊，又慮既多而民輕，與舊鈔無異也，乃令民間市易悉從時估，嚴立罪賞，期於必行，遂使商旅不行，四方之物不敢入。夫京師百萬之衆，日費不貲，物價寧不日貴耶。且時估月再定之，而民間價旦暮不一，今有司强之，而市肆盡閉。復議搜括隱匿，必令如估鬻之，則京師之物指日盡，而百姓重困矣。臣等謂，惟官和買、計贓之類可用時估，餘宜從便。」制可。

十二月，上聞近京郡縣多糴於京師，穀價翔踴，令尚書省集户部、講議所、開封府、轉運司，議所以制之者。户部及講議所言，以五斗出城者可闌糴其半，轉運司謂宜悉禁其出，上從開封府議，謂「寶券初行時，民甚重之。但以河北、陝西諸路所支既多，人遂輕之。商賈爭收入京，以市金銀，銀價昂，穀亦隨之。若令寶券路各殊制，則不可復入河南，則河南金銀賤而穀自輕。若直閉京城粟不出，則外亦自守，不復入京，穀當益貴。宜諭郡縣小民，毋妄增價，官爲定制，務從其便」。

四年正月，監察御史田迥秀言：「國家調度皆資寶券，行才數月，又復壅滯，非約束不嚴、奉行不謹也。夫錢幣欲流通，必輕重相權、散斂有術而後可。今之患在出太多、入太少爾。若隨時裁損所支，而增其所收，庶乎或可也。」因條五事，一曰省冗官吏，二曰損酒使司，三曰節兵俸，四曰罷寄治官，五曰酒稅及納粟補官皆當用寶券。詔酒稅從大定之舊，餘皆不從。尋又更定捕獲僞造寶券官賞。

三月，翰林侍講學士趙秉文言：「比者寶券滯塞，蓋朝廷將議更張，而已妄傳不用，因之抑遏，漸至廢絶，此乃權歸小民也。自遷汴以來，廢回易務，臣愚謂當復置，令職官通市道者掌之，給銀鈔粟麥縑帛之類，權其低昂而出納之。仍自選良監當官營爲之，若半年無過，及券法通流，則聽所指任便差遣。」詔議行之。

四月，河東行省胥鼎言：「交鈔貴乎流通，今諸路所造不充所出，不以術收之，不無缺誤。宜量民力徵斂，以裨軍用。河中宣撫司亦以寶券多出，民不之貴，乞驗民貧富徵之。雖爲陝西，若一體徵收〔一四〕，則彼中所有日湊于河東，與不斂何異。又河北寶券以不許行于河南，由是愈滯。」宰臣謂：「昨以河北寶券，商旅齎販繼踵南渡，遂致物價翔踴，乃權宜限以路分。今鼎既以本路用度繁殷，欲徵軍須錢，宜從所請。若陝西可徵與否，詔令行省議定而後行。」

五月，上以河北州府官錢散失，多在民間，命尚書省經畫之。

八月，平章高琪奏：「軍興以來，用度不貲，惟賴寶券，然所入不敷所出，是以浸輕，今千錢之券僅直數錢，隨造隨盡，工物日增，不有以救之，弊將滋甚。宜更造新券，與舊券權爲子母而兼行之，庶工物俱省，而用不乏。」濮王守純以下皆憚改，奏曰：「自古軍旅之費皆取於民，向朝廷以小鈔殊輕，權更寶券，而復禁用錢。小民淺慮，謂楮幣易壞，不若錢可久，於是得錢則珍藏，而券則亟用之，惟恐破裂而至於廢也。今朝廷知支而不知收，所以錢日貴而券日輕。然則券之輕非民輕之，國家致之然也。不若量其所支復斂于民，出入循環，則彼知爲必用之物，而知愛重矣。今徒患輕而即欲更造，不惟信令不行，且恐新券之輕復同舊券也。」既而，隴州防禦使完顏寓及陝西行省令史惠吉繼言券法之弊。寓請姑罷印造，以見在者流通之，若滯塞則驗丁口之多寡、物力之高下而徵之。吉言：「券者所以救弊一時，非可通流與見錢比，必欲通之，不過多斂少支爾。然斂多則傷民，支少則用不足，二者皆不可。爲今日計，莫若更造，以『貞祐通寶』爲名，自百至三千等之爲十，聽各路轉運司印造，仍不得過五千貫，與舊券參用，庶乎可也。」詔集百官議。户部侍郎奥屯阿虎、禮部侍郎楊雲翼、郎中蘭芝、刑部侍郎馮鶚皆主更造，户部侍郎高夔、員外郎張師魯、兵部侍郎徒單歐里白皆請徵斂，惟户部尚書蕭貢謂止當如舊，而工部尚書李元輔謂二者可並行。太子少保張行信亦言不宜更造，但嚴立不行之罪，足矣。侍御史趙伯成曰：「更造之法，陰奪民利，其弊甚於徵。徵之爲法，特徵於農民則不可，若徵於市肆商賈之家，是亦敦本抑末之一端。」刑部主事王壽寧曰：「不然，今之重錢輕券者皆農爾，其斂必先於民而後可。」轉運使王擴曰：「凡論事當究其本，今歲支軍士家口糧四萬餘石，如使斯人地着，少寬民力，然後徵之，則行之不難。」榷貨司楊貞亦欲節無名之費，罷閑冗之官。或有請鑄大錢以當百，別造小鈔以省費。或謂縣官當擇人者。獨吏部尚書温迪罕思敬上書言：「國家立法，莫不備具，但有司不克奉之而已。誠使臣得便宜從事，凡外路四品以下官皆許杖決，三品以上奏聞，仍付監察二人馳驛往來，法不必變，民不必徵，一號令之，可使上下無不奉法。如其不然，請就重刑。」上以示宰臣曰：「彼自許如此，試委之可乎？」宰臣未有以處，而監察御史陳規、完顏素蘭交諍，以爲「事有難行，聖哲猶病之，思敬何爲者，徒害人爾」。上以衆議紛紛，月餘不決，厭之，乃詔如舊，紓其徵斂之期焉。未幾，竟用惠吉言，造「貞祐通寶」，興定元年二月，始詔行之，凡一貫當千貫，增重僞造沮阻罪及捕獲之賞。

五月，以鈔法屢變，隨出而隨壞，製紙之桑皮故紙皆取于民，至是又甚艱得，遂令計價，但徵寶券、通寶，名曰「桑皮故紙錢」，謂可以免民輸輓之勞，而省工物之費也。高汝礪言：「河南調發繁重，所徵租稅三倍於舊，僅可供億，如此其重也。而今年五月省部以歲收通寶不充所用，乃於民間斂桑皮故紙鈔七千萬貫以補之，又太甚矣。而近又以通寶稍滯，又增兩倍。河南人户農居三之二，今年租稅徵尚未足，而復令出此，民若不糴當納之租，則賣所食之粟，舍此將何得焉。今所急而難得者芻糧也，出於民而有限。可緩而易爲者交鈔也，出於國而可變。以國家之所自行者而强求之民，將若之何。向者大鈔滯則更爲小鈔，小鈔弊則改爲寶券，寶券不行則易爲通寶，變制在我，尚何煩民哉。民既悉力以奉軍而不足，又計口、計税、計物、計生殖之業而加徵，若是其剥，彼不能給，則有亡而已矣。民逃田穢，兵食不給，是軍儲鈔法兩廢矣。臣非於鈔法不加意，非故與省部相違也，但以鈔滯物貴之害輕，民去軍飢之害重爾。」時不能用。

三年十月，省臣奏：「向以物重錢輕，犯贓者計錢論罪則太重，於是以銀爲則，每兩爲錢二貫。有犯通寶之贓者直以通寶論，如因軍興調發，受通寶及三十貫者，已得死刑，準以金銀價，纔爲錢四百有奇，則當杖。輕重之間懸絶如此。」遂命准犯時銀價論罪。四年三月，參知政事李復亨言〔一五〕：「近制，犯通寶之贓者並以物價折銀定罪，每兩爲錢二貫，而法當贖銅者，止納通寶見錢，亦乞令依上輸銀，既足以懲惡，又有補於官。」詔省臣議，遂命犯公錯過悞者止徵通寶見錢，贓污故犯者輸銀。

十二月〔二六〕，鎮南軍節度使温迪罕思敬上書言：「錢之爲泉也，貴流通而不可塞，積於官而不散則病民，散於民而不斂則闕用，必多寡輕重與物相權而後可。大定之世，民間錢多而鈔少，故貴而易行。軍興以來，在官殊少，民亦無幾，軍旅調度悉仰于鈔，日之所出動以萬計，至于填委市肆，能無輕乎。不若弛限錢之禁，許民自採銅鑄錢，而官製模範，薄惡不如法者令民不得用，則錢必日多，鈔可少出，少出則貴而易行矣。今日出益衆，民日益輕，有司欲重之而不得其法，至乃計官吏之俸、驗百姓之物力以斂之，而卒不能增重，曾不知錢少之弊也。臣謂宜令民鑄錢，而當斂鈔者亦聽輸銀，民因以銀鑄錢爲數等，文曰『興定元寶』，定直以備軍賞，亦救弊之一法也。」朝廷不從。

五年閏十二月，宰臣奏：「向者寶券既弊，乃造『貞祐通寶』以救之，迄今五年，其弊又復如寶券之末。初，通寶四貫爲銀一兩，今八百餘貫矣。宜復更造『興定寶泉』，子母相權，與通寶兼行，每貫當通寶四百貫，以二貫爲銀一兩，隨處置庫，許人以通寶易之。縣官能使民流通者，進官一階、陞職一等，其或姑息以致壅滯，則亦追降的決爲差。州府官以所屬司縣定罪賞，命監察御史及諸路行部官察之，定撓法失糾舉法，失舉則御史降決，行部官降罰，集衆妄議難行者徒二年，告捕者賞錢三百貫。」元光元年二月，始詔行之。

二年五月，更造每貫當通寶五十，又以綾印製「元光珍貨」，同銀鈔及餘鈔行之。行之未久，銀價日貴，寶泉日賤，民但以銀論價。至元光二年，寶泉幾於不用，乃定法，銀一兩不得過寶泉三百貫，凡物可直銀三兩以下者不許用銀，以上者三分爲率，一分用銀，二分用寶泉及珍貨、重寶。京師及州郡置平準務，以寶泉、銀相易，其私易及違法而能告者罪賞有差。是令既下，市肆晝閉，商旅不行，朝廷患之，乃除市易用銀及銀寶泉私相易之法。然上有限用之名，而下無從令之實，有司雖知，莫能制矣。義宗正大間〔一七〕，民間但以銀市易。

天興二年十月印「天興寶會」于蔡州，自一錢至四錢四等〔一八〕，同見銀流轉，不數月國亡。

校勘記

〔一〕今阜通利通兩監　「利通」，原作「利用」。按，上文大定「二十七年二月，曲陽縣鑄錢別爲一監，以利通爲名」。本書卷八世宗紀下，亦載是年二月「癸未，命曲陽縣置錢監，賜名『利通』」。今據改。

〔二〕庫掐攢司庫副副使使各押字　按上文，「貞元間既行鈔引法，遂設印造鈔引庫及交鈔庫，皆設使、副、判各一員，都監二員」；本書卷五六百官志二，「交鈔庫」和「印造鈔引庫」條下官員設置爲使、副使、判官各一員。疑「庫副」下衍「副使」二字。

〔三〕印造鈔引庫庫子庫司副使各押字　按，傳世「貞祐寶券」、「興定寶泉」等銅版皆有印造庫庫子、攢司、使、副押字。疑「庫司」爲「攢司」之誤。

〔四〕其弃藏應禁器物　「弃」，原作「棄」，文義不貫，蓋「弃」、「棄」字形相近致誤。今改。

〔五〕遂令有司籍鐵錢及諸無用之物　「物」，原作「數」。按，上文云「隨處有無用官物，可爲計置，如鐵錢之類是也」。今據改。

〔六〕在唐元和間嘗限富家錢過五千貫者死　「貫」字原脱。按，新唐書卷五四食貨志四，元和十二年，敕「富家錢過五千貫者死」，舊唐書卷四八食貨志上記此事同。今據補。

〔七〕九月以民間鈔滯　本書卷一一章宗紀三記此事在承安三年十月。

〔八〕赴榷貨出鹽引　「貨」，原作「場」。按，本書卷五〇食貨志五榷場，「榷場，與敵國互市之所也」，故此作「榷場」顯然有誤。本卷下文「榷貨所鬻鹽引，收納寶貨與鈔相半」，又「命在都官錢、榷貨務鹽引，並聽收寶貨」，皆作「榷貨」；卷五六百官志二，「榷貨務，（中略）掌發賣給隨路香茶鹽鈔引」。今據改。

〔九〕篆文曰泰和重寶　按，道光四年殿本此句下有「背文有螭虎二」六字，其考證云：「據舊本增。」局本亦有此六字。

〔一〇〕從遼東按察司楊雲翼言　「按」字原脱。按，上文「又定制，按察司以鈔法流通爲稱職」，又「時新制，按察司及州縣官，例以鈔通滯爲陞降」，本書卷一一〇楊雲翼傳，泰和「七年，簽上京東京等路按察司事，因召見，章宗咨以當世之務，稱旨」，皆言「按察司」。今據補。

〔一一〕十二月　按，下文稱「是制既行之後，章宗尋崩，衛紹王繼立」。本書卷一二章宗紀四，泰和八年十一月「乙卯，上不豫。丙辰，崩于福安殿」。疑此「十二月」或是「十一月」之誤。

〔一二〕大安三年會河之役　「三年」，原作「二年」；「會河」，原作「潰河」。按，本書卷一三衛紹王紀，大安三年「九月，千家奴、胡沙敗績于會河堡」。又卷九三獨吉思忠傳、承裕傳、卷九九徒單鎰傳、卷一〇一承暉傳、卷一〇二完顔弼傳、卷一三四外國傳上西夏傳，記此事時間地點同。今據改。

〔一三〕懷州舊鐵錢鉅萬　「鐵」，原作「鑄」。按，本書卷四六食貨志一序，「濟以鐵錢，鐵不可用，權以交鈔」。本卷上文，明昌「四年，上諭宰臣曰：『隨處有無用官物，可爲計置，如鐵錢之類是也。』（中略）持國曰：『（中略）若舊有鐵錢，宜姑收貯，以備緩急。』遂令有司籍鐵錢及諸無用之物，貯於庫」。今據改。

〔一四〕雖爲陝西若一體徵收　本書卷一〇八胥鼎傳作「雖然陝西若一體徵收」。

〔一五〕四年三月參知政事李復亨言　「四年」二字原脱。按，上文已見「三年十月」。本書卷一六宣宗紀下，興定四年三月「己酉，以吏部尚書李復亨參知政事」，與此處李復亨官職相合，因將下文「十二月」上之「四年」二字移此。

〔一六〕十二月　此上原有「四年」二字，今移至上文「三月」之上。參見前條校勘記。

〔一七〕義宗正大間　「義宗」，金哀宗另一謚號。大金國志卷二六紀年義宗皇帝，「義宗皇帝名守緒」。又云「或謂『哀』不足以盡謚，天下士夫咸以『義宗』謚，蓋取左氏君死社稷之義」。王鶚汝南遺事亦稱哀宗爲義宗。

〔一八〕自一錢至四錢四等　按，王鶚汝南遺事卷三記此事云，「戊寅，更造『天興寶會』，同見銀流轉，一錢、二錢、三錢、五錢凡四等，以楮爲之」，視此爲詳。此「四錢」當是「五錢」之誤，屬半兩錢。

金史卷四十九

志第三十

食貨四

鹽　酒　醋　茶　諸征商　金銀税

鹽。金制，榷貨之目有十，曰酒、麴、茶、醋、香、礬、丹、錫、鐵，而鹽爲稱首。貞元初，蔡松年爲户部尚書，始復鈔引法，設官置庫以造鈔、引。鈔，合鹽司簿之符。引，會司縣批繳之數。七年一釐革之。

初，遼、金故地濱海多産鹽，上京、東北二路食肇州鹽，速頻路食海鹽，臨潢之北有大鹽濼，烏古里石壘部有鹽池，皆足以食境内之民，嘗征其税。及得中土，鹽場倍之，故設官立法加詳焉。然而增減不一，廢置無恒，亦隨時捄弊而已。

益都、濱州舊置兩鹽司，大定十三年四月，併爲山東鹽司。二十一年滄州及山東各務增羨，冒禁鬻鹽，朝論慮其久或隳法，遂併爲海豐鹽使司。十一月，又併遼東等路諸鹽場，爲兩鹽司。大定二十五年，更狗濼爲西京鹽司。是後惟置山東、滄、寶坻、莒、解、北京、西京七鹽司〔二〕。

山東、滄、寶坻斤三百爲袋，袋二十有五爲大套，鈔、引、公據三者俱備然後聽鬻。小套袋十，或五、或一，每套鈔一，引如袋之數。寶坻零鹽較其斤數，或六之三，或六之一，又爲小鈔引給之，以便其鬻。

解鹽斤二百有五十爲一席，席五爲套，鈔引則與陝西轉運司同鬻，其輸粟於陝西軍營者，許以公牒易鈔引。

西京等場鹽以石計，大套之石五，小套之石三。北京大套之石四，小套之石一。遼東大套之石十。皆套一鈔，石一引。零鹽積十石，亦一鈔而十引。

其行鹽之界，各視其地宜。山東、滄州之場九，行山東、河北、大名、河南、南京、歸德諸府路，及許、亳、陳、蔡、潁、宿、泗、曹、睢、鈞、單、壽諸州。莒之場十二，濤洛場行莒州，臨洪場行贛榆縣，獨木場行海州司候司、朐山、東海縣，板浦場行漣水、沭陽縣，信陽場行密州，之五場又與大鹽場通行沂、邳、徐、宿、泗、滕六州。西由場行萊州録事司及招遠縣，衡村場行即墨、萊陽縣，之二場鈔引及半袋小鈔引，聽本州縣鬻之。寧海州五場皆鬻零鹽，不用引目。黄縣場行黄縣，巨風場行登州司候司、蓬萊縣，福山場行福山縣，是三場又通行旁縣棲霞。寧海州場行司候司、牟平縣，文登場行文登縣。寶坻鹽行中都路，平州副使於馬城縣置局貯錢。解鹽行河東南北路、陝西東及南京河南府、陝、鄭、唐、鄧、嵩、汝諸州。西京、遼東鹽各行其地。北京宗、錦之末鹽，行本路及臨潢府、肇州、泰州之境，與接壤者亦預焉。

世宗大定三年二月，定軍私煮鹽及盜官鹽之法，命猛安謀克巡捕。

三年十一月，詔以銀牌給益都、濱、滄鹽使司。

十一年正月，用西京鹽判宋俣言，更定狗濼鹽場作六品使司，以俣爲使，順聖縣令白仲通爲副，以是歲入錢爲定額。四月，以烏古里石壘民飢，罷其鹽池税。

十二年十月，詔西北路招討司猛安所轄貧及富人奴婢〔二〕，皆給食鹽。宰臣言去鹽濼遠者，所得不償道里之費，遂命計口給直，富家奴婢二十口止。

十三年二月，併榷、永鹽爲寶坻使司，罷平、灤鹽錢。滄州舊廢海阜鹽場，三月，州人李格請復置，詔遣使相視。有司謂是場興則損滄鹽之課，且食鹽户仍舊，而鹽貨歲增，必徒多積而不能售，遂寢其議。三月，大鹽濼設鹽税官〔三〕。復免烏古里石壘部鹽池之税。

二十一年八月，參知政事梁肅言：「寶坻及傍縣多闕食〔四〕，可減鹽價增粟價，而以粟易鹽。」上命宰臣議，皆謂「鹽非多食之物，若減價易粟，恐久而不售，以至虧課。今歲糧以七十餘萬石至通州，比又以恩、獻等六州粟百餘萬石繼至，足以賑之，不煩易也」。遂罷。十二月，罷平州椿配鹽課。

二十三年七月，博興縣民李孜收日炙鹽，大理寺具私鹽及刮鹹土二法以上。宰臣謂非私鹽可比，張仲愈獨曰：「私鹽罪重，而犯者猶衆，不可縱也。」上曰：「刮鹻非煎，何以同私？」仲愈曰：「如此則渤海之人恣刮鹻而食，將侵官課矣。」力言不已，上乃以孜同刮鹻科罪，後犯則同私鹽法論。

十一月，張邦基言：「寶坻鹽課，若每石收正課百五十斤，慮有風乾折耗。」遂令石加耗鹽二十二斤半，仍先一歲貸支償直，以優竈户。

二十四年七月，上在上京，謂丞相烏古論元忠等曰：「會寧尹蒲察通言，其地猛安謀克户甚艱。舊速頻以東食海鹽，蒲與、胡里改等路食肇州鹽，初定額萬貫，今增至二萬七千。若罷鹽引，添竈户，庶可易得。」元忠對曰：「已嘗遣使咸平府以東規畫矣。」上曰：「不須待此，宜亟爲之。」通又言：「可罷上京酒務，聽民自造以輸税。」上曰：「先灤州諸地亦嘗令民煮鹽，後以不便罷之，今豈可令民自沽耶。」

二十五年十月，上還自上京，謂宰臣曰：「朕聞遼東，凡人家食鹽，但無引目者，即以私治罪。夫細民徐買食之，何由有引目。可止令散辦，或詢諸民，從其所欲。」因爲之罷北京、遼東鹽使司。

二十八年，尚書省論鹽事，上曰：「鹽使司雖辦官課，然素擾民。鹽官每出巡，而巡捕人往往私懷官鹽，所至求賄及酒食，稍不如意則以所懷誣以爲私鹽。鹽司苟圖羨增，雖知其誣亦復加刑。宜令別設巡捕官，勿與鹽司關涉，庶革其弊。」五月，刱巡捕使，山東、滄、寶坻各二員，解、西京各一員。山東則置於濰州、招遠縣，滄置於深州及寧津縣，寶坻置於易州及永濟縣，解置於澄城縣，西京置於兜苔館，秩從六品，直隸省部，各給銀牌，取鹽使司弓手充巡捕人，且禁不得於人家搜索，若食鹽一斗以下不得究治，惟盜販私煮則捕之，在三百里內者屬轉運司，外者即隨路府提點所治罪，盜課鹽者亦如之。

章宗大定二十九年十月，上朝隆慶宮，諭有司曰：「比因獵，知百姓多有鹽禁獲罪者，民何以堪。朕欲令依平、灤、太原均辦例，令民自煎，其令百官議之。」十二月，户部尚書鄧儼等謂「若令民計口定課，民既輸乾辦錢，又必別市而食，是重費民財，而徒增煎販者之利也。且今之鹽價，蓋昔日錢幣易得之時所定，今日與向不同，況太平日久，户口蕃息，食鹽歲課宜有羨增，而反無之，何哉。緣官估高，貧民利私鹽之賤，致虧官課爾。近已減寶坻、山東、滄鹽價斤爲三十八文，乞更減去八文，歲不過減一百二十餘萬貫，官價既賤，所售必多，自有羨餘，亦不全失所減之數。況今府庫金銀約折錢萬萬貫有奇，設使鹽課不足，亦足補百有餘年之經用，若量入爲出，必無不足之患。乞令平、灤乾辦鹽課亦宜減價，各路巡鹽弓手不得自專巡捕，庶革誣罔之弊」。禮部尚書李晏等曰：「所謂乾辦者，既非美名，又非良法。必欲杜絶私煮盜販之弊，莫若每斤減爲二十五文，使公私價同，則私將自已。又巡鹽兵吏往往挾私鹽以誣人，可令與所屬司縣期會，方許巡捕，違者按察司罪之〔五〕。」刑部尚書郭邦傑等則謂平、灤、瀕海及太原鹵地可依舊乾辦，餘同儼議。御史中丞移剌仲方則謂私煎盜販之徒，皆知禁而犯之者也。可選能吏充巡捕使，而不得入人家搜索。同知大興府事王翛請每斤減爲二十文，罷巡鹽官。左諫議大夫徒單鎰則以乾辦爲便。宰臣奏以「每斤官本十文，若減作二十五文，似爲得中。巡鹽弓手可減三分之一，鹽官出巡須約所屬同往，不同獲者不坐。可自來歲五月一日行之」。上遂命寶坻、山東、滄鹽每斤減爲三十文，已發鈔引未支者准新價足之，餘從所請。十二月，遂罷西京、解鹽巡捕使〔六〕。

時既詔罷乾辦鹽錢，十二月以大理司直移剌九勝奴、廣寧推官宋扆議北京、遼東鹽司利病，遂復置北京、遼東鹽使司，北京路歲以十萬餘貫爲額，遼東路以十三萬爲額。罷西京及解州巡捕使。

明昌元年七月，上封事者言河東北路乾辦鹽錢歲十萬貫太重，以故民多逃徙，乞緩其徵督。上命俟農隙遣使察之。十二月，定禁司縣擅科鹽制。

二年五月，省臣以山東鹽課不足，蓋由鹽司官出巡不敢擅捕，必約所屬同往，人不畏故也。遂詔，自今如有盜販者，聽鹽司官輒捕。民私煮及藏匿，則約所屬搜索。巡尉弓兵非與鹽司相約，則不得擅入人家。

三年六月，孫即康等同鹽司官議，「軍民犯私鹽，三百里内者鹽司按罪，遠者付提點所，皆徵捕獲之賞於販造者。猛安謀克部人煎販及盜者，所管官論贖，三犯杖之，能捕獲則免罪。又濱州渤海縣永和鎮去州遠，恐藏盜及私鹽，可改爲永豐鎮與曹子山村各剏設巡檢，山東、寶坻、滄鹽司判官乞陞爲從七品〔七〕，用進士」。上命猛安謀克杖者再議，餘皆從之。

尚書省奏，「山東濱、益九場之鹽行於山東等六路，濤洛等五場止行於沂、邳、徐、宿、滕、泗六州，各有定課，方之九場，大課不同。若令與九場通比增虧，其五場官恃彼大課，恐不用力，轉生姦弊」。遂定令五場自爲通比。舊法與鹽司使副通比，故至是始改焉。

五年正月，八小場鹽官左蕐等，以課不能及額，繳進告勑。遂遣使按視十三場再定，除濤洛等五場係設管勾，可即日恢辦，乃以蕐所告八場，從大定二十六年制，自見管課，依新例永相比磨。户部郎中李敬義等言，「八小場今新定課有減其半者，如使俱從新課，而舊課已辦入官，恐所減錢多，因而作弊，而所收錢數不復盡實附曆納官」，遂從明昌元年所定酒稅院務制，令即日收辦。

十一月，以舊制猛安謀克犯私鹽酒麴者，轉運司按罪，遂更定軍民犯私鹽者皆令屬鹽司，私酒麴則屬轉運司，三百里外者則付提點所，若逮問犯人而所屬恡不遣者徒二年。

十二月，尚書省議山東、滄州舊法每一斤錢四十一文，寶坻每一斤四十三文，自大定二十九年赦恩并特旨，減爲三十文，計減百八十五萬四千餘貫。後以國用不充，遂奏定每一斤復加三文爲三十三文。至承安三年十二月，尚書省奏：「鹽利至大，今天下户口蕃息，食者倍於前，軍儲支引者亦甚多，況日用不可闕之物，豈以價之低昂而有多寡也。若不隨時取利，恐徒失之。」遂復定山東、寶坻、滄州三鹽司價每一斤加爲四十二文，解州舊法每席五貫文，增爲六貫四百文。遼東、北京舊法每石九百文，增爲一貫五百文。西京煎鹽舊石二貫文，增爲二貫八百文，撈鹽舊一貫五百文，增爲二貫文，既增其價，復加其所鬻之數。七鹽司舊課歲入六百二十二萬六千六百三十六貫五百六十六文，至是增爲一千七十七萬四千五百一十二貫一百三十七文二分〔八〕。山東舊課歲入二百五十四萬七千三百三十六貫，增爲四百三十三萬四千一百八十四貫四百文。滄州舊課歲入百五十三萬一千二百貫，增爲二百七十六萬六千六百三十六貫。寶坻舊入八十八萬七千五百五十八貫六百文，增爲一百三十四萬八千八百三十九貫。解州舊入八十一萬四千六百五十七貫五百文，增爲一百三十二萬一千五百二十貫二百五十六文。遼東舊入十三萬一千五百七十二貫八百七十文，增爲三十七萬六千九百七十貫二百五十六文。北京舊入二十一萬三千八百九十二貫五百文，增爲三十四萬六千一百五十一貫六百一十七文二分。西京舊入十萬四百一十九貫六百九十六文，增爲二十八萬二百六十四貫六百八文。

四月，宰臣奏〔九〕：「在法，猛安謀克有告私鹽而不捕者杖之，其部人有犯而失察者，以數多寡論罪。今乃有身犯之者，與犯私酒麴、殺牛者，皆世襲權貴之家，不可不禁」。遂定制徒年、杖數，不以贖論，不及徒者杖五十。

八月，命山東、寶坻、滄州三鹽司，每春秋遣使督按察司及州縣巡察私鹽。

泰和元年九月，省臣以滄、濱兩司鹽袋，歲買席百二十萬，皆取於民。清州北靖海縣新置滄鹽場，本故獵地，沮洳多蘆，宜弛其禁，令民時採而織之。

十一月，陝西路轉運使高汝礪言〔一〇〕：「舊制，捕告私鹽酒麴者，計斤給賞錢，皆徵于犯人。然監官獲之則充正課，巡捕官則不賞，巡捕軍則減常人之半，免役弓手又半之，是罪同而賞異也。乞以司縣巡捕官不賞之數，及巡捕弓手所減者，皆徵以入官，則罪賞均矣。」詔從之。

三年二月，以解鹽司使治本州，以副治安邑。

十一月，定進士授鹽使司官，以榜次及入仕先後擬注。

四年六月，以七鹽使司課額七年一定爲制，每斤增爲四十四文。時桓州刺史張煒乞以鹽易米，詔省臣議之。

六月，詔以山東、滄州鹽司自增新課之後，所虧歲積，蓋官既不爲經畫，而管勾、監同與合干人互爲姦弊，以致然也。即選才幹者代兩司使副，以進士及部令史、譯人、書史、譯史、律科、經童、諸局分出身之廉慎者爲管勾，而罷其舊官。

十月，西北路有犯花鹹禁者，欲同鹽禁罪，宰臣謂若比私鹽，則有不同。詔定制，收鹺者杖八十，十斤加一等，罪止徒一年，賞同私礬例。

五年六月，以山東、滄州兩鹽司侵課，遣户部員外郎石鉉按視之，還言令兩司分辦爲便。詔以周昂分河北東西路、大名府、恩州、南京、睢、陳、蔡、許、潁州隸滄鹽司，以山東東西路、開、濮州、歸德府、曹、單、亳、壽、泗州隸山東鹽司，各計口承課。

十月，簽河北東西大名路按察司事張德輝言，海壖人易得私鹽，故犯法者衆，可量户口均配之。尚書省命山東按察司議其利便，言「萊、密等州比年不登，計口賣鹽所斂雖微，人以爲重，恐致流亡。且私煮者皆無籍之人，豈以配買而不爲哉」。遂定制，命與滄鹽司皆馳驛巡察境内。

六年三月，右丞相内族宗浩〔一一〕、參知政事賈鉉言：「國家經費惟賴鹽課，今山東虧五十餘萬貫，蓋以私煮盜販者成黨，鹽司既不能捕，統軍司、按察司亦不爲禁，若止論犯私鹽者之數，罰俸降職，彼將抑而不申，愈難制矣。宜立制，以各官在職時所增虧之實，令鹽司以達省部，以爲陞降。」遂詔諸統軍、招討司，京府州軍官，所部有犯者，兩次則奪半月俸，一歲五次則奏裁，巡捕官但犯則的決，令按察司御史察之〔一二〕。

四月，從涿州刺史夾谷蒲乃言，以萊州民所納鹽錢聽輸絲綿銀鈔。

七年九月，定西、北京、遼東鹽使、判官及諸場管勾增虧陞降格，凡文資官吏員、諸局署承應人、應驗資歷注者，增不及分者陞本等首，一分減一資，二分減兩資、遷一官，四分減兩資、遷兩官，虧則視此爲降。如任迴驗官注擬者，增不及分陞本等首，一分減一資，二分減一資、遷一階，四分減兩資、遷兩階，虧者亦視此爲降。

十二月，尚書省以盧附翼所言，遂定制竈户盜賣課鹽法，若應納鹽課外有餘，則盡以申官〔一三〕，若留者減盜一等。若刮鹻土煎食之，採黄穗草燒灰淋鹵，及以酵粥爲酒者，杖八十。

八年七月，宋克俊言：「鹽管勾自改注進士諸科人，而監官有失超陞縣令之階，以故怠而虧課，乞依舊爲便。」有司以泰和四年改注時，選當時到部人截替，遂擬以秋季到部人注代。

八年七月，詔沿淮諸榷場，聽官民以鹽市易。

宣宗貞祐二年十月，户部言，陽武、延津、原武、滎澤、河陰諸縣饒鹹鹵，民私煎不能禁。遂詔置場，設判官、管勾各一員，隸户部。既而，御史臺奏，諸縣皆爲有力者奪之，而商販不行，遂勑御史分行申明禁約。

三年十二月，河東南路權宣撫副使烏古論慶壽言：「絳、解民多業販鹽，由大陽關以易陝、虢之粟，及還渡河，而官邀糴其八，其旅費之外所存幾何。而河南行部復自運以易粟于陝，以盡奪民利。比歲河東旱蝗，加以邀糴，物價踴貴，人民流亡，誠可閔也。乞罷邀糴，以紓其患。」四年七月，慶壽又言：「河中乏糧，既不能濟，而又邀糴以奪之。夫鹽乃官物，有司陸運至河，復以舟達京兆、鳳翔，以與商人貿易，艱得而甚勞。而陝西行部每石復邀糴二斗，是官物而自糴也。夫轉鹽易物，本濟河中，而陝西復强取之，非奪而何。乞彼此壹聽民便，則公私皆濟。」上從之。

興定二年六月，以延安行六部員外郎盧進建言：「綏德之嗣武城、義合、克戎寨近河地多産鹽，請設鹽場管勾一員，歲獲十三萬餘斤，可輸錢二萬貫以佐軍。」三年，詔用其言，設官鬻鹽給邊用。

四年，李復亨言，以河中西岸解鹽舊所易粟麥萬七千石充關東之用。尋命解鹽不得通陝西，以北方有警，河禁方急也。元光二年内族訛可言，民運解鹽有助軍食，詔修石墻以固之。

酒。金榷酤因遼、宋舊制，天會三年始命榷官以周歲爲滿。世宗大定三年，詔宗室私釀者，從轉運司鞫治。三年，省奏中都酒户多逃，以故課額愈虧。上曰：「此官不嚴禁私釀所致也。」命設軍百人，隸兵馬司，同酒使副合干人巡察，雖權要家亦許搜索。奴婢犯禁，杖其主百。且令大興少尹招復酒户。

八年，更定酒使司課及五萬貫以上，鹽場不及五萬貫者，依舊例通注文武官，餘並右職有才能、累差不虧者爲之。九年，大興縣官以廣陽鎮務虧課，而懼奪其俸，乃以酒散部民，使輸其税。大理寺以財非入己，請以贖論〔一四〕。上曰：「雖非私贓，而貧民亦被其害，若止從贖，何以懲後。」特命解職。

二十六年，省奏鹽鐵酒麴自定課後，增各有差。上曰：「朕頃在上京，酒味不嘉。朕欲如中都麴院取課，庶使民得美酒。朕日膳亦減省，嘗有一公主至，而無餘膳可與。朕欲日用五十羊何難哉，慮費用皆出於民，不忍爲也。監臨官惟知利己，不知利何從來。若恢辦增羨者酬遷，虧者懲殿，仍更定併增併虧之課，無失元額。如横班祗虧者，與餘差一例降罰，庶有激勸。且如功酬合辦二萬貫，而止得萬七八千，難迭兩酬者，必止納萬貫，而輒以餘錢入己。今後可令見差使内不迭酬餘錢，與後差使内所增錢通筭爲酬，庶錢可入官。及監官食直，若不先與，何以責廉。今後及格限而至者，即用此法。」又奏罷杓欄人。

二十七年，議以天下院務，依中都例，改收麴課，而聽民酤。户部遣官詢問遼東來遠軍，南京路新息、虞城，西京路西京酒使司、白登縣、迭剌部族、天成縣七處〔一五〕，除税課外，願自承課賣酒。上曰：「自昔監官多私官錢，若令百姓承辦，庶革此弊。其試行之。」

明昌元年正月，更定新課，令即日收辦。中都麴使司，大定間，歲獲錢三十六萬一千五百貫，承安元年歲獲四十萬五千一百三十三貫。西京酒使司，大定間，歲獲錢五萬三千四百六十七貫五百八十八文，承安元年歲獲錢十萬七千八百九十三貫。七月，定中都麴使司以大定二十一年至明昌六年爲界，通比均取一年之數爲額。

五年四月，省奏：「舊隨處酒税務，所設杓欄人，以射糧軍歷過隨朝差役者充，大定二十六年罷去，其隨朝應役軍人，各給添支錢粟酬其勞。今擬將元收杓欄錢，以代添支，令各院務驗所收之數，百分中取三，隨課代輸，更不入比，歲約得錢三十餘萬，以佐國用。」泰和四年九月，省奏：「在都麴使司，自定課以來八年併增，宜依舊法，以八年通該課程，均其一年之數，仍取新增諸物一分稅錢併入，通爲課額。以後之課，每五年一定其制。」又令隨處酒務，元額上通取三分作糟酵錢。

六年，制院務賣酒數各有差，若數外賣及將帶過數者，罪之。宣宗貞祐三年十二月，御史田迥秀言：「大定中，酒稅歲及十萬貫者，始設使司，其後二萬貫亦設，今河南使司亦五十餘員，虛費月廩，宜依大定之制。」元光元年，復設麴使司。

醋稅。自大定初，以國用不足，設官榷之，以助經用。至二十三年，以府庫充牣，遂罷之。章宗明昌五年，以有司所入不充所出，言事者請榷醋息，遂令設官榷之，其課額，俟當差官定之。後罷。承安三年三月，省臣以國用浩大，遂復榷之。五百貫以上設都監，千貫以上設同監一員。

茶。自宋人歲供之外，皆貿易於宋界之榷場。世宗大定十六年，以多私販，乃更定香茶罪賞格。章宗承安三年八月，以謂費國用而資敵，遂命設官製之。以尚書省令史承德郎劉成往河南視官造者，以不親嘗其味，但採民言謂爲温桑，實非茶也，還即白上。上以爲不幹，杖七十，罷之。

四年三月，於淄、密、寧海、蔡州各置一坊，造新茶，依南方例每斤爲袋，直六百文。以商旅卒未販運，命山東、河北四路轉運司以各路户口均其袋數，付各司縣鬻之。買引者，納錢及折物，各從其便。

五月，以山東人户造賣私茶，侵侔榷貨，遂定比煎私礬例，罪徒二年。

泰和四年，上謂宰臣曰：「朕嘗新茶，味雖不嘉，亦豈不可食也。比令近侍察之，乃知山東、河北四路悉椿配於人，既曰强民，宜抵以罪。此舉未知運司與縣官孰爲之，所屬按察司亦當坐罪也。其閲實以聞。自今其令每袋價減三百文，至來年四月不售，雖腐敗無傷也。」

五年春，罷造茶之坊。三月，上諭省臣曰：「今雖不造茶，其勿伐其樹，其地則恣民耕樵。」六年，河南茶樹槁者，命補植之。十一月，尚書省奏：「茶，飲食之餘，非必用之物。

比歲上下競啜，農民尤甚，市井茶肆相屬。商旅多以絲絹易茶，歲費不下百萬，是以有用之物而易無用之物也。若不禁，恐耗財彌甚。」遂命七品以上官，其家方許食茶，仍不得賣及饋獻。不應留者，以斤兩立罪賞。七年，更定食茶制。

八年七月，言事者以茶乃宋土草芽，而易中國絲綿錦絹有益之物，不可也。國家之鹽貨出於鹵水，歲取不竭，可令易茶。省臣以謂所易不廣，遂奏令兼以雜物博易。

宣宗元光二年三月，省臣以國蹙財竭，奏曰：「金幣錢穀，世不可一日闕者也。茶本出於宋地，非飲食之急，而自昔商賈以金帛易之，是徒耗也。泰和間，嘗禁止之，後以宋人求和，乃罷。兵興以來，復舉行之，然犯者不少衰，而邊民又窺利，越境私易，恐因泄軍情，或盜賊入境。今河南、陝西凡五十餘郡，郡日食茶率二十袋，袋直銀二兩，是一歲之中妄費民銀三十餘萬也〔二六〕。奈何以吾有用之貨而資敵乎。」乃制親王、公主及見任五品以上官，素蓄者存之，禁不得賣、饋，餘人並禁之。犯者徒五年，告者賞寶泉一萬貫。

諸征商。海陵貞元元年五月，以都城隙地賜隨朝大小職官及護駕軍，七月，各徵錢有差。大定二年，制院務𢇁虧及功酬格。八月，罷諸路關稅，止令譏察。

三年，尚書省奏，山東西路轉運司言，坊場河渡多逋欠，詔如監臨制，以年歲遠近爲差，蠲減。又以尚書工部令史劉行義言，定城郭出賃房稅之制。

五年，以前此河濼罷設官，復召民射買，兩界之後，仍舊設官。

二十年正月，定商稅法，金銀百分取一，諸物百分取三。

章宗大定二十九年，户部言天下河泊已許與民同利，其七處設官可罷之，委所屬禁豪强毋得擅其利。

明昌元年正月，勑尚書省，定院務課商稅額，諸路使司院務千六百一十六處，比舊減九十四萬一千餘貫，遂罷坊場，免賃房稅。十月，尚書省奏：「今天下使司院務，既減課額，而監官增虧既有陞還追殿之制，宜罷提點所給賞罰俸之制，但委提刑司，察提點官侵犯場務者，則論如制。」詔從之。

三年，詔減南京出賃官房及地基錢。

二年〔一七〕，諭提刑司，禁勢力家不得固山澤之利。又司竹監歲採入破竹五十萬竿，春秋兩次輸都水監，備河防，餘邊刀笋皮等賣錢三千貫，葦錢二千貫，爲額。

明昌五年，陳言者乞復舊置坊場，上不許，惟許增置院務，詔尚書省參酌定制，遂擬遼東、北京依舊許人分辦，中都等十一路差官按視，量添設院務于二十三處〔一八〕，自今歲九月一日立界，制可。

大定間，中都稅使司歲獲十六萬四千四百四十餘貫〔一九〕，承安元年，歲獲二十一萬四千五百七十九貫。泰和六年五月，制院務課虧，令運司差官監榷。

金銀之稅。大定三年，制金銀坑冶許民開採，二十分取一爲稅〔二〇〕。泰和四年，言事者以金銀百分中取一，諸物取三，今物價視舊爲高，除金銀則額所不能盡該，自餘金銀可並添一分。詔從之。七年三月，户部尚書高汝礪言：「舊制，小商貿易諸物收錢四分，而金銀乃重細之物，多出富有之家，復止三分，是爲不倫，亦乞一例收之。」省臣議以爲如此恐多匿隱，遂止從舊。

校勘記

〔一〕是後惟置山東滄寶坻莒解北京西京七鹽司　按，本書卷五七百官志三：「山東鹽使司，與寶坻、滄、解、遼東、西京、北京凡七司。」無「莒」而有「遼東」，與此不同。又本卷下文與本書卷九章宗紀一皆記有「遼東鹽使司」，此處「莒」當是「遼東」之誤。

〔二〕詔西北路招討司猛安所轄貧及富人奴婢　按「貧」下當有脱文，或是「户」字。

〔三〕三月大鹽濼設鹽稅官　按，十三年「三月」已見於上文，此處不應重出「三月」。本書卷九二曹望之傳，「大定初，（中略）請於大鹽濼設官榷鹽，（中略）從之」，其事在大定三年以前，疑此處繫年有誤。

〔四〕寶坻及傍縣多闕食　「坻」，原作「池」，據南監本、北監本、殿本、局本改。

〔五〕違者按察司罪之　按，本書卷五七百官志三，提刑司「承安四年改按察司」。則此處「按察司」應稱「提刑司」。

〔六〕十二月遂罷西京解鹽巡捕使　此處上文即有「十二月」記事，所記又與下文重複，此十二字疑是衍文。

〔七〕山東寶坻滄鹽司判官乞陞爲從七品　按，本書卷五七百官志三，「山東鹽使司，與寶坻、滄、解、遼東、西京、北京凡七司」，「判官三員，正七品」；卷五八百官志四，「五品鹽使司判」在從七品。皆與此處從七品以下不合。

〔八〕七鹽司舊課歲入六百二十二萬六千六百三十六貫五百六十六文至是增爲一千七十七萬四千五百一十二貫一百三十七文二分　此處七鹽司新、舊課歲入數，與下文所列各鹽司新、舊課歲入數之和均不合。按下文各鹽司舊課歲入數之和爲六百二十二萬六千六百三十七貫一百六十六文，新課歲入數之和爲一千七十七萬四千五百六十六貫一百三十七文二分。

〔九〕四月辛巳奏　按，「四月」上缺紀年，上文記「承安三年十二月」事，下文記「泰和元年九月」事，則此時當是承安四年或五年。下文「八月」同。

〔一〇〕十一月陝西路轉運使高汝礪言　按，本書卷一〇七高汝礪傳，章宗承安「四年十二月，爲陝西東路轉運使。泰和元年七月，改西京路轉運使」。疑「陝西路」爲「西京路」之誤；或繫年有誤，「陝西路」當爲「陝西東路」。

〔一一〕六年三月右丞相内族宗浩　按，本書卷一二章宗紀四，泰和四年八月「丁酉，以尚書右丞相崇浩爲左丞相」；七年九月「左丞相兼都元帥崇浩薨于軍」。此處「右丞相」當作「左丞相」。

〔一二〕令按察司御史察之　按，本書卷五七百官志三，按察司官職爲使、副使、簽按察司事、判官等，無「御史」。

〔一三〕則盡以申官　「申」，原作「中」，據南監本、北監本、殿本、局本改。

〔一四〕請以贖論　「請」，原作「論」，據南監本、北監本、殿本、局本改。

〔一五〕天成縣七處　「天成」，原作「天城」，今改。參見本書卷二四校勘記〔五二〕。

〔一六〕袋直銀二兩是一歲之中妄費民銀三十餘萬也　按，上文「五十餘郡，郡日食茶率二十袋」，是每日千袋，袋直銀二兩則一歲妄費七十餘萬，如袋直銀一兩則妄費三十餘萬，「二」或「三」字必有一誤。

〔一七〕二年　按，上文已見「三年」，疑此處敍事顛倒，或紀年有誤。

〔一八〕量添設院務于二十三處　「于」，原作「千」，據北監本、殿本、局本改。

〔一九〕中都税使司歲獲十六萬四千四百四十餘貫　「十六萬」，原作「千六萬」，據南監本、北監本、殿本、局本改。

〔二〇〕二十分取一爲税　本書卷五〇食貨志五榷場末有「金銀之税」三百七十六字，當是本志文，誤置彼處，當接此下。

金史卷五十

志第三十一

食貨五

榷場　和糴　常平倉　水田　區田　入粟　鬻度牒

榷場，與敵國互市之所也。皆設場官，嚴厲禁，廣屋宇以通二國之貨，歲之所獲亦大有助於經用焉。

熙宗皇統二年五月，許宋人之請，遂各置於兩界。九月，命壽州、鄧州、鳳翔府等處皆置。海陵正隆四年正月，罷鳳翔府、唐、鄧、潁、蔡、鞏、洮等州并膠西縣所置者，而專置于泗州。尋伐宋，亦罷之。五年八月，命榷場起赴南京〔一〕。

國初於西北招討司之燕子城、北羊城之間嘗置之，以易北方牧畜。世宗大定三年，市馬於夏國之榷場。四年，以尚書省奏，復置泗、壽、蔡、唐、鄧、潁、密、鳳翔、秦、鞏、洮諸場。七年，禁秦州場不得賣米麵及羊豕之腊，并可作軍器之物入外界。

十七年二月，上謂宰臣曰：「宋人喜生事背盟，或與大石交通，恐枉害生靈，不可不備。其陝西沿邊榷場可止留一處，餘悉罷之。令所司嚴察姦細。」前此，以防姦細，罷西界蘭州、保安、綏德三榷場〔二〕。二十一年正月，夏國王李仁孝上表乞復置，以保安、蘭州無所産，而且稅少，惟於綏德爲要地，可復設互市，命省臣議之。宰臣以陝西隣西夏，邊民私越境盜竊，緣有榷場，故姦人得往來，擬東勝可依舊設，陝西者並罷之。上曰：「東勝與陝西道路隔絕，貿易不通，其令環州置一場。」尋於綏德州復置一場。

十二月，禁壽州榷場受分例。分例者，商人贄見場官之錢幣也。

章宗明昌二年七月，尚書省以泗州榷場自前關防不嚴，遂奏定從大定五年制，官爲增修舍屋，倍設闌禁，委場官及提控所拘榷，以提刑司舉察。惟東勝、淨、慶州、來遠軍者仍舊〔三〕，餘皆修完之。

泗州場，大定間，歲獲五萬三千四百六十七貫，承安元年，增爲十萬七千八百九十三貫六百五十三文。所須雜物，泗州場歲供進新茶千胯、荔支五百斤、圓眼五百斤、金橘六千斤、橄欖五百斤、芭焦乾三百箇、蘇木千斤、温柑七千箇、橘子八千箇、沙糖三百斤、生薑六百斤、梔子九十稱，犀象丹砂之類不與焉。宋亦歲得課四萬三千貫。

秦州西子城場，大定間，歲獲三萬三千六百五十六貫〔四〕，承安元年，歲獲十二萬二千九十九貫。承安二年，復置於保安、蘭州。

三年九月，行樞密院奏，斜出等告開榷場，擬於轄里尼要安置，許自今年十一月貿易。尋定制，隨路榷場若以見錢入外界、與外人交易者，徒五年，三斤以上死。

宋界諸場，以伐宋皆罷。泰和八年八月，以與宋和，宋人請如舊置之，遂復置於唐、鄧、壽、泗、息州及秦、鳳之地。

宣宗貞祐元年，秦州榷場爲宋人所焚。二年，陜西安撫副使烏古論兗州復開設之，歲所獲以十數萬計。

三年七月，議欲聽榷場互市用銀，而計數稅之。上曰：「如此，是公使銀入外界也。」平章盡忠、權參知政事德升曰：「賞賜之用莫如銀絹，而府庫不足以給之。互市雖有禁，而私易者自如。若稅之，則斂不及民而用可足。」平章高琪曰：「小人敢犯，法不行爾，況許之乎。今軍未息，而産銀之地皆在外界，不禁則公私指日罄矣。」上曰：「當熟計之。」興定元年，集賢諮議官呂鑑言：「嘗監息州榷場，每場獲布數千匹，銀數百兩，兵興之後皆失之。」

金銀之税〔五〕。世宗大定五年，聽人射買寶山縣銀冶。九年，御史臺奏河南府以和買金銀，抑配百姓，且下其直。上曰：「初，朕欲泉貨流通，故令行，豈可反害民乎。」遂罷之。十二年，詔金銀坑冶，恣民採，毋收税。二十七年，尚書省奏，聽民於農隙採銀，承納官課。明昌二年，天下見在金千二百餘鋌，銀五十五萬二千餘鋌。

三年，以提刑司言，封諸處銀冶，禁民採煉。五年，以御史臺奏，請令民採煉隨處金銀銅冶，上命尚書省議之，宰臣議謂：「國家承平日久，户口增息，雖嘗禁之，而貧人苟求生計，聚衆私煉。上有禁之之名，而無杜絶之實，故官無利而民多犯法。如令民射買，則貧民壯者爲夫匠，老稚供雜役，各得均齊，而射買之家亦有餘利。如此，則可以久行。比之官役顧工，糜費百端者，有間矣。」遂定制，有冶之地，委謀克縣令籍數，召募射買。禁權要、官吏、弓兵、里胥皆不得與。如舊場之例，令州府長官一員提控，提刑司訪察而禁治之。上曰：「此終非長策。」參知政事胥持國曰：「今姑聽如此，後有利然後設官可也。譬之酒酤，蓋先爲坊場，而後官榷也。」上亦以爲然，遂從之。

墳山、西銀山之銀窟凡百一十有三。

和糴。熙宗皇統二年十月，燕、西、東京，河東，河北，山東，汴京等路秋熟，命有司增價和糴。

世宗大定二年，以正隆之後倉廩久匱，遣太子少師完顏守道等山東東西路收糴軍糧〔六〕，除户口歲食外，盡令納官，給其直。三年，謂宰臣曰：「國家經費甚大，向令山東和糴，止得四十五萬餘石，未足爲備。自古有水旱，所以無患者，由蓄積多也。山東軍屯處須急爲二年之儲，若遇水旱則用賑濟。自餘宿兵之郡，亦須糴以足之。京師之用甚大，所須之儲，其勑户部宜急爲計。」

五年，責宰臣曰：「朕謂積貯爲國本，當修倉廩以廣和糴。今聞外路官文具而已。卿等不留心，甚不稱委任之意。」六年八月，勑有司，秋成之後，可於諸路廣糴，以備水旱。九年正月，諭宰臣曰：「朕觀宋人虛誕，恐不能久遵誓約。其令將臣謹飭邊備，以戒不虞。去歲河南豐，宜令所在廣糴，以實倉廩。詔州縣和糴，毋得抑配百姓。」十二年十二月，詔在都和糴以實倉廩，且使錢幣通流。又詔凡秋熟之郡，廣糴以備水旱。十六年五月〔七〕，諭左丞相紇石烈良弼曰：「西邊自來不備儲蓄，其令所在和糴，以備緩急。」

十七年春，尚書省奏，先奉詔賑濟東京等路飢民，三路粟數不能給。上曰：「朕嘗諭卿等，豐年廣糴以備凶歉。卿等皆言天下倉廩盈溢，今欲賑濟，乃云不給。自古帝王皆以蓄積爲國長計，朕之積粟豈欲獨用。即今不給，可於隣道取之。自今多備，當以爲常。」四月，尚書省奏，「東京三路十二猛安尤闕食者，已賑之矣。尚有未賑者」。詔遣官詣復州、曷蘇館路，檢視富家，蓄積有餘增直以糴。令近地居民就往受糧。

十八年四月，命泰州所管諸猛安、西北路招討司所管奚猛安，咸平府慶雲縣、霧鬆河等處遇豐年，多和糴。

章宗明昌四年七月，諭旨户部官：「聞通州米粟甚賤，若以平價官糴之，何如？」於是，有司奏：「中都路去歲不熟，今其價稍減者，以商旅運販繼至故也。若即差官爭糴，切恐市價騰踴，貧民愈病，請俟秋收日，依常平倉條理收糴。」詔從之。

明昌五年五月，上曰：「聞米價騰踴，今官運至者有餘，可減直以糴之。其明告民，不須貴價私糴也。」

六年七月，勅宰臣曰：「詔制内畿饑饉之地令減價糶之，而貧民無錢者何以得食，其議賑濟。」省臣以爲，闕食州縣，一年則當賑貸，二年然後賑濟，如其民實無恒産者，雖應賑貸，亦請賑濟。上遂命間隔飢荒之地，可以辨錢收糴者減價糶之，貧乏無依者賑濟。

宣宗貞祐三年十月，命高汝礪糴於河南諸郡，令民輸輓入京，復命在京諸倉糴民輸之餘粟。侍御史黄摑奴申言：「汝礪所糴足給歲支，民既於租賦之外轉輓而來，亦已勞矣。

止將其餘以爲歸資，而又强取之，可乎。且糴此有日矣，而止得二百餘石，此何濟也。」詔罷之。十二月，附近郡縣多糴於京師，穀價騰踴，遂禁其出境。

四年，河北行省侯摯言：「河北人相食，觀、滄等州斗米銀十餘兩。伏見沿河諸津許販粟北渡，然每石官糴其八，商人無利，誰肯爲之。且河朔之民皆陛下赤子，既罹兵革，又坐視其死，臣恐弄兵之徒得以藉口而起也。願止其糴，縱民輸販爲便。」詔從之〔八〕。又制凡軍民客旅粟不於官糴處糶，而私販渡河者，杖百。沿河軍及機察權豪家犯者，徒年、杖數並的決從重，以物没官。

上以河北州府錢多，其散失民間頗廣，命尚書省措畫之。省臣奏：「已命山東、河北榷酤及濱、滄鹽司，以分數帶納矣。今河北艱食，販粟北渡者衆，宜權立法以遮糴之。擬於諸渡口南岸，選通練財貨官，先以金銀絲絹等博易商販之糧，轉之北岸，以迴易糴本，兼收見錢。不惟杜姦弊，亦使錢入京師。」從之。

又上封事者言：「比年以來屢艱食，雖由調度征斂之繁，亦兼并之家有以奪之也。收則乘賤多糴，困急則以貸人，私立券質，名爲無利而實數倍。飢民惟恐不得，莫敢較者，故場功甫畢，官租未了，而囤已空矣。此富者益富，而貧者益貧者也。國朝立法，舉財物者月利不過三分，積久至倍則止，今或不期月而息三倍。願明敕有司，舉行舊法，豐熟之日增價和糴，則在公有益，而私無損矣。」詔宰臣行之。是年，權河東南路宣撫副使烏古論慶壽言邀糴事。見鹽志下。

興定元年，上頗聞百姓以和糴太重，棄業者多，命宰臣加意焉。八月，以户部郎中楊貞權陝西行六部尚書，收給潼、陝軍馬之用，奏糴販糧濟河者之半，以寬民。從之。

六月，立和糴賞格〔九〕。

常平倉。世宗大定十四年，常定制，詔中外行之，其法尋廢。章宗明昌元年八月，御史請復設，勑省臣詳議以聞。省臣言：「大定舊制，豐年則增市價十之二以糴，儉歲則減市價十之一以出，平歲則已。夫所以豐則增價以收者，恐物賤傷農。儉則減價以出者，恐物貴傷民。增之損之以平粟價，故謂常平，非謂使天下之民專仰給於此也。今天下生齒至衆，如欲計口使餘一年之儲，則不惟數多難辦，又慮出不以時而致腐敗也。況復有司抑配之弊，殊非經久之計。如計諸郡縣驗户口例以月支三斗爲率，每口但儲三月，已及千萬數，亦足以平物價救荒凶矣。若令諸處，自官兵三年食外，可充三月之食者免糴，其不及者俟豐年糴之，庶可久行也。然立法之始貴在必行，其令提刑司各路計司兼領之，郡縣吏沮格者糾，能推行者加擢用。若中都路年穀不熟之所，則依常平法，減其價三之一以糴〔一〇〕。」詔從之。

三年八月，勑「常平倉豐糴儉糶，有司奉行勤惰褒罰之制，其偏諭諸路，其奉行滅裂者，提刑司糾察以聞」。又謂宰臣曰：「隨處常平倉，往往有名無實。況遠縣人户豈肯跋涉，直就州府糴糶。可各縣置倉，命州府縣官兼提控管勾。」遂定制，縣距州六十里内就州倉，六十里外則特置。舊擬備户口三月之糧，恐數多致損，改令户二萬以上備三萬石，一萬以上備二萬石，一萬以下、五千以上備萬五千石，五千户以下備五千石。河南、陝西屯軍貯糧之縣，不在是數。州縣有倉仍舊，否則剏置。郡縣吏受代，所糴粟無壞，一月内交割給由。如無同管勾，亦准上交割。違限，委州府并提刑司差官催督監交。本處歲豐，而收糴不及一分者，本等内降，提刑司體察，直申尚書省，至日斟酌黜陟。

九月，勑置常平倉之地〔一一〕，令州府官提舉之，縣官兼董其事，以所糴多寡約量升降，爲永制。

又諭尚書省曰：「上京路諸縣未有常平倉，如亦可置，定其當備粟數以聞。」四年十月，尚書省奏，「今上京蒲與、速頻、曷懶、胡里改等路，猛安謀克民户計一十七萬六千有餘，每歲收税粟二十萬五千餘石，所支者六萬六千餘石，總其見數二百四十七萬六千餘石。臣等以爲此地收多支少，遇災足以賑濟，似不必置」。遂止。

五年九月，尚書省奏，「明昌三年始設常平倉，定其永制。天下常平倉總五百一十九處，見積粟三千七百八十六萬三千餘石，可備官兵五年之食，米八百一十餘萬石，可備四年之用，而見在錢總三千三百四十三萬貫有奇，僅支二年以上。見錢既少，且比年稍豐而米價猶貴，若復預糴，恐價騰湧，於民未便」。遂詔權罷中外常平倉和糴，俟官錢羨餘日舉行。

水田。明昌五年閏十月，言事者謂郡縣有河者可開渠，引以溉田，詔下州郡。既而八路提刑司雖有河者皆言不可溉，惟中都路言安肅、定興二縣可引河溉田四千餘畝，詔命行之。六年十月〔一三〕，定制，縣官任内有能興水利田及百頃以上者，陞本等首注除。謀克所管屯田，能搁增三十頃以上，賞銀絹二十兩疋，其租税止從陸田。

承安二年，勑放白蓮潭東牐水與百姓溉田。三年，又命勿毁高梁河閘，從民灌溉。

泰和八年七月，詔諸路按察司規畫水田，部官謂：「水田之利甚大，沿河通作渠，如平陽掘井種田俱可灌溉。比年邳、沂近河布種豆麥，無水則鑿井灌之，計六百餘頃，比之陸田所收數倍。以此較之，它境無不可行者。」遂令轉運司因出計點，就令審察，若諸路按察司因勸農，可按問開河或掘井如何爲便，規畫具申，以俟興作。

貞祐四年八月，言事者程淵言：「碭山諸縣陂湖，水至則畦爲稻田，水退種麥，所收倍於陸地。宜募人佃之，官取三之一，歲可得十萬石。」詔從之。興定五年五月，南陽令李國瑞創開水田四百餘頃，詔陞職二等，仍録其最狀徧諭諸道。

十一月，議興水田，省奏：「漢召信臣於南陽灌溉三萬頃。魏賈逵堰汝水爲新陂，通運二百餘里，人謂之賈侯渠。鄧艾修淮陽、百尺二渠，通淮、潁、大治諸陂於潁之南，穿渠三百餘里，溉田二萬頃。今河南郡縣多古所開水田之地，收穫多於陸地數倍。」勑令分治户部按行州郡，有可開者誘民赴功，其租止依陸田，不復添徵，仍以官賞激之。陝西除三白渠設官外，亦宜視例施行。

元光元年正月，遣户部郎中楊大有等詣京東、西、南三路開水田。

區田之法，見嵇康養生論，自是歷代未有天下通用如趙過一畝三甽之法者。章宗明昌三年三月，宰執嘗論其法於上前，上曰：「卿等所言甚嘉，但恐農民不達此法，如其可行，當遍諭之。」四年夏四月，上與宰執復言其法，久之，參知政事胥持國曰：「今日方之大定間，户口既多，費用亦厚。若區種之法行，良多利益。」上曰：「此法自古有之，若其可行，則何爲不行也？」持國曰：「所以不行者，蓋民未見其利。今已令試種於城南之地，乃委官往監督之，若使民見收成之利，當不率而自效矣。」參知政事夾谷衡以爲「若有其利，古已行矣。且用功多而所種少，復恐廢壠畝之田功也」。上曰：「姑試行之。」六月，上問參知政事胥持國曰：「區種事如何？」對曰：「六、七月之交，方可見矣。」「河東及代州田種今歲佳否？」曰：「比常年頗登。」是日，命近侍二人馳驛巡視京畿禾稼。

五年正月，勑諭農民使區種。先是，陳言人武陟高翌上區種法，且請驗人丁地土多少，定數令種。上令尚書省議既定，遂勑令農田百畝以上，如瀕河易得水之地，須區種三十餘畝，多種者聽。無水之地則從民便。仍委各千户謀克縣官依法勸率。

承安元年四月，初行區種法，男年十五以上、六十以下有土田者丁種一畝，丁多者五畝止。二年二月，九路提刑馬百禄奏：「聖訓農民有地一頃者區種一畝，五畝即止。臣以爲地肥瘠不同，乞不限畝數。」制可。

泰和四年九月，尚書省奏：「近奉旨講議區田，臣等謂此法本欲利民，或以天旱乃始用之，倉卒施功未必有益也。且五方地肥瘠不同，使皆可以區種，農民見有利自當勉以效之。不然，督責雖嚴，亦徒勞耳。」勑遂令所在長官及按察司隨宜勸諭，亦竟不能行。

入粟、鬻度牒。熙宗皇統三年三月，陝西旱饑，詔許富民入粟補官。世宗大定元年〔一三〕，以兵興歲歉，下令聽民進納補官。又募能濟饑民者，視其人數爲補官格。

五年，上謂宰臣曰：「頃以邊事未定，財用闕乏，自東、南兩京外，命民進納補官，及賣僧、道、尼、女冠度牒，紫、褐衣師號，寺觀名額。今邊鄙已寧，其悉罷之。」慶壽寺、天長觀歲給度牒，每道折錢二十萬以賜之。

明昌二年，勑山東、河北闕食之地，納粟補官有差。

承安二年，賣度牒、師號、寺觀額，復令人入粟補官。三年，西京饑，詔賣度牒以濟之。宣宗貞祐二年，從知大興府事胥鼎所請，定權宜鬻恩例格，進官升職、丁憂人許應舉求仕、監戶從良之類〔一四〕，入粟草各有數。

三年，制無問官民，有能勸率諸人納物入官者，米百五十石遷官一階，正班任使。七百石兩階，除諸司。千石三階，除丞簿。過此數則請於朝廷議賞。推司縣官有能勸二千石遷一階，三千石兩階，以濟軍儲。又定制，司縣官能勸率進糧至五千石以上者減一資考，萬石以上遷一官、減二等考，二萬石以上遷一官、陞一等，皆注見闕。

四年，河東行省胥鼎言：「河東兵多民少，倉空歲饑。竊見潞州元帥府雖設鬻爵恩例，然條目至少，未盡勸率之術。今擬凡補買正班，依格止廕一名，若願輸許增廕一名。三舉僧道已具師號者，許補買本司官。職官願納粟或不願給俸及券糧者，宜量數遷加。

終場人年五十以上，四舉年四十五以上，並許入粟，該恩大小官及承應人。令譯史吏員，雖未係班，亦許進納遷官。其有品官應注諸司者，聽獻物借注丞簿。丞簿注縣令，差使免一差。掌軍官能自備芻糧者，依職官例遷官如舊。」

四年〔一五〕，耀州僧廣惠言：「軍儲不足，凡京府節鎮以上僧道官，乞令納粟百石。防刺郡副綱、威儀等，七十石者乃充，三十月滿替。諸監寺十石，周年一代，願復買者聽。」詔從之。

興定元年，潞州行元帥府事粘割貞言：「近承奏格，凡去歲覃恩之官，以品從差等聽其入粟，委帥府書空名宣勑授之，則人無陳訴之勞，而官有儲蓄矣。比年屢降覃恩，凡羈縻軍職者多未暇授，若止許遷新覃，則將隔越矣。乞令計前後所該輸粟積遷。」詔從之。

校勘記

〔一〕五年八月命榷場起赴南京　按，據本書卷五海陵紀，正隆五年八月「辛亥，命榷貨務并印造鈔引庫起赴南京」，又卷五六百官志二，「榷貨務，（中略）掌發賣給隨路香茶鹽鈔引」，與「敵國互市」無關，此處蓋修史者誤以「榷貨務」爲「榷場」。

〔二〕罷西界蘭州保安綏德三榷場　「蘭州」，原作「闌州」。按，金史無「闌州」，卷二六地理志下，臨洮路有蘭州。金罷蘭州等榷場事，亦見於卷一三四外國傳上西夏傳。今據改。下文「蘭州無所產」、「復置於保安蘭州」同改。「三」，原作「二」。按，下文云「以保安、蘭州無所產，而且稅少，惟於綏德爲要地，可復設互市」，蘭州、保安、綏德確是三地名，今改正。

〔三〕惟東勝淨慶州來遠軍者仍舊　「淨」，原作「靜」。按，本書卷二四地理志上，西京路有淨州，屬縣天山，注云：「舊爲榷場，大定十八年置，爲倚郭。」又卷四四兵志兵制，「凡邊境置兵之州三十八」，亦作「淨州」。今據改。

〔四〕歲獲三萬三千六百五十六貫　「獲」字原脫。按，上文「泗州場，大定間，歲獲五萬三千四百六十七貫」，下文「承安元年，歲獲十二萬二千九十九貫」，皆有「獲」字。今依文例補。

〔五〕金銀之稅　按，本段三百七十六字，當是本書卷四九食貨志四金銀之稅之文，誤置於此。參見本書卷四九校勘記〔二〇〕。

〔六〕遣太子少師完顏守道等山東東西路收糴軍糧　按，本書卷八八完顏守道傳，大定二年，「改太子詹事，兼右諫議大夫，馳驛規畫山東兩路軍糧，及賑民饑」。其「進尚書左丞，兼太子少師」，據本傳及本書卷六世宗紀上，當在大定四年以後。此處「少師」當爲「詹事」之誤。

〔七〕十六年五月　本書卷七世宗紀中記此事在九月。

〔八〕「四年河北行省侯摯言」至「詔從之」　本書卷一〇八侯摯傳述此事，稱「詔尚書省行之」。河北行省侯摯上書請停止沿河邀糴，縱民輸販，既已「詔從之」，下文卻稱「又制凡軍民客旅粟不於官糴處糶，而私販渡河者，杖百」。其下同年記事，又謂「上以河北州府錢多，其散失民間頗廣，命尚書省措畫之」，尚書省以爲「今河北艱食，販粟北渡者衆，宜權立法以遮糴之」，亦「從之」。顯然前後抵牾。或有錯簡，侯摯上書在尚書省奉命措畫之後；或尚書省與侯摯意見不合。

〔九〕六月立和糴賞格　「六月」上缺紀年，疑或與上文「八月」錯簡。

〔一〇〕依常平法減其價三之一以糶　「減其價三之一以糶」，與上文所述「大定舊制，豐年則增市價十之二以糴，儉歲則減市價十之一以出」不同。疑有訛誤。

〔一一〕九月勅置常平倉之地　本書卷九章宗紀一記此事在十月。

〔一二〕六年十月　本書卷一〇章宗紀二記此事在十一月。

〔一三〕世宗大定元年　本書卷六世宗紀上記此事在大定二年正月。

〔一四〕監户從良之類　按，本書卷一〇八胥鼎傳記此事作「官監户從良之類」。又卷四六食貨志一户口，「凡没入官良人，隸宫籍監爲監户，没入官奴婢，隸太府監爲官户」，皆有「從良」問題。則「監户」上應有「官」字。

〔一五〕四年　上文已有「四年」，此處依例不應重出。據本書卷一四宣宗紀上，此事在貞祐四年八月。則此「四年」當作「八月」爲是。

金史卷五十一

志第三十二

選舉一〔一〕

進士諸科　律科　經童科　制舉　武舉　試學士院官　司天醫學試科

自三代鄉舉里選之法廢，秦、漢以來各因一代之宜，以盡一時之才，苟足於用即已，故法度之不一其來遠矣。在漢之世，雖有賢良方正諸科以取士，而推擇爲吏，由是以致公卿，公卿子弟入備宿衞，因被寵遇，以位通顯。魏、晉而下互有因革，至於唐、宋，進士盛焉。當時士君子之進，不由是塗則自以爲慊，此由時君之好尚，故人心之趣向然也。遼起唐季，頗用唐進士法取人，然仕於其國者，攷其致身之所自，進士纔十之二三耳。金承遼後，凡事欲軼遼世，故進士科目兼採唐、宋之法而增損之。其及第出身，視前代特重，而法亦密焉。若夫以策論進士取其國人，而用女直文字以爲程文，斯蓋就其所長以收其用，又欲行其國字，使人通習而不廢耳。終金之代，科目得人爲盛。諸宮護衛及省臺部譯史、令史、通事，仕進皆列於正班，斯則唐、宋以來之所無者，豈非因時制宜，而以漢法爲依據者乎。金治純駁，議者於是每有別焉。

宣宗南渡，吏習日盛，苛刻成風，殆亦多故之秋，急於事功，不免爾歟。自時厥後，仕進之歧既廣，僥倖之俗益熾，軍伍勞效，雜置令録，門廕右職，迭居朝著，科舉取士亦復汎濫，而金治衰矣。

原其立經陳紀之初，所爲升轉之格、考察之方，井井然有條而不紊，百有餘年才具不乏，豈非其效乎。奉詔作金史，志其選舉，因得而詳論之。司天、太醫、内侍等法歷代所有，附著于斯。鬻爵、進納，金季之弊莫甚焉，蓋由財用之不足而然也，特載食貨志。

金設科皆因遼、宋制，有詞賦、經義、策試、律科、經童之制。海陵天德三年，罷策試科。世宗大定十一年，刱設女直進士科，初但試策，後增試論，所謂策論進士也。明昌初，又設制舉宏詞科，以待非常之士。故金取士之目有七焉。其試詞賦、經義、策論中選者，謂之進士。律科、經童中選者，曰舉人〔二〕。

凡養士之地曰國子監，始置于天德三年，後定制，詞賦、經義生百人，小學生百人，以宗室及外戚皇后大功以上親、諸功臣及三品以上官兄弟子孫年十五以上者入學，不及十五者入小學。大定六年始置太學，初養士百六十人，後定五品以上官兄弟子孫百五十人，曾得府薦及終場人二百五十人，凡四百人。府學亦大定十六年置，凡十七處，共千人。初以嘗與廷試及宗室皇家袒免以上親、并得解舉人爲之。後增州學，遂加以五品以上官、曾任隨朝六品官之兄弟子孫，餘官之兄弟子孫經府薦者〔三〕，同境內舉人試補三之一，闕里廟宅子孫年十三以上不限數，經府薦及終場免試者不得過二十人。

凡試補學生，太學則禮部主之，州府則以提舉學校學官主之，曾得府薦及終場舉人，皆免試。

凡經，易則用王弼、韓康伯註，書用孔安國註，詩用毛萇註、鄭玄箋，春秋左氏傳用杜預註，禮記用孔穎達疏，周禮用鄭玄註、賈公彥疏，論語用何晏集註、邢昺疏，孟子用趙岐註、孫奭疏，孝經用唐玄宗註，史記用裴駰註〔四〕，前漢書用顏師古註，後漢書用李賢註，三國志用裴松之註，及唐太宗晉書、沈約宋書、蕭子顯齊書、姚思廉梁書陳書、魏收後魏書、李百藥北齊書、令狐德棻周書、魏徵隋書、新舊唐書、新舊五代史，老子用唐玄宗註疏，荀子用楊倞註，揚子用李軌、宋咸、柳宗元、吴祕註，皆自國子監印之，授諸學校。

凡學生會課，三日作策論一道，又三日作賦及詩各一篇。三月一私試，以季月初先試賦，間一日試策論，中選者以上五名申部。遇旬休、節辰皆有假，病則給假，省親遠行則給程。犯學規者罰，不率教者黜。遭喪百日後求入學者，不得與釋奠禮。

凡國子學生三年不能充貢，欲就諸局承應者，學官試，能粗通大小各一經者聽。

章宗大定二十九年，上封事者乞興學校，推行三舍法，及鄉以八行貢春官，以設制舉宏詞。事下尚書省集百官議，户部尚書鄧儼等謂：「三舍之法起于宋熙寧間，王安石罷詩賦，專尚經術。太學生初補外舍，無定員。由外陞内舍，限二百人。由内陞上舍，限百人。各治一經，每月考試，或特免解，或保舉補官。其法雖行，而多席勢力、尚趨走之弊，故蘇軾有『三舍既興，貨賂公行』之語，是以元祐間罷之，後雖復，而宣和三年竟廢。臣等謂立法貴乎可久，彼三舍之法委之學官選試，啓僥倖之門，不可爲法。唐文皇養士至八千人，亡宋兩學五千人，今策論、詞賦、經義三科取士，而太學所養止百六十人，外京府或至十人，天下僅及千人。今若每州設學，專除教授，月加考試，每舉所取數多者賞其學官。月試定爲三等籍之，一歲中頻在上等者優復之，不率教、行惡者黜之，庶幾得人之道也。又成周鄉舉里選法卒不可復，設科取士各隨其時。八行者乃亡宋取周禮之六行孝、友、睦、婣、任、恤，加之中、和爲八也。凡人之行莫大於孝廉，今已有舉孝廉之法，及民有才能德行者令縣官薦之。今制，犯十惡姦盜者不得應試，亦六德六行之遺意也。夫制舉宏詞，蓋天子待非常之士，若設此科，不限進士，并選人試之，中選擢之臺閣，則人自勉矣。」上從其議。遂計州府户口，增養士之數，於大定舊制京府十七處千人之外，置節鎮、防禦州學六十處〔五〕，增養千人，各設教授一員，選五舉終場或進士年五十以上者爲之。府學二十有四，學生九百五人〔六〕。大興、開封、平陽、真定、東平府各六十人，太原、益都府各五十人，大定、河間、濟南、大名、京兆府各四十人，遼陽、彰德府各三十人〔七〕，河中、慶陽、臨洮、河南府各二十五人，鳳翔、平涼、延安、咸平、廣寧、興中府各二十人。節鎮學三十九，共六百一十五人〔八〕。絳、定、衞、懷、滄州各三十人，萊、密、潞、汾、冀、邢、兗州各二十五人，代、同、邠州各二十人，奉聖州十五人，餘二十三節鎮皆十人。防禦州學二十一，共二百三十五人。博、德、洺、棣、亳各十五人，餘十六州各十人。凡千八百人。

女直學。自大定四年，以女直大小字譯尚書頒行之〔九〕。後擇猛安謀克内良家子弟爲學生，諸路至三千人。九年，取其尤俊秀者百人至京師，以編修官温迪罕締達教之。十三年，以策、詩取士，始設女直國子學，諸路設女直府學，以新進士爲教授。國子學策論生百人，小學生百人。府州學二十二，中都、上京、胡里改、恤頻、合懶、蒲與、婆速、咸平、泰州、臨潢、北京、冀州、開州、豐州、西京、東京、蓋州、隆州、東平、益都、河南、陝西置之。凡取國子學生、府學生之制，皆與詞賦、經義生同。又定制，每謀克取二人，若宗室每二十户内無願學者，則取有物力家子弟年十三以上、二十以下者充。凡會課，三日作策論一道，季月私試如漢生制。大定二十九年，勑凡京府鎮州諸學，各以女直、漢人進士長貳官提控其事，具入官銜。河南、陝西女直學，承安二年罷之，餘如舊。

凡諸進士舉人，由鄉至府，由府至省，及殿廷，凡四試皆中選，則官之。至廷試五被黜，則賜之第，謂之恩例。又有特命及第者，謂之特恩。恩例者但考文之高下爲第，而不復黜落。

凡詞賦進士，試賦、詩、策論各一道。經義進士，試所治一經義、策論各一道。其設也，始於太宗天會元年十一月，時以急欲得漢士以撫輯新附，初無定數，亦無定期，故二年二月、八月凡再行焉。

五年，以河北、河東初降，職員多闕，以遼、宋之制不同，詔南北各因其素所習之業取士，號爲南北選。熙宗天眷元年五月，詔南北選各以經義詞賦兩科取士。海陵庶人天德二年，始增殿試之制〔一〇〕，而更定試期。三年，併南北選爲一，罷經義策試兩科，專以詞賦取士。

貞元元年，定貢舉程試條理格法。

正隆元年，命以五經、三史正文内出題，始定爲三年一闢。

大定四年，勅宰臣，進士文優則取，勿限人數。

十八年，謂宰臣「文士有偶中魁選，不問操履，而輒授翰苑之職。如趙承元，朕聞其無士行，果敗露。自今榜首，先訪察其鄉行，可取則授以應奉，否則從常調」。

十九年，謂宰臣曰：「自來御試賦題，皆士人嘗擬作者。前朕自選一題，出人所不料，故中選者多名士，而庸才不及焉。是知題難則名儒亦擅場，題易則庸流易僥倖也。」平章政事唐括安禮奏曰：「臣前日言，士人不以策論爲意者，正爲此爾。宜各場通考，選文理俱優者。」上曰：「并答時務策，觀其議論，材自可見，卿等其議之。」

二十年，謂宰臣曰：「朕嘗諭進士不當限數，則對以所取之外無合格文，故中選者少，豈非題難致然耶。若果多合格，而有司妄黜之，甚非理也。」又曰：「古者鄉舉有行者，授以官。今其考滿，察鄉曲實行出倫者擢之。」又曰：「舊不選策，今兼選矣。然自今府會兩試不須試策，已中策後，則試以制策，試學士院官。」

二十二年，謂宰臣曰：「漢進士魁，例授應奉，若行不副名，不習制誥之文者，即與外除。」

二十三年，謂宰臣曰：「漢進士，皇統間人材殆不復見，今應奉以授狀元，蓋循資爾。制誥文字，各以職事鋪敍，皆有定式，故易。至撰赦詔，則鮮有能者。」參知政事粘哥斡特剌對曰：「舊人已登第尚爲學不輟，今人一及第輒廢而不學，故爾。」

上於聽政之隙，召參知政事張汝霖、翰林直學士李晏讀新進士所對策，至「縣令闕員取之何道」，上曰：「朕夙夜思此，未知所出。」晏對曰：「臣竊念久矣。國朝設科，始分南北兩選，北選詞賦進士擢第一百五十人，經義五十人，南選百五十人，計三百五十人。嗣場，北選詞賦進士七十人，經義三十人，南選百五十人，計二百五十人。以入仕者多，故員不闕。其後南北通選，止設詞賦科，不過取六七十人，以入仕者少，故縣令員闕也。」上曰：「自今文理可採者取之，毋限以數。」

二十八年，復經義科。

章宗明昌元年正月，言事者爲「舉人四試而鄉試似爲虛設，固當罷去。其府會試乞十人取一人，可以羣經出題，而註示本傳」。上是其言，詔免鄉試，府試以五人取一人，仍令有司議外路添考試院，及羣經出題之制。有司言：「會試所取之數，舊止五百人，比以世宗勑中格者取，乞依此制行之。府試舊六處，中有地遠者，命特添三處，上京、咸平府路則試於遼陽，河東南北路則試於平陽，山東東路則試於益都。以六經、十七史、孝經、論語、孟子、及荀、揚、老子内出題，皆命於題下註其本傳。」又諭有司曰：「舉人程文所用故事，恐考試官或遽不能憶，誤失人材，可自注出處。注字之誤，不在塗注乙之數。」

明昌二年，勑官或職至五品者，直赴御試。四年，平章政事守貞言〔二〕：「國家官人之路，惟女直、漢人進士得人居多。諸司局承應，舊無出身，自大定後始敍使，至今鮮有可用者。近來放進士第數稍多，此舉更宜增取，若會試止以五百人爲限，則廷試雖欲多取，不可得也。」上乃詔有司，會試毋限人數，文合格則取。

六年，言事者謂「學者率恃有司全注本傳以示之，故不勉讀書，乞减子史注本傳之制。又經義中選之文多膚淺，乞擇學官，及本科人充試官」。省臣謂若不與本傳，恐碩學者有偶忘之失，可令但知題意而已。遂命擇前經義進士爲衆所推者、才識優長者爲學官，遇差考試官之際，則驗所治經參用。詞賦進士，題注本傳，不得過五十字。經義進士，御試第二場，試論日添試策一道。

承安四年，上諭宰臣曰：「一場放二狀元，非是。後場廷試，令詞賦、經義通試時務策，止選一狀元。餘雖有明經、法律等科，止同諸科而已。」「至宋王安石爲相，作新經，始以經義取人。且詞賦、經義，人素所習之本業，策論則兼習者也。今捨本取兼習，恐不副陛下公選之意〔三〕。」遂定御試同日各試本業，詞賦依舊，分立甲次，第一名爲狀元，經義魁次之，恩例與詞賦第二人同，餘分爲兩甲中下人，並在詞賦之下。

五年，詔考試詞賦官各作程文一道，示爲舉人之式，試後赴省藏之。

時宰臣奏：「自大定二十五年以前，詞賦進士不過五百人，二十八年以不限人數，取至五百八十六人。先承聖訓合格則取，故承安二年取九百二十五人。兼今有四舉終場恩例，若會試取人數過多，則涉泛濫。」遂定策論、詞賦、經義人數，雖多不過六百人，少則聽其闕。

時太常丞郭人傑轉對言，詞賦舉人，不得作別名兼試經義，及入學生精加試選，無至濫補。上勑宰臣曰：「近已奏定，後場詞賦經義同日試之。若府會試更不令兼試，恐試經義者少，是虛設此科也。別名之弊，則當禁之。補試入學生員，已有舊條，恐行之滅裂爾，宜嚴防閑。」

張行簡轉對言：「擬作程文，本欲爲考試之式，今會試考試官、御試讀卷官皆居顯職，擢第後離筆硯久，不復常習，今臨試擬作之文，稍有不工，徒起謗議。」詔罷之。

泰和元年，平章政事徒單鎰病時文之弊，言：「諸生不窮經史，唯事末學，以致志行浮薄。可令進士試策日，自時務策外，更以疑難經旨相參爲問，使發聖賢之微旨、古今之事變。」詔爲永制。

先嘗敕樂人不得舉進士，而奴免爲良者則許之。尚書省奏：「舊稱工樂，謂配隸之色及倡優之家。今少府監工匠、太常大樂署樂工，皆民也，而不得與試。前代令諸選人身及祖、父曾經免爲良者，雖在官不得居清貫及臨民，今反許試，誠玷清論。」詔遂定制，放良人不得應諸科舉，其子孫則許之。

上又謂，德行才能非進士科所能盡，可通行保舉之制。省臣奏：「在周禮，『大司徒以鄉三物教萬民而賓興之』，所謂萬民，農工商賈皆是也。前代立賢無方，如版築之士、鼓刀之叟，垂光簡策者不可勝舉。今草澤隱逸才行兼備者，令謀克及司縣舉，按察司具聞，以旌用之，既有已降令文矣。」上命復宣旨以申之。

宣宗貞祐二年，御史臺言，明年省試以中都、遼東、西北京等路道阻，宜於中都、南京兩處試之。

三年，諭宰臣曰：「國初設科，素號嚴密，今聞會試至于雜坐諠譁，何以防弊。」命治考官及監察罪。

興定二年，御史中丞把胡魯言：「國家數路取人，惟進士之選最爲崇重，不求備數，惟務得賢。今場會試，策論進士不及二人取一人，詞賦、經義二人取一。前雖有聖訓，當依大定之制，中選即收，無問多寡。然大定間赴試者或至三千，取不過五百。泰和中，策論進士三人取一，詞賦、經義四人取一。向者貞祐初，詔免府試，赴會試者幾九千人，而取八百有奇，則是十之一而已。時已有依大定之制，亦何嘗二人取一哉。今考官泛濫如此，非所以爲求賢也。宜於會試之前，奏請所取之數，使恩出于上可也。」詔集文資官議，卒從泰和之例。

又謂宰臣曰：「從來廷試進士，日晡後即遣出宮，恐文思遲者不得盡其才，令待至暮時。」

特賜經義進士王彪等十三人及第，上覽其程文，愛其辭藻，咨歎久之。因怪學者益少，謂監試官左丞高汝礪曰：「養士學糧，歲稍豐熟即以本色給之，不然此科且廢矣。」

五年，省試經義進士，考官於常格外多取十餘人，上命以特恩賜第。又命河北舉人今府試中選而爲兵所阻者，免後舉府試。

策論進士，選女直人之科也。始大定四年，世宗命頒行女直大小字所譯經書，每謀克選二人習之。尋欲興女直字學校，猛安謀克內多擇良家子爲生，諸路至三千人。九年，選異等者得百人，薦於京師，廩給之，命溫迪罕締達教以古書，作詩、策，後復試，得徒單鎰以下三十餘人。十一年，始議行策選之制，至十三年始定每場策一道，以五百字以上成，免鄉試府試，止赴會試御試。且詔京師設女直國子學，諸路設女直府學，擬以新進士充教授，以教士民子弟之願學者。俟行之久，學者衆，則同漢進士三年一試之制。乃就憫忠寺試徒單鎰等，其策曰：「賢生於世，世資於賢。世未嘗不生賢，賢未嘗不輔世。蓋世非無賢，惟用與否，若伊尹之佐成湯，傅說之輔高宗，呂望之遇文王，皆起耕築漁釣之間，而其功業卓然，後世不能企及者，蓋殷、周之君能用其人，盡其才也。本朝以神武定天下，聖上以文德綏海內，文武並用，言小善而必從，事小便而不棄，蓋取人之道盡矣。而尚憂賢能遺於草澤者，今欲盡得天下之賢而用之，又俾賢者各盡其能，以何道而臻此乎？」憫忠寺舊有雙塔，進士入院之夜半，聞東塔上有聲如音樂，西入宮。考試官侍御史完顏蒲涅等曰：「文路始開而有此，得賢之祥也。」中選者得徒單鎰以下二十七人。

十六年，命皇家兩從以上親及宰相子，直赴御試。皇家袒免以上親及執政官之子，直赴會試。至二十年，以徒單鎰等教授中外，其學大振。遂定制，今後以策、詩試三場，策用女直大字，詩用小字，程試之期皆依漢進士例。省臣奏，漢人進士來年三月二十日鄉試，八月二十日府試，次年正月二十日會試，三月十二日御試。勑以來年八月二十五日於中都、上京、咸平、東平府等路四處府試，餘從前例。

上曰：「契丹文字年遠，觀其所撰詩，義理深微，當時何不立契丹進士科舉。今雖立女直字科，慮女直字創製日近，義理未如漢字深奧，恐爲後人議論。」丞相守道曰：「漢文字恐初亦未必能如此，由歷代聖賢漸加修舉也。聖主天姿明哲，令譯經教天下，行之久亦可同漢人文章矣。」上曰：「其同漢人進士例，譯作程文，俾漢官覽之。」

二十二年三月，策試女直進士。至四月癸丑，上謂宰臣曰：「女直進士試已久矣，何尚未考定？」參知政事斡特剌對曰：「以其譯付看故也。」上命速之。

二十三年，上曰：「女直進士設科未久，若令積習精通，則能否自見矣。」

二十八年，諭宰臣曰：「女直進士惟試以策，行之既久，人能預備。今若試以經義可乎？」宰臣對曰：「五經中書、易、春秋已譯之矣，俟譯詩、禮畢，試之可也。」上曰：「大經義理深奧，不加歲月不能貫通。今宜於經内姑試以論題，後當徐試經義也。」

章宗大定二十九年，詔許諸人試策論進士舉。七月省奏，如詩、策、論俱作一日程試，恐力有不逮。詩、策作一日，論作一日，以詩、策合格爲中選，而以論定其名次。上曰：「論乃新添，至第三舉時當通定去留。」

明昌元年，猛安謀克願試進士者擬依餘人例，不可令直赴御試。上曰：「是止許女直進士毋令試漢進士也。」又定制，餘官第五品散階，令直赴會試，官職俱至五品，令直赴御試。

承安二年，勑策論進士限丁習學。遂定制，内外官員、諸局分承應人、武衛軍、若猛安謀克女直及諸色人，户止一丁者不許應試，兩丁者許一人，四丁二人，六丁以上止許三人。三次終場，不在驗丁之限。

三年，定制，女直人以年四十五以下，試進士舉，於府試十日前，委佐貳官善射者試射。其制，以六十步立垛，去射者十五步對立兩竿，相去二十步，去地二丈，以繩横約之。弓不限强弱，不計中否，以張弓巧便、發箭迅正者爲熟閑。射十箭中兩箭，出繩下至垛者爲中選。餘路委提刑司，在都委監察體究。如當赴會試御試者，大興府佐貳官試驗，三舉終場者免之。

四年，禮部尚書賈鉉言：「策論進士程試弓箭，其兩舉終場及年十六以下未成丁者，若以弓箭退落，有失賢路。乞於及第後試之，中者别加任使，或升遷，否者降之。」省臣謂：「舊制三舉終場免試，今兩舉亦免之，未可。若以未成丁免試，必有妄匿年者，如果幼，使徐習未晚也。至于及第後試驗升降，則已有定格矣。」詔從舊制。

在泰和格，復有以時務策參以故事，及疑難經旨爲問之制。

宣宗南遷，興定元年，制中都、西京等路，策論進士及武舉人權於南京、東平、婆速、上京四處府試。

五年，上賜進士斡勒業德等二十八人及第。上覽程文，怪其數少，以問宰臣，對曰：「大定制隨處設學，諸謀克貢三人或二人爲生員，贍以錢米。至泰和中，人例授地六十畝，所給既優，故學者多。今京師雖存府學，而月給通寶五十貫而已。若於諸路總管府及有軍户處置學養之，庶可加益。京師府學已設六十人，乞更增四十人。中京、亳州、京兆府並置學官於總府，以謀克内不隸軍籍者爲學生，人畀地四十畝。漢學生在京者亦乞同此，餘州府仍舊制。」上從之。

凡會試之數，大定二十五年，詞賦進士不得過五百人。二十八年，以不限人數，遂至五百八十六人。章宗令合格則取，故承安二年至九百二十五人。時以復加四舉終場者，數太濫，遂命取不得過六百人。泰和二年，上命定會試諸科取人之數，司空襄言：「試詞賦經義者多，可五取一。策論絶少，可四取一。恩榜本以優老於場屋者，四舉受恩則太優，限以年則礙異材，可五舉則受恩。」平章徒單鎰等言：「大定二十五年至明昌初，率三四人取一。」平章張汝霖亦言：「五人取一，府試百人中纔得五耳〔一三〕。」遂定制，策論三人取一，詞賦經義五人取一，五舉終場年四十五以上、四舉終場年五十以上者受恩。

凡考試官，大定間，府試六處，各差詞賦試官三員，策論試官二員。明昌初，增爲九處，路各差九員，大興府則十一員。承安四年，又增太原爲十處。有司請省之，遂定策論進士女直經童千人以上差四員，五百人以上三員，不及五百二員。各以職官高者一人爲考試官，餘爲同考試官。詞賦進士與律科舉人共及三千以上五員，二千四員，不及二千三員。經義進士及經童舉人千人四員，五百以上三員，百人以上二員，不及百人以詞賦考官兼之。

後又定制，策論試官，上京、咸平、東平各三員，北京、西京、益都各二員。律科，監試官一員，試律官二員，隸詞賦考試院〔一四〕。經童，試官一員，隸經義考試院，與會試同。其彌封，并謄録官、檢搜懷挾官，自餘修治試院，監押門官，並如會試之制。大定二十年，上以往歲多以遠地官考試，不便，遂命差近者。

凡會試，知貢舉官、同知貢舉官，詞賦則舊十員，承安五年爲七員。經義則六員，承安五年省爲四員。詮讀官二員。泰和三年，上以彌封官渫語於舉人，勑自今女直司則用右選漢人封，漢人司則以女直司封。宣宗貞祐三年，以會試賦題已曾出，而有犯格中選者，復以考官多取所親，上怒其不公，命究治之。

凡御試，讀卷官，策論、詞賦進士各七員，經義五員，餘職事官各二員。制舉宏詞共三員。泰和七年，禮部尚書張行簡言：「舊例，讀卷官不避親，至有親人，或有不敢定其去留，或力加營護，而爲同列所疑。若讀卷官不用與進士有親者，則讀卷之際得平心商確。」上遂命臨期多擬，其有親者汰之。

凡府試策論進士，大定二十年定以中都〔一五〕、上京、咸平、東平四處，至明昌元年，添北京、西京、益都爲七處，兼試女直經童。凡上京、合懶、速頻、胡里改、蒲與、東北招討司等路者，則赴會寧府試。咸平、隆州、婆速、東京、蓋州、懿州者，則赴咸平府試。中都、河北東西路者，則赴大興府試。西京并西南、西北二招討司者，則赴大同府試。北京、臨潢、宗州、興州、全州者，則赴大定府試。山東西、大名、南京者，則赴東平府試。山東東路則試於益都。

凡詞賦、經義進士及律科、經童府試之處，大定間，大興、大定、大同、開封、東平、京兆凡六處。明昌初，增遼陽、平陽、益都爲九處。承安四年復增太原爲十。中都、河北則試於大興府，上京、東京、咸平府等路則試於遼陽府，餘各試於其境。

凡鄉試之期，以三月二十日。府試之期，若策論進士則以八月二十日試策，間三日試詩。詞賦進士則以二十五日試賦及詩，又間三日試策論。經義進士又間詞賦後三日試經義，又三日試策。次律科，次經童，每場皆間三日試之。

會試，則策論進士以正月二十日試策，皆以次間三日，同前。

御試，則以三月二十日策論進士試策，二十三日試詩論，二十五日詞賦進士試賦詩論，而經義進士亦以是日試經義，二十七日乃試策論。若試日遇雨雪，則候晴日。御試唱名後，試策則禀奏，宏詞則作二日程試。舊制，試女直進士在再試漢進士後，大定二十九年以復設經義科，更定是制。

凡監檢之制，大興府則差武衛軍，餘府則於附近猛安内差摘，平陽府則差順德軍。凡府會試，每四舉人則差一人，復以官一人彈壓。御試策進士則差弩手及隨局承應人，漢進士則差親軍，人各一名，皆用不識字者，以護衞十人，親軍百人長、五十人長各一人巡護。

泰和元年，省臣奏：「搜檢之際雖當嚴切，然至于解髮袒衣，索及耳鼻，則過甚矣，豈待士之禮哉。故大定二十九年已嘗依前故事，使就沐浴，官置衣爲之更之，既可防濫，且不虧禮。」上從其說，命行之。

恩例。明昌元年，定制，省元直就御試，不中者許綴榜末。解元但免府試，四舉終場依五舉恩例，所試文卷惟犯御名廟諱、不成文理者則黜之，餘並以文之優劣爲次。仍一日試三題，其五舉者止試賦詩，女直進士亦同此例。

承安五年，勑進士四舉該恩，詞賦經義當以各科爲場數，不得通數。又恩榜人應授官者，監試官於試時具數以奏，特恩者授之。

泰和三年，以經義會元與策論詞賦進士不同，若御試被黜則附榜末，爲太優，若同恩例，又與四舉者不同。遂定制，依曾經府試解元免府試之例，會試下第，再舉直赴御試。

律科進士，又稱爲諸科，其法以律令内出題，府試十五題，每五人取一人。大定二十二年定制，會試每場十五題，三場共通三十六條以上，文理優、擬斷當、用字切者，爲中選。臨時約取之，初無定數。其制始見於海陵庶人正隆元年，至章宗大定二十九年，有司言：「律科止知讀律，不知教化之源，可使通治論語、孟子以涵養其氣度。」遂令自今舉後，復於論語、孟子内試小義一道，府會試別作一日引試，命經義試官出題，與本科通考定之。

經童之制，凡士庶子年十三以下，能誦二大經、三小經，又誦論語諸子及五千字以上，府試十五題通十三以上，會試每場十五題，三場共通四十一以上，爲中選。所貴在幼而誦多者，若年同，則以誦大經多者爲最。

初，天會八年時，太宗以東平童子劉天驥，七歲能誦詩、書、易、禮、春秋左氏傳及論語、孟子，上命教養之，然未有選舉之制也。熙宗即位之二年，詔闢貢舉，始備其列，取至百二十二人。天德間，廢之。

章宗大定二十九年，上謂宰臣曰：「經童豈遽無人，其議復置。」明昌元年，益都府申，「童子劉住兒年十一歲，能詩賦，誦大小六經，所書行草頗有法，孝行夙成，乞依宋童子李淑賜出身，且加以恩詔」。上召至內殿，試鳳凰來儀賦、魚在藻詩，又令賦旱詩，上嘉之，賜本科出身，給錢粟官舍，令肄業太學。

明昌三年，平章政事完顏守貞言：「經童之科非古也，自唐諸道表薦，或取五人至十人。近代宋仁宗以爲無補，罷之。本朝皇統間取及五十人，因以爲常，天德時復廢。聖主復置，取以百數，恐久積多，不勝銓擬，乞諭旨約省取之。」上曰：「若所誦皆及格，何如？」守貞曰：「視最幼而誦不訛者精選之，則人數亦不至多也。」復問參知政事胥持國，對曰：「所誦通否易見，豈容有濫。」上曰：「限以三十或四十人，若百人皆通，亦可覆取其精者。」持國曰：「是科蓋資教之術耳。夫幼習其文，長玩其義，使之莅政，人材出焉。如中選者，加之修習進士舉業，則所記皆得爲用。臣謂可勿令遽登仕途，必習舉業，而後官使之可也。若能擢進士第，自同進士任用。如中府薦或會試，視其次數，優其等級。幾舉不得薦者，從本出身，又可以激勸而後得人矣。」詔議行之。

制舉有賢良方正、能直言極諫、博學宏材、達於從政等科，試無常期，上意欲行，即告天下。聽內外文武六品以下職官無公私過者，從內外五品以上官薦於所屬，詔試之。若草澤士，德行爲鄉里所服者，則從府州薦之。凡試，則先投所業策論三十道於學士院，視其詞理優者，委官以羣經子史内出題，一日試論三道，如可，則庭試策一道，不拘常務，取其無不通貫者，優等遷擢之。

宏詞科試詔、誥、章、表、露布、檄書，則皆用四六；誡、諭、頌、箴、銘、序、記，則或依古今體，或參用四六。於每舉賜第後進士及在官六品以下無公私罪者，在外官薦之，令試策官出題就考，通試四題，分二等遷擢之。二科皆章宗明昌元年所刱者也。

武舉，嘗設於皇統時，其制則見於泰和式，有上中下三等。能挽一石力弓，以重七錢竹箭，百五十步立貼，十箭内，府試欲中一箭，省試中二箭，程試中三箭。又遠射二百二十步垛，三箭内一箭至者。又百五十步内，每五十步設高五寸長八寸卧鹿二，能以七斗弓、二大鑿頭鐵箭馳射，府試則許射四反，省試三反，程試二反，皆能中二箭者。又百五十步内，每三十步，左右錯置高三尺木偶人戴五寸方板者四，以槍馳刺，府試則許馳三反，省試二反，程試三反〔一六〕，左右各刺落一板者。又依䕃例問律一條，又問孫、吴書十條，能説五者爲上等。凡程試，若一有不中者，皆黜之。若射貼弓八斗，遠射二百一十步，射鹿弓六斗，孫、吳書十條通四，爲中等。射貼弓七斗，遠射二百伍步，射鹿弓五斗，孫、吳書十條通三，爲下等。解律、刺板，皆欲同前。凡不知書者，雖上等爲中，中則爲下。凡試中中下，願再試者聽。

舊制，就試上等不中，不許再試中下等。泰和元年，定制，不分舊等，但從所願，試中則以三等爲次。

二年，省奏，武舉程式當與進士同時，今年八月府試，欲隨路設考試所，臨期差官，恐以刱立未見應試人數，遂權令各處就考之。

宣宗貞祐三年，同進士例，賜勑命章服。時以隨處武舉入試者，自非見居職任及已用於軍前者，令郡縣盡遣詣京師，別爲一軍，以備緩急。其被薦而未授官者，亦量材任之。

元光二年，東京總帥紇石烈牙吾塔言〔一七〕：「武舉入仕，皆授巡尉軍轄，此曹雖善騎射，不歷行陣，不知軍旅，一旦臨敵，恐致敗事。乞盡括付軍前爲長校，俟有功則升之。」宰臣奏：「國家設此科與進士等，而欲盡寘軍中，非獎進人材之道。」遂籍丁憂、待闕、去職者付之。

試學士院官。大定二十八年，勑設科取士爲學士院官。禮部下太常，按唐典，初入學士院例先試，今若於進士已仕者，以隨朝六品、外路五品職事官薦，試制詔誥等文字三道，取文理優者充應奉。由是翰苑之選爲精。明昌五年，以學士院撰文字人少，命尚書省訪有文采者句取權試。

凡司天臺學生，女直二十六人，漢人五十人，聽官民家年十五以上、三十以下試補。又三年一次，選草澤人試補。其試之制，以宣明曆試推步，及婚書、地理新書試合婚、安葬，并易筮法、六壬課、三命五星之術。

凡醫學十科，大興府學生三十人，餘京府二十人，散府節鎮十六人，防禦州十人，每月試疑難，以所對優劣加懲勸，三年一次試諸太醫，雖不係學生，亦聽試補。

校勘記

〔一〕選舉一　「一」字原脱，據殿本、局本及本書各卷標目例補。

〔二〕律科經童中選者曰舉人　「經童」，原作「經義」。按，上文金設科「有詞賦、經義、策試、律科、經童之制」，「其試詞賦、經義、策論中選者，謂之進士」，此處不應重出「經義」，當是「經童」之誤，下文「律科進士」之後爲「經童之制」亦可證。今據改。

〔三〕餘官之兄弟子孫經府薦者　「子」，原作「曾」，據南監本、北監本、殿本、局本改。

〔四〕史記用裴駰註　「裴駰」，原作「崔駰」，據南監本、北監本、殿本、局本改。

〔五〕置節鎮防禦州學六十處　「州學」上原有「刺史」二字。按，下文「節鎮學三十九」，「防禦州學二十一」，適合「六十處」之數。本書卷五七百官志三，「諸節鎮」有「州教授一員」，「諸防禦州」有「州教授一員」，而「諸刺史州」無「州教授」。又卷一二章宗紀四，泰和四年二月「癸丑，詔刺史，州郡無宣聖廟學者並增修之」。則此處「刺史」二字是衍文，今據刪。

〔六〕府學二十有四學生九百五人　金史詳校卷四，「『四』當作『五』，『五』當作『二十』。案：京府五、總管府十四、散府九，共二十有八，據注中二十四府外尚有會寧、臨潢、大同、歸德四府，上、西兩京以邊地不立，臨潢併入大定，亦無庸增，惟歸德一府不應無學，且計注中人數亦止八百八十，與本文不合。擬加歸德學一，生四十人，方合。又，歸德若定爲二十五人，則與本文九百五人正合，而與下文千八百人大數尚欠矣，故用大名、京兆等數」。

〔七〕遼陽彰德府各三十人　按，本書卷二五地理志中，彰德府彰德軍節度，「明昌三年陞爲府」，此時不當有府學。而歸德府此處未見，疑「彰德府」或是「歸德府」之誤。金史詳校卷四以爲「彰德府」當作「中山府」。

〔八〕節鎮學三十九共六百一十五人　「一十五」，金史詳校卷四以爲當作「三十」。稱「注載十六州，計不等數，合四百人，餘隆、瀋、辰、義、錦、宗、懿、泰、豐、桓、朔、應、蔚、雲内、平、雄、鄧、許、徐、嵐、鄜、涇、鞏二十三州各十，統計多於本文一十五人」。

〔九〕以女直大小字譯尚書頒行之　按，下文策論進士「始大定四年，世宗命頒行女直大小字所譯經書」。本書卷九九徒單鎰傳，「大定四年，詔以女直字譯書籍」。卷八世宗紀下，大定二十三年九月，「譯經所進所譯易、書、論語、孟子」，則尚書譯成於大定二十三年。「尚書」疑當作「經書」。

〔一〇〕海陵庶人天德二年始增殿試之制　按，李世弼登科記序，「迨及海陵天德三年，親試於上京」，與此異。

〔一一〕四年平章政事守貞言　「四年」二字原脱。按，本書卷七三完顏希尹傳附孫守貞傳，明昌四年召拜平章政事，因言「國家選舉之法，惟女直、漢人進士得人居多」云云。卷一〇章宗紀二，明昌四年十二月，「尚書省以科目近多得人，乞是舉增取進士。上然之，詔有司，會試毋限人數」。今據補。

〔一二〕「至宋王安石爲相」至「恐不副陛下公選之意」　按，此段應爲宰臣所言，然與上文不銜接，疑上有脱文。

〔一三〕（泰和二年）平章張汝霖亦言五人取一府試百人中纔得五耳　按，本書卷八三張浩傳附子張汝霖傳，「明昌元年三月，表乞致仕，不許。十二月，卒」。則張汝霖不得與於泰和二年之議。此處敍述疑有訛誤。

〔一四〕隸詞賦考試院　「考」字原脱。按，上文章宗明昌元年正月，「仍令有司議外路添考試院」，下文「經童，試官一員，隸經義考試院」，皆作「考試院」。今據補。

〔一五〕大定二十年定以中都　「中都」，原作「中京」。按，本書卷五海陵紀，貞元元年三月，「改燕京爲中都」。又本卷下文，「中都、河北東西路者，則赴大興府試。（中略）凡詞賦、經義進士及律科、經童府試之處，（中略）中都、河北則試於大興府」。今據改。

〔一六〕程試三反　「三反」，按上文「府試」、「省試」、「程試」不同要求之比例推之，此當是「一反」。

〔一七〕東京總帥紇石烈牙吾塔　按，本書卷一一一紇石烈牙吾塔傳，「元光元年五月，以京東便宜總帥兼行户、工部事」。卷一六宣宗紀下亦載元光二年牙吾塔任「京東總帥」。又，遺山先生文集卷一九内翰馮公神道碑銘見「京東總帥」，卷二〇資善大夫武寧軍節度使夾谷公神道碑銘、卷二一御史程君墓表均見「京東總帥府」。疑「東京」爲「京東」之誤。

金史卷五十二

志第三十三

選舉二

文武選

金制，文武選皆吏部統之。自從九品至從七品職事官，部擬。正七品以上，呈省以聽制授。凡進士則授文散官，謂之文資官。自餘皆武散官，謂之右職，又謂之右選。文資則進士爲優，右職則軍功爲優，皆循資，有陞降定式而不可越。

凡銓注，必取求仕官解由，撮所陳行績資歷之要爲銓頭，以定其能否。其有犯公私罪贓污者，謂之犯選格，則雖遇恩而不得與。舊制，犯追一官以至追四官，皆解任周年，而復仕之。承安二年，定制，每追一官則殿一年，凡罷職會赦當敍者，及降殿當除者，皆具罪以聞，而後仕之。凡增課陞至六品者，任回復降。既廉陞而再任覆察不同者，任回亦降。

自進士、舉人、勞效、廕襲、恩例之外，入仕之途尚多，而所定之時不一。若牌印、護衛、令史之出職，則皇統時所定者也。檢法、知法、國史院書寫，則海陵庶人所置者也。若宗室將軍、宮中諸局承應人、宰相書表、太子護衛、妃護衛、王府祗候郎君、内侍及宰相之子，并譯史、通事、省祗候郎君、親軍驍騎諸格，則定於世宗之時，及章宗所置之太常檢討、内侍寄禄官，皆仕進之門户也。

凡官資以三十月爲考，職事官每任以三十月爲滿，羣牧使及管課官以三周歲爲滿，防禦使以四十月、三品以上官則以五十月、轉運則以六十月爲滿。

司天、太醫、内侍官皆至四品止。

凡外任循資官謂之常調，選爲朝官謂之隨朝，隨朝則每考陞職事一等，若以廉察而陞者爲廉陞，授東北沿邊州郡而陞者爲邊陞。

凡院務監當差使則皆同從九品。

凡品官任都事、典事、主事、知事及尚書省令史、覆實、架閣司管勾、直省、直院局長副、檢法、知法、院務監當差使及諸令史、譯史、掌書、書史、書吏、譯書、譯人、通事，并諸局分承應有出身者皆爲流外職。凡此之屬，或以尚書省差遣，或自本司判補，其出職或正班、雜班，則莫不有當歷之名職。既仕則必循陞降之定式，雖或前後略有損益之殊，而定制則莫能逾焉。

凡門廕之制，天眷中，一品至八品皆不限所廕之人。貞元二年，定廕敍法，一品至七品皆限以數，而削八品用廕之制。世宗大定四年五月，詔：「皇家袒免以上親，就廕者依格引試，中選者勿令當儤使。」五年十月，制：「亡宋官當廕子孫者，並同亡遼官用廕。」又曰：「教坊出身人，若任流內職者，與文武同用廕。自餘有勤勞者，賞賜而已。昔正隆時常使教坊輩典城牧民，朕甚不取。」又更定冒廕及取廕官罪賞格。

七年五月，命司天臺官四品以上官改授文武資者，並聽如太醫例廕。其制，凡正班廕亦正班，雜班廕雜班。

明昌元年，以上封事者乞六品官添廕，吏部言：「天眷中，八品用廕，不限所廕之人。貞元中，七品用廕，方限以數。當是時，文始於將仕，武始於進義，以上至七品儒林、忠顯，各七階，許廕一名。至六品承直、昭信，計九階，許廕二人。自大定十四年，文武官從下各增二階，其七品視舊爲九階，亦廕一名，至五品凡十七階，方廕二人，其五品至三品並無間越，唯六品不用廕。乞依舊格，五品以上增廕一名，六品廕子孫弟兄二人，七品仍舊爲格。」時又以舊格雖有己子許廕兄弟姪，蓋所以崇孝悌也，而新格禁之，遂聽讓廕。

舊制，司天、太醫、內侍、長行雖至四品，如非特恩換授文武官資者，不許用廕，以本人見充承應，難使係班故也。泰和二年，定制〔二〕，以年老六十以上退與患疾及身故者，雖至止官，擬令係班，除存習本業者聽廕一名，止一子者則不須習即廕。

凡諸色出身文武官一品，廕子孫至曾孫及弟兄姪孫六人，因門廕則五人。二品則子孫至曾孫及弟兄姪五人，因門廕則四人。三品子孫兄弟姪四人，因門廕則三人。四品、五品三人，因門廕則二人。六品二人，七品子孫兄弟一人，因門廕則六品、七品子孫兄弟一人。舊格，門廕惟七品一人，餘皆加一人。明昌格，自五品而上皆增一人。

凡進納官，舊格正班三品廕四人，雜班三人。正班武略子孫兄弟一人，雜班明威一人，懷遠以上二人，鎮國以上三人。

司天、太醫遷至四品詔換文武官者，廕一人。

凡進士所歷之階，及所循注之職。貞元元年，制南選，初除軍判、丞、簿，從八品。次除防判、録事，正八品。三除下令，從七品。四中令、推官、節察判，正七品。五六皆上令。從六品。北選，初軍判、簿、尉，二下令，三中令，四上令，已後並上令，通注節察判、推官。

正隆元年格，上甲者初上簿軍判、丞、簿、尉，中甲者初中簿軍判、丞、簿、尉，下甲者初下簿軍判、丞、簿、尉。第二任皆中簿軍判、丞、簿、尉〔二〕。三、四、五、六、七任皆縣令，回呈省。

大定二年，詔文資官不得除縣尉。

八年格，歷五任令即呈省。

十三年，制第二任權注下令。

舊制，狀元授承德郎，以十四年官制，文武官皆從下添兩重，命狀元更授承務郎，次舊授儒林郎，更爲承事郎。第二甲以下舊授從仕郎，更爲將仕郎。

十五年，勑狀元除應奉，兩考依例授六品。十八年，勑狀元行不顧名者與外除。十九年，命本貫察其行止美惡。

二十一年，復命第三任注縣令。

二十二年，勑進士受章服後，再試時務策一道，所謂策試者也。內才識可取者籍其名，歷任後察其政，若言行相副則升擢任使。是年九月，復詔今後及第人，策試中者初任即升之。

二十三年格，進士，上甲，初録事、防判，二下令，三中令。中甲，初中簿，二上簿，三下令。下甲，初下簿，二中簿，三下令。試中策者，上甲，初録事、防判，二中令，三上令。中甲，初上簿，二下令，三中令。下甲，初中簿，二録事、防判，三中令。又詔今後狀元授應奉，一年後所撰文字無過人者與外除。

二十六年格，以相次合爲令者減一資歷。二十六年格，三降兩降免一降，文資右職外官減最後，上令一任通五任回呈省。遂定格，上甲，初録事、防判，二中令，三、四、五上令。中甲，初中簿，二下令，三中令，四、五上令。策試進士，初録事、防判，二、三、四、五上令。其次，初上簿，二中令，三、四、五上令。又次，初中簿，二下令，三中令，四、五上令。下甲，初下簿，二下令，三中令，四、五上令。

二十七年，制進士階至中大夫呈省。

明昌二年，罷勘會狀元行止之制。

七年格，縣令守闕各依舊格注授。

泰和格，諸進士及第合授資任須歷遍乃呈省，雖未盡歷，官已至中大夫亦呈省。又諸詞賦、經義進士及第後，策試中選，合授資任歷遍呈省，仍每任升本等首銓選。

貞祐三年，狀元授奉直大夫，上甲儒林郎，中甲以下授徵事郎。

經義進士。皇統八年，就燕京擬注。六年〔三〕，與詞賦第一人皆擬縣令，第二人當除察判，以無闕遂擬軍判。第二、第三甲隨各人住貫擬爲軍判、丞、簿。舊制，五經及第未及十年與關内差使，已十年者與關外差使〔四〕，四十年除下令。正隆三年，不授差使，至三十年則除縣令。大定二十八年始復設是科，每舉專主一經。

女直進士。大定十三年，皆除教授。二十二年，上甲第二、第三人初除上簿，中甲則除中簿，下甲則除下簿。大定二十五年，上甲甲首遷四重，餘各遷兩重。第二、第三甲授隨路教授，三十月爲一任，第二任注九品，第三、第四任注録事、軍防判，第五任下令。尋復令第四任注縣令。二十六年，減一資歷注縣令。二十八年，添試論。後皆依漢人格。

宏詞，上等遷兩官，次等遷一官，臨時取旨授之。

恩榜，章宗大定二十九年，勑令後凡五次御簾進士，可一試而不黜落，止以文之高下定其次，謂之恩榜。女直人遷將仕，漢人登仕，初任教授，三十月任滿，依本格從九品注授。

明昌元年，勑四舉終場，亦同五舉恩例，直赴御試。明昌五年，勑神童三次終場，同進士恩榜遷轉。兩次終場，全免差使。第六任與縣令，依本格遷官。如一次終場，初入仕則一除一差。其餘並依本門户，仍使應三舉，然後入仕。每舉放四十人。

凡恩例補廕同進士者，謂大禮補，致仕、遺表、陣亡等恩澤補，承襲録用，并與國王并宗室女爲婚者。正隆二年格，初下簿，二中簿，三上簿，四下令，五中令，六、七上令，回呈省。

凡特賜同進士者，謂進粟、出使回、殁于王事之類，皆同雜班，補廕亦以雜班。正隆元年格，初授下簿，二中簿，三縣丞，四軍判，五、六防判，七、八下令，九中令，十上令。尋復更初注下等軍判、丞、簿、尉，次注中等軍判、丞、簿、尉，第三注上等軍判、丞、簿、尉，四下令，五中令，六上令。

律科、經童。正隆元年格，初授將仕郎，皆任司候，十年以上並一除一差，十年外則初任主簿，第二任司候，第三主簿，四主簿，五警判，六市丞，七諸縣丞，八次赤丞，九赤縣丞，十下縣令，十一中縣令，五任上縣令〔五〕，呈省。三年制，律科及第及七年者與關内差使，七年外者與關外差。諸經及第人未十年者關内差，已十年關外差。律科四十年除下令。經童及第人視餘人復展十年，然後理筭月日。

大定十四年，以從下新增官階，遂定制，律科及第者授將仕佐郎。十六年特旨，以四十年除下令太遠，其以三十二年不犯贓罪者授下令。十七年，勑諸科人仕至下令者免差。二十年，省擬，無贓罪及廉察無惡者減作二十九年注下令，經童亦同此。二十六年，省擬，以相次當爲縣令者減一資歷選注。勑命諸科人累任之餘月日至四十二月，准一除一差。又勑，舊格六任縣令呈省，遂減爲五任。二十八年，減赤縣丞一任。

明昌五年，制仕二十六年之上者，如該廉升則注縣令。六年，減諸縣丞、赤縣丞兩任後吏格，十年内擬注差使，十年外一除一差。若歷八任或任至三十二年注下令，則免差須遍歷而後呈省。所歷之制，初、二下簿，三、四中簿，五、六、七上簿，犯選格者又歷上簿兩任，第九則注下令〔六〕，十中令，十一、十二上令。

凡武舉，泰和三年格，上甲第一名遷忠勇校尉，第二、第三名遷忠翊校尉。中等遷修武校尉，收充親軍，不拘有無廕，視舊格減一百月出職。下等遷敦武校尉，亦收充親軍，減五十月出職。

承安元年格，第一名所歷之職，初都巡、副將，二下令，三中令，四、五上令。第二、第三名，初巡尉、部將，二上簿，三下令，四中令，五、六上令。餘人，初副巡、軍轄，二中簿，三下令，四中令，五、六上令。

凡軍功有六，一曰川野見陣，最出當先，殺退敵軍。二曰攻打抗拒州縣山寨，奪得敵樓。三曰爭取船橋，越險先登。四曰遠探捕得喉舌。五曰險難之間，遠處報事情成功。六曰謀事得濟，越衆立功。

皇統八年格，凡帶官一命昭信校尉正七品。以上者，初除主簿及諸司副使，正九品。二主簿及諸司使，正八品。三下令，從七品。四中令，正七品。五上令，或通注鎮軍都指揮使正七品〔七〕。及正將。其官不至昭信及無官者，自初至三任通注丞、簿，四下令，五中令，六上令及知城寨。從七品。

章宗大定二十九年〔八〕，遷至鎮國者取旨升除後，吏格之所定，女直人昭信校尉以上者，初下簿，二下令，三中令，四、五上令。女直一命遷至昭信校尉、餘人至昭信已上者，初下簿，二中簿，三下令，四中令，五、六上令。凡至宣武將軍以上者，初下令，二中令，三、四上令。

凡勞效，謂年老千户、謀克也。大定五年，制河南、陝西統軍司，千户四十年以上擬從七品，三十年千户、四十年以上之謀克從八品，二十年以上千户、三十年以上謀克從九品，二十年以上謀克與正班，與差使，十年以上賞銀絹，皆以所歷千户、謀克、蒲輦月日通筭。二十年，制以先曾充軍管押千户、謀克、蒲輦二十年以上、六十五歲放罷者，視其强健者與差除，令係班，不則量加遷賞。後更定吏格，若一命遷宣武將軍以上，當授從七品職事者，初下令，二中令，三、四上令。官不至宣武，初授八品者授録事，二赤劇丞，三下令，四中令，五、六上令。初授九品官者，初下簿，二中簿，三上簿，四下令，五中令，六、七上令。

大定九年格，三虞候順德軍千户四十年以上者與從八品，三十年千户、四十年以上謀克從九品，二十年以上千户、三十年以上謀克與正班，以下賞銀絹。

大定十四年，定隨路軍官出職，以新制從下栵添兩重，舊遷忠武校尉者今遷忠勇校尉。中都永固軍指揮使及隨路埽兵指揮使出職，舊遷敦武校尉者今遷進義校尉。

武衛軍，大定十七年定制，其猛安曰都將，謀克曰中尉，蒲輦曰隊正。都將三十月遷一官，至昭信注九品職事。以隊正陞中尉，中尉陞都將。

省令史選取之門有四，曰文資，曰女直進士，曰右職，曰宰執子。其出仕之制各異。

文資者，舊惟聽左司官舉用，至熙宗皇統八年，省臣謂，若止循舊例舉句，久則善惡不分而多僥倖。遂奏定制，自天眷二年及第榜次姓名，從上次第句年至五十已上、官資自承直郎從六品。至奉德大夫、從五品。無公私過者，一闕勾二人試驗，可則收補，若皆可即籍名令還職待補。官至承直郎以上，一考者除正七品以上、從六品以下職事，兩考者除從六品已上、從五品已下。奉直大夫從六品。以上，一考者除從六品已上、從五品以下，兩考者除從五品以上、正五品以下，節運同。

正隆元年〔九〕，罷是制，止於密院臺及六部吏人令史內選充。

大定元年，世宗以胥吏既貪墨，委之外路幹事又不知大體，徒多擾動，至二年，罷吏人而復皇統選進士之制。承直郎以上者，一考正七品，除運判〔一〇〕、節察判、軍刺同知。兩考者從六品，除京運判、總府判、防禦同知。奉直大夫已上，一考者從六品，除同前。兩考從五品，除節運副、京總管府留守司判官。

七年，以散階官至五品亦勾充，不願者聽。

十一年，以進士官至承直者衆，遂不論官資但以榜次勾補。

二十七年，以外多闕官，論者以爲資考所拘，難以升進，乃命不論官資，凡一考者與六品，次任降除正七品，第三任與六品，第四任升爲從五品。兩考者與從五品，次任降除六品，第三、四任皆與從五品，五任升正五品。

承安二年，以習學知除、刑房知案及兵興時邊關令史，三十月除隨朝闕。

泰和八年以習學知除十五月以上，選充正知除，一考後理筭資考。

大安三年，以從榜次則各人所歷月日不齊，遂以吏部等差其所歷歲月多寡爲次，收補知除，考滿則授隨朝職。

貞祐五年，進士未歷任者，亦得充補，一考者除上縣令，再任上縣令升正七品，如已歷一任丞簿者，舊制除六品，乃更爲正七品，一任回降從七品，再任正七品升六品，如歷兩任丞簿者，一考舊除六品，乃更爲正七品，一任回免降，復免正七一任，即升六品。曾歷令一任者，依舊格六品，再任降除七品，還升從五品。

興定二年，勑初任未滿及未歷任者，考滿升二等爲從七品。初任未滿者兩任、未歷任者四任，回升正七品，兩任正七皆免回降。凡不依榜次勾取者同隨朝升除，俟榜次所及日聽再就補。

興定五年，定進士令史與右職令史同格，考滿未應得從七者與正七品，回降從七一任。所勾諸府令史不及三考出職者除從七品，回降除八品。若一任應得從七品者除六品，回降正七品，若一任應得正七品者免降。

女直進士令史，二十七年格，一考注正七品，兩考注正六品。二十八年，勑樞密院等處轉省者，並用進士。明昌元年，勑至三考者與漢人兩考者同除。明昌三年，罷契丹令史，其闕內增女直令史五人。五年，以與進士令史辛苦既同，資考難異，遂定與漢進士一考與從六品，兩考與從五品。

宰執子弟省令史，大定十二年，制凡承廕者，呈省引見，除特恩任用外，並內奉班收，仍於國史院署編寫[二]、太常署檢討、祕書監置校勘[三]、尚書省准備差使，每三十月遷一重，百五十月出職。如承應一考以上，許試補省令譯史，則以百二十月出職，其已歷月日皆不紐折，如係終場舉人，即聽尚書省試補。

十七年，定制，以三品職事官之子，試補樞密院令史。遂命吏部定制，宰執之子，并在省宗室郎君，如願就試令譯史，每年一就試，令譯史考試院試補外，緦麻袒免宗室郎君密院收補。

大定二十八年，制以宗室第二從親并宰相之子，出職與六品外，宗室第三從親并執政之子，出職與正七品。其出職皆以百五十月，若見已轉省之餘人，則至兩考止與正七品。二十九年，四從親亦許試補。

校勘記

〔二〕泰和二年定制　按，本書卷一一章宗紀三，泰和元年正月「己巳，以太府監孫復言：（中略）乃更定廕敍法而頒行之」，當即此制。則「二年」疑是「元年」之誤。

〔三〕上甲者初上簿軍判丞簿尉中甲者初中簿軍判丞簿尉下甲者初下簿軍判丞簿尉第二任皆中簿軍判丞簿尉　按，本書卷五七百官志三，諸刺史州「判官一員，從八品」。各州亦有上、中、下之分。又，「諸縣：令一員，從七品。丞一員，正九品。主簿一員，正九品。尉一員，正九品。（中略）自京縣而下，以萬户以上爲上，三千户以上爲中，不滿三千爲下。中縣而下不置丞，以主簿與尉通領巡捕事。下縣則不置尉，以主簿兼之」。本志常見「上令」、「中令」、「下令」、「上簿」、「中簿」、「下簿」，皆縣職也。丞與尉不盡置，故主簿遂多見，惟此處之「上簿」、「中簿」、「下簿」以主簿釋之則不可通。本卷下文云，「凡特賜同進士者」，正隆時改爲「初注下等軍判、丞、簿、尉，次注中等軍判、丞、簿、尉，第三注上等軍判、丞、簿、尉，四下令，五中令，六上令」。疑「上簿」、「中簿」、「下簿」當是「上等」、「中等」、「下等」之誤。

〔三〕皇統八年就燕京擬注六年　按，上敍「八年」，下敍「六年」，疑此處紀年有誤。

〔四〕已十年者與關外差使　「十」，原作「下」，據南監本、北監本、殿本、局本改。

〔五〕五任上縣令　「五任」，疑是「十二」之誤，或此句上脱「十二上縣令」五字。

〔六〕第九則注下令　「第」，據文義當作「八」。

〔七〕正七品　「七」，原作「十」，據南監本、北監本、殿本、局本改。

〔八〕章宗大定二十九年　「大定」二字原脱。按，章宗朝唯大定紀元有二十九年，今據補。

〔九〕正隆元年　本書卷五海陵紀記此事在正隆二年。

〔一〇〕一考正七品除運判　「運判」，原作「軍判」。按，本書卷五八百官志四，諸州軍判官爲從八品，與此不合。本書卷四二儀衞志下内外官傔從「外任官從己人力」條，「正七品，酒麴鹽税副使、都轉運判官、府推官、節度觀察判官」；卷五八百官志四，正七品「外官，諸同知州軍、都轉運判、諸府推官、諸節度判、諸觀察判」，皆與此合。則「軍判」顯係「運判」之訛，今據改。

〔二〕仍於國史院署編寫　按，本書卷五三選舉志三，「國史院書寫。（中略）遷考出職同太常檢討」。卷五五百官志一，國史院，「書寫，女直、漢人各五人」。疑「編寫」當作「書寫」。

〔三〕祕書監置校勘　「置」，或是「署」字之誤。

金史卷五十三

志第三十四

選舉三

右職吏員雜選

右職。省令史、譯史。皇統八年格，初考遷一重，女直人依本法外，諸人越進義，每三十月各遷兩重，百二十月出職，除正六品以下、正七品以上職官。

正隆二年，更爲五十月遷一重。初考，女直人遷敦武校尉，餘人遷保義校尉，百五十月出職，係正班與從七品。若自樞密院臺六部轉省者，以前已成考月數通筭出職。

大定二年，復以三十月遷一官，亦以百二十月出職，與正、從七品。院臺六部及它府司轉省而不及考者，以三月折兩月，一考與從七，兩考正七品，三考與六品。

三年，定格，及七十五月出職者，初上令，二中令，三下令，四、五録事，六下令，七中令，八上令。百五十月出職者，初刺同、運判、推官等，二、三中令，四上令，回呈省。大定二十七年，制一考及不成考者，除從七品，須歷縣令三任，第五任則升正七品。兩考以上除正七品，再任降除縣令，三、四皆與正七品，第五任則升六品。三考以上者除六品，再任降正七品，三任、四任與六品，第五任則升從五品。

省女直譯史。大定二十八年，制以見任從七、從八人内，勾六十歲以上者相視用之。明昌三年，取見役契丹譯史内女直、契丹字熟閑者，無則以前省契丹譯史出職官及國史院女直書寫，見任七品、八品、九品官充。

省通事。大定二十年格，三十月遷一重，百二十月出職。一考、兩考與八品，三考者從七品，餘與部令譯史一體免差。

御史臺令史、譯史。皇統八年遷考之制，百二十月出職，正隆二年格，百五十月出職，皆九品，係正班。大定二年，百二十月出職，皆以三十月遷一官。其出職，一考、兩考皆與九品，三考與八品。

明昌三年，截罷見役吏人，用三品職事官子弟試中者及終場舉人本臺試補者，若不足，於密院六部見役品官及契丹品官子孫兄弟選充。

承安三年，勑凡補一人必詢於衆，雖爲公選，亦恐久漸生弊。況又在書史之上，不試而即用，本臺出身門户似涉太優。遂令除本臺班内祗、令譯史名闕外，於試中樞密院令譯史人内以名次取用，不足，即於隨部班祗令譯史上名轉充。若須用終場舉人之闕，則令三次終場舉人，每科舉後與它試書史人同程試驗，榜次用之。女直十三人，内班内祗六人，終場舉人七人。漢人十五人，内班内祗七人，終場舉人八人。譯史四人〔一〕，内班内祗二人，終場舉人二人。

樞密院令史、譯史。令史〔二〕。正隆二年，制遷考與省同，出職除係正班正、從八品。大定二十一年〔三〕，定元帥府令譯史三十月遷一官，百二十月出職，一考、兩考與八品除授，三考與從七品。

十四年，遂命内祗，并三品職事官承廕人，與四品五品班祗及吏員人通試，中選者用之。

十六年，定一考、兩考者，初録事、軍判、防判，再除上簿，三中簿，四同初，五、六下令，七、八中令，九、十上令。二十六年，兩考者免下令一任。三考以上，初上令，二中令，三下令，四録事、軍防判，二十六年，免此除。五下令，二十六年，亦免此除。六、七中令，八上令。

十七年，制試補緦麻袒免以上宗室郎君。又定制，三品職事子弟設四人，吏員二人。

睦親府、宗正府〔四〕、統軍司令譯史，遷考出職，與臺部同。

部令史、譯史，皇統八年格，初考三十月遷一重，女直人依本格，餘人越進義，第二、第三考各遷一重，第四考並遷兩重，百二十月出職八品已下。

正隆二年，遷考與省右職令史同，出職九品。

大定二十一年〔五〕，宗正府、六部、臺、統軍司令史，番部譯史，元帥府通事，皆三十月遷一重，百二十月出職係班，一考、兩考與九品，三考已上與八品除授。

十四年，以三品至七品官承廕子孫一混試充，尋以爲不倫，命以四品、五品子孫及吏員試中者，依舊例補，六品以下不與。十五年，命免差使。

十六年格，一考兩考者，初除上簿，再除中簿，三下簿，四上簿，五録事、軍防判〔六〕，六、七下令，八、九中令，十上令。三考以上者，初除録事、軍防判，再除上簿，三中簿，四如初，五下令，後免此除。六、七下令，八中令，九上令。

按察司書吏，以終場舉人內選補，遷加出職同臺部。

凡內外諸吏員之制，自正隆二年，定知事孔目出身俸給，凡都目皆自朝差。海陵初，除尚書省、樞密院、御史臺吏員外，皆爲雜班，乃召諸吏員於昌明殿，諭之曰：「爾等勿以班次稍降爲歉，果有人才，當不次擢用也。」又定少府監吏員，以內省司舊吏員及外路試中司吏補。

大定二年，戶部郎中曹望之言，隨處胥吏猥多，乞減其半〔七〕。詔胥吏仍舊，但禁用貼書。又命縣吏闕，則令推舉行止修舉爲鄉里所重者充。三年，以外路司吏久不升轉，往往交通豪右爲姦，命與孔目官每三十月則一轉，移於它處。七年，勑隨朝司屬吏員通事譯史勾當過雜班月日，如到部者並不理筭。又詔，吏人但犯贓罪罷者，雖遇赦，而無特旨，不許復敍。又命，京府州縣及轉運司胥吏之數，視其戶口與課之多寡，增減之。

十二年，上謂宰臣曰：「外路司吏，止論名次上下，恐未得人。若其下有廉慎、熟閑吏事，委所屬保舉。試不中程式者，付隨朝近下局分承應，以待再試。彼既知不得免試，必當盡心以求進也。」

章宗大定二十九年，上封事者言：「諸州府吏人不宜試補隨朝吏員，乞以五品以上子孫試補。蓋職官之後清勤者多，故爲可任也。」尚書省謂：「吏人試補之法，行之已久，若止收承廕人，復恐不閑案牘，或致敗事。舊格惟許五品職官子孫投試，今省部試者尚少，以所定格法未寬故也。」遂定制，散官五品而任七品，散官未至五品而職事五品，其兄弟子孫已承廕者並許投試，而六部令史内吏人試補者仍舊。

泰和四年，簽河東按察司事張行信言：「自罷移轉法後，吏勢浸重，恣爲豪奪，民不敢言。今又無朝差都目，止令上名吏人兼管經歷六案文字，與同類分受賄賂。吏目通歷三十年始得出職，常在本處侵漁，不便。」遂定制，依舊三十月移轉，年滿出職，以杜把握州府之弊。

八年，以僉東京按察司事楊雲翼言，書吏書史皆不用本路人，以别路書吏許特薦申部者類試，取中選者補用。

凡右職官，天德制，忠武以下與差使，昭信以上兩除一差。大定十二年，勑鎮國以上即與省除。十三年，制明威注下令，宣威注中令，廣威注上令，信武權注下令，宣武、顯武免差，權注丞、簿。又制宣武、顯武，功酬與上簿，無虧與中簿。二十六年，制遷至宣武、顯武始令出職。又以舊制通歷五任令呈省，詔減爲四任。

明昌三年，以諸司除授，守闕近三十月，於選調窒礙。今後依舊兩除一差，候員闕相副，則復舊制。

泰和元年，以縣令見闕，近者十四月，遠者至十六月，蓋以見格，官至明威者並注縣令，或犯選并虧永人，若帶明威人亦注，是無別也。遂令曾虧永及犯選格，女直人展至廣威，漢人至宣武，方注縣令。又以守闕簿丞，近者十九月、遠者二十一月，依見格官至宣武、顯武、信武者合注丞、簿，遂命但曾虧永，直至明威方注丞、簿。又吏格，凡諸右職正雜班，謂無資歷者，班內祗同。皆驗官資注授。帶忠武以下者與監當差使，昭信以上擬諸司除授，仍兩除一差。宣武以上與中簿，功酬人與上簿。明威注下令，宣威注中令，廣威注上令，通歷縣令四任，如帶定遠已歷縣令三任者，皆呈省。若但曾虧永及犯選格，諸曾犯公罪追官、私罪解任及犯贓、廉訪不好，併體察不堪臨民，謂之犯選格。女直人遷至武義，漢人諸色人武略，並注諸司除授，皆兩除一差。若至明威方注丞、簿，女直人遷至廣威，漢人、諸色人遷至宣威者，皆兩任下令，一任中令，回呈省。

貞祐三年，制遷至宣武者，皆與諸司除授，亦兩除一差。凡不犯選格者，若懷遠方注丞、簿，至安遠則注下令、上令各一任，呈省。四年，復以官至懷遠注下令，定遠注中令，安遠注上令，四任呈省。

檢法、知法。正隆二年，嘗定六部所用人數及差取格法，初考、兩考皆除司候，三考者除上簿。五年，定制，十年内者初考除下簿，兩考除中簿，三考除警判。十年外者初考除第二任司候，兩考除上簿，三考則除市丞。大定二年，制曾三考者，不拘十年内外，皆與八品録事、市令，擬當合得本門户。

除授，舊授劄付，大定三年始命給勑，以律科人爲之。七年，定制，驗榜次勾取，如勾省令史之制。二十六年，命三考除録事，以後則兩除一差。

女直知法、檢法。大定三年格，以臺、部、統軍司出職令、譯史，曾任縣佐市令差使人内奏差，考滿比元出身陞一等，依隨路知事例給勑，以三十月爲任。明昌五年，以省、院、臺、部、統軍司令、譯史、書史内擬，年五十以下、無過犯、慎行止，試一月，以能者充，再勒留者升一等，一考者初上令，二、三中令，四上令，兩考陞二等，呈省。

太常寺檢討二人。正隆二年，五十月遷一重，女直遷敦武，餘人進義，百五十月出職，係雜班。大定二年，制以三十月遷一重，百二十月出職，係正班九品。

省祗候郎君。大定三年，制以祖免以上親願承應已試合格而無闕收補者及一品官子，已引見，止在班祗候，三十月循遷。初任與正、從七品，次任呈省。內祗在班，初、次任注正、從八品，三、四注從七品，而後呈省。班祗在班，初九品，次、三正、從八品〔八〕，四、五從七品，而後呈省。已上三等，並以六十月爲滿，各遷一重。

八年，定制，先役六十月以試驗其才，不能幹者進一官黜之。才幹者再理六十月。每三十月遷加，百二十月爲滿，須用識女直字者。十六年，定制，以制文試之，能解説得制意者爲中選。

十八年，制一品官子，初都軍，二録事、軍防判，三都軍，四下令，五、六上令〔九〕，回呈省。內祗，初録事、軍防判，二上簿，三同初，四録事，五都軍，六下令，七中令，八上令，回呈省。班祗，初上簿，二中簿，三同初，四録事、軍防判，五録事，六都軍，七下令，八中令，九上令，回呈省。

國史院書寫。正隆元年，定制，女直書寫，試以契丹字書譯成女直字，限三百字以上。契丹書寫，以熟於契丹大小字，以漢字書史譯成契丹字三百字以上，詩一首，或五言七言四韻，以契丹字出題。漢人則試論一道。遷考出職同太常檢討。

宗室將軍。六十月爲任，初刺同，二都軍，三刺同，四從六。副將軍以七品出職人充。明昌元年，以九十月爲滿，中都、上京初從七，二録事、軍防判，三入本門户。餘路，初録事、軍防判，二上簿，三入本門户。承安二年改司屬令作隨朝。

内侍御直。内直六十四人，正隆二年格，長行人五十月遷一重，女直人遷敦武，餘人遷進義，無出身。大定二年格，同上。

大定六年，更定收補内侍格，能誦一大經、及論語孟子内能誦一書、并善書札者，月給奉八貫石，稍識字能書者七貫石，不識字六貫石。

泰和二年，以參用外官失防微之道，乃刱寄禄官名，以專任之，既足以酬其勞，而無侵官之弊。

凡宮中諸局分，大定元年，世宗謂諸局分承應人，班敍俸給涉于太濫，正隆時乃無出身，涉于太刻，又其官品不以勞逸爲制，遂命更定之。大定六年，諭有司曰：「宮中諸局分承應人，有年滿數差使者，往往苦於稽留，而卒不得。其差者，復多不解文字而不幹，故公私不便。今後願出局者聽，願留者各增其秩，依舊承應。其十人長，雖老願留者亦增秩，作長行承應，餘依例放還。」七年，詔宰臣曰：「女直人自來諸局分不經收充祗候。可自今除太醫、司天、内侍外，餘局分並令收充勾當。」

護衞，正隆二年格，每三十月遷一重，初考，女直遷敦武，餘遷保義，百五十月出職，與從五品以下、從六品以上除。大定二年格，更爲初遷忠勇，百二十月出職。大定十四年官制，從下添兩重，遂命女直初遷修武，餘人敦武。十八年，制初除五品者次降除六品，第三復除從五品。初任六品者不降，第四任始授從五品，再勒留者各遷一官。明昌元年資格，初任不筭資歷，不勒留者，初從六品，二、三皆同上，第四任陞從五。勒留者，初從五，二、三同上，第四正五品。再勒留者，初正五品，二同上，三少尹，四刺史。明昌四年，降作六品、七品除。貞祐制，一考八品，兩考除縣令，三考正七品，四考六品。五年，定一考者注上令。兩考者一任正七品回降從七，兩任正七回陞六品。三考者正七一任回，再任正七陞六品。四考者，三任六品陞從五品。

符寶郎，十二人，正隆二年格，皆同護衞，出職與從七品除授。大定二年格，並同護衞。十四年，初收〔一〇〕。餘人遷進義。二十一年，英俊者與六品除，常人止與七品除。

奉御，十六人，以内駙馬充，舊名入寢殿小底。大定十二年更今名。正隆二年格，同符寶郎。大定二年，出職從七品。

奉職，三十人，舊名不入寢殿小底，又名外帳小底。大定十二年更今名。正隆二年格，女直遷敦武，餘人歷進義，無出身。大定二年格，出職正班九品。大定十四年定新官制，從下添兩重，女直初考進義，餘人進義副尉。十七年格，有廕者初中簿，二下簿，無廕者注縣尉，已後則依格。明昌元年格，有廕者每勒留一考則減一資。二年，以八品出職。六年定格，初録事、軍防判、正從八品丞，二上簿，三中簿，四正從八品，若不犯選格者則免此除，五下令，六、七中令，八上令。勒留一考者陞下令，四、五中令，六上令，回呈省。勒留兩考者陞上令，二中令，三、四上令，回呈省。凡奉御奉職之出職，大定十二年增爲百五十月，二十九年復舊，承安四年復增。

東宮護衞，正隆二年，出職正班從八品。大定二年，正從七品。初收女直遷敦武，餘人保義。

閤門祗候，正隆二年格，女直初遷敦武，餘人保義，出職正班從八品。大定二年格，出職從七品。八年定格，初都軍，二録事，三軍防判，四都軍，五下令，六中令，七上令。已帶明威者即與下令，二録事、軍防判，三都軍，四下令，五中令，六上令。泰和四年格，初都軍，二録事、軍防判，三下令，四中令，五上令。

筆硯承奉，舊名筆硯令史，大定三年，更爲筆硯供奉，後以避顯宗諱〔一二〕，復更今名。正隆二年，女直人遷敦武，餘歷進義，無出身。大定二年格，初考女直遷敦武，餘保義，出職正班從七品。吏格，初都軍，二、三下令，四、五中令，六上令。

妃護衞，正隆二年格，與奉職同。大定二年，出職與八品。

符寶典書，四人，舊名牌印令史，以皇家袒免以上親、有服外戚、功臣子孫爲之。正隆二年格，出職九品。大定二十八年，出職八品，二上簿，回驗官資注授。

尚衣承奉，天德二年格，以班内祗人選充。大定三年，女直人遷敦武，餘人遷進義，出職九品。

知把書畫，十人，正隆二年格，與奉職同。大定二年，出職九品。十四年格，同奉職。二十一年定格，有廕者，初中簿，二軍器庫副，後依本門户差注；無廕者，與差使。

凡已上諸局分承應人，正隆二年格，有出身者皆以五十月爲一考，五考出職，無出身者五十月止遷一官。大定二年、三年格，皆三十月爲考，遷一重，四考出職。十二年，復加爲五考。大定二十九年，又爲四考。承安四年，復爲五考。自大定十二年，凡增考者，惟護衛則否。

隨局内藏四庫本把，二十八人，正隆二年格，同奉職。大定二年格，十人長，每三十月遷一重，四考出職九品。長行，每五十月遷一重，初考女直敦武，餘人進義。轉十人長者其後依親軍例，轉五十人長者以三十月遷加，雖未至十人長而遷加至敦武者，依本門户出職。十二年，加爲五考。二十一年格，與知把書畫同。二十八年，以合數監同人内，從下選差。明昌元年，如八貫石本把闕，六貫石局内選。六年，半於隨局承應人内選。

左右藏庫本把，八人，格同内藏。大定二十九年設，三十月遷一重，百二十月出職。

儀鑾局本把，大定二十七年，三人。明昌元年，設十五人，格比内藏本把。

尚食局本把，四人，大定二十八年設，格同儀鑾。

尚輦局本把，六人，二十八年設，格同儀鑾。

典客署書表，十八人，大定十二年，以班内祗，并終場舉人慎行止者，試三國奉使接送禮儀，并往復書表，格同國史院書寫。十四年，以女直人識漢字班內祗一同試補。大定二十四年，終場舉人出職八品注上簿，次下簿，三任依本門户。明昌五年，復許終場舉人材質端偉、言語辯捷者，與內班祗同試，與正九除。

捧案，八人，大定十九年，以已承三品官廕人，命宣徽院揀試儀觀修整者，格同尚衣承奉。二十一年，格同知把書畫。

擎執傔使，大定四年，以內職及承奉班內選。明昌六年，以皇家袒免以上親，不足則於外戚，并三品已上散官、五品以上職事官應廕子孫弟兄姪，以宣徽院選有德而美形貌者。

奉輦，舊名拽輦兒，大定二十九年更名，格同擎執。

妃奉事，舊名不入寢殿小底，大定十一年又名妃奉職〔三〕，大定十八年更今名。格同知把書畫。

東宮妃護衛，十人，大定十三年，格同親王府祗候郎君。二十八年，有廕人與副巡檢、譏察，無廕人與司軍、軍轄等除。

東宮入殿小底，三十月遷一重。初考，女直人遷敦武，餘人遷保義。吏格，有廕無廕其出職，初八品，二上簿，三中簿，四八品，五下令，六中令，八上令〔一三〕，回呈省。

東宮筆硯，五十月遷一重，百五十月出職正班九品。無廕人差使。有廕人，大定二十一年格〔一四〕，與二十一年知把書畫格同。

正班局分，尚藥、果子本把、奉膳、奉飲、司裀、儀鸞、武庫本把、掌器、掌輦、習騎、羣子都管、生料庫本把。大定二十一年格，有廕人，知把書畫格同。章宗大定二十九年〔一五〕，諸局分長行並歷三百月、十人長九十月出職。

雜班局分，鷹坊子、尚食局厨子、果子厨子、食庫車本把、儀鸞典幄、武庫槍寨、司獸、錢帛庫官、旗鼓笛角唱曲子人、弩手、傘子。貞元元年，制弩手、傘子、尚厩局小底、尚食局厨子，並授府州作院都監。大定二十九年，長行三百月、十人長九十月出職，弩手、傘子四百月出職。

其他局分，若秘書監楷書及琴、碁、書、阮、象、説話待詔，尚厩局醫獸、駞馬牛羊羣子、酪人，皆無出身。

侍衛親軍長行，初收，遷一重，女直敦武，餘人進義。每五十月遷一重，以次轉五十人長者，則每三十月遷一重。如五十人長內遷至武義者，以五十人長本門户出職。五十人長每三十月遷一重，六十月出職，係正班，與九品除授，有廕者八品除授。如轉百人長者，則三十月遷一重，六十月出職，係正班八品，有廕者七品。大定六年，百户任滿，有廕者注七品都軍、正將，無廕及五十户有廕者，注八品刺郡、都巡檢、副將。五十户無廕者及長行有廕者，注縣尉，無廕注散巡檢。十六年，有廕百户，初中令，二都軍、正將，三、四録事，五下令，六中令，七上令，回呈省。無廕者，初都軍、正將，二録事，三、四副將、巡檢，五都軍、正將，六下令，七中令，八上令，回呈省。此言識字者也，不識字者，初止縣尉，次主簿。二十一年，有廕者初中簿，二縣尉。無廕者初縣尉，二散巡檢。已後，依本門户，識字、不識字並用差注。二十九年，定女直二百五十月出職，餘三百月出職。吏格，先察可親民、及不可者，驗其資歷，若已任回帶明威、懷遠者，驗資擬注。

拱衛直，正隆名龍翔軍，無出身。大定二年，改龍翔軍爲拱衛司。定格，軍使、什將、長行，每五十月遷一重，女直人敦武，餘人進義。遷至指揮使，則三十月出職，遷一重，係正班，與諸司都監。雖未至指揮使，遷至武義出職，係雜班，與差使。

司天長行，正隆二年，定五十月遷一重，女直敦武，餘人進義，無出身。

太醫，格同。貞元元年，嘗罷去六十餘人。正隆二年格，五十月遷一重，女直人敦武，餘人進義，無出身。

教坊，正隆間有典城牧民者，大定間罷，遂定格同上。

校勘記

〔一〕譯史四人　本書卷五五百官志一御史臺作「譯史三人」。

〔二〕樞密院令史譯史令史　按，「令史、譯史」之下不應重出「令史」。上文「省令史、譯史」之後有「省通事」。又本書卷五五百官志一，樞密院令史、譯史之後亦有「通事」，疑下「令史」二字爲「通事」之誤。

〔三〕大定二十一年　按，下文爲「十四年」、「十六年」、「十七年」，疑此處繫年有誤，或是敍事顛倒。

〔四〕睦親府宗正府　按，本書卷五五百官志一，「大宗正府。泰和六年避睿宗諱，改爲大睦親府」。本條下文止作「宗正府」，則此處「睦親府」三字疑衍。

〔五〕大定二十一年　按，下文爲「十四年」、「十五年」，疑此處繫年有誤，或是敍事顛倒。

〔六〕五録事軍防判　「軍防判」，原作「防軍判」，據殿本、局本、本書卷五四選舉志四廉察泰和元年條改。

〔七〕大定二年户部郎中曹望之言隨處胥吏猥多乞減其半　按，本書卷九二曹望之傳，大定三年，「望之還言，乞汰諸路胥吏，可減其半」。卷六世宗紀上敍此事亦在大定三年。

〔八〕次三正從八品　原作「三四從八品」，據上下文改。

〔九〕四下令五六上令　按，上言「四下令」，下言「六上令」，則「五」下疑脱「中令」二字。

〔一〇〕十四年初收　「初收」下疑有脱文。據下文，疑或是「女直遷敦武」五字。

〔一一〕後以避顯宗諱　「顯宗」，原作「睿宗」。按，本書卷一九世紀補，睿宗「諱宗堯」，顯宗「諱允恭」，則與「供」同音者當是「顯宗諱」之「恭」字。今據改。

〔一二〕大定十一年又名妃奉職　「妃」，原作「名」，據南監本、殿本改。按，本書卷五八百官志四，百司承應俸給下有「妃護衛、奉職」。

〔一三〕六中令八上令　「六」下疑脱「七」字，或「八」當作「七」。

〔一四〕大定二十一年格　「大定」二字原脱。按，下文稱此格「與二十一年知把書畫格同」。檢本卷知把書畫，其定格正在大定二十一年。今據補。

〔一五〕章宗大定二十九年　「年」字原脱，據南監本、北監本、殿本補。

金史卷五十四

志第三十五

選舉四

部選　省選　廉察　薦舉　功酬虧永

凡吏部選授之制，自太宗天會十二年，始法古立官，至天眷元年，頒新官制。及天德四年，始以河南、北選人並赴中京，吏部各置局銓注。又命吏部尚書蕭賾定河南、北官通注格〔一〕，以諸司横班大解，并大將軍合注差人，依年例一就銓注，餘求仕人分四季擬授，遂爲定制。貞元二年，命擬注時，依舊令，求仕官明數，謂面授也。不許就本鄉，若衰病年老者毋授繁劇處。

世宗大定元年，勑從八品以下除授，不須奏聞。又制，求仕官毋入權門，違者追一官降除，有所餽獻而受之者，奏之〔二〕。

二年，詔隨季選人，如無過或有功酬者，依格銓注。有廉能及污濫者，約量升降，呈省。

七年，命有司，自今每季求仕人到部，令本部體問，政跡出衆者及贓污者，申省核實以聞，約量升擢懲斷，年老者勿授縣令。又謂宰臣曰：「隨朝官能否，大率可知。若外路轉運司幕官以至縣令，但驗資考，其中縱有忠勤廉潔者，無路而進，是此人終身不敢望三品矣，豈進賢退不肖之道哉。自今通三考視其能否，以定升降爲格。」又曰：「今用人之法甚弊，其有不求聞達者，入仕雖久，不離小官，至三四十年不離七品者。而新進者結朝貴，致顯達，此豈示激勸之道。卿等當審於用人，以革此弊。」

時清州防禦使常德輝上言〔三〕：「吏部格法，止敍年勞，是以雖有才能，拘於法而不得升，以致人材多滯下位。又刺史縣令親民之職，多不得人，乞加體察，然後公行廉問，庶使有懼心。且今酒稅使尚選能者，況承流宣化之官，可不擇乎。自今宜以能吏當任酒使者授親民之職〔四〕。」從之。

十年，上謂宰臣曰：「守令以下小官，能否不能偏知。比聞百姓或請留者，類皆不聽。凡小官得民悅，上官多惡之，能承事上官者，必不得民悅。自今民願留者，許直赴部，告呈省。遣使覆實，其績果善可超升之，如丞簿升縣令之類，以示激勸。」

二十六年，以闕官，勑「見行格法合降資歷內，三降兩降各免一降，一降者勿降。省令譯史合得縣令資歷內，免録事及下縣令各一任。密院令史三考以上者，仝前免之。臺、部、宗正府、統軍司令譯史，合歷縣令任數，免下令一任。外路右職文資諸科，合歷縣令亦免一任。當過檢法知法，三考得録事者，已後兩除一差」。

明昌三年，上曰：「舊制，每季到部求仕人，識字者試以書判，不識字者問以疑難三事，體察言行相副者。其令自今隨季部人並令依條試驗。」宰執奏曰：「既體察知與所舉相同，又試中書判，若不量與升除，無以示勸。」遂定制，若隨朝及外路六品以上官則隨長任用，外路正七品官擬升六品縣令一等除授，任滿合降者免降，從七品以下於各等資歷內減兩任擬注，以後體察相同即依已升任使，若體察不同者本等注授，若見任縣令升中上令者，并掌錢穀及丁憂去者，候解由到部。諸局分人亦候將來出職日準上擬注。猛安謀克擬依前提刑司保舉到升任例，施行時嘗令隨門户減一資歷。明昌七年，勑復令如舊。

泰和元年，上以縣令見守闕，近者十四月、遠者十六月，又以縣令、丞、簿員闕不相副，勑省臣，「右選官見格，散官至明威者注縣令，宣武者注丞、簿，雖曾犯選格及虧永者亦注，是無別也」。遂定制，曾犯選格及虧永者，廣威注令，明威注丞、簿。

衞紹王大安元年，以縣令闕少，令初入上中下令者，與其守闕可令再注丞、簿一任，俟員闕相副則當復舊。

宣宗貞祐二年，以播越流離，官職多闕，權命河朔諸道宣撫司得擬七品以下，尋以所注吏部不知，季放之闕多至重複，乃奏罷之。時李英言：「兵興以來，百務煩冗，政在用人，舊雖有四善、十七最之法，而拔擢蔑聞，幾爲徒設。大定間，以監察御史及審録官分詣諸路，考覈以擬，號爲得人，可依已試之效，庶幾使人自勵。」詔從之。

三年，户部郎中奧屯阿虎言：「諸色遷官並與女直一體，而有司不奉，妄生分別，以至上下相疑。」詔以違制禁之。

初，宣宗之南遷也，詔吏部以秋冬於南京、春夏於中都置選，而赴調者憚於北行，率皆南來，遂併於南京設之。三月，命汰不勝官者〔五〕，令五品以上官公舉，令季赴部人内，先擇材幹者量緩急易之。

興定元年，詔有司議減冗員。又詔，自今吏部每季銓選，差女直、漢人監察各一員監視，又盡罷前犯罪降除截罷及承應未滿解去而復爲隨處官司委使者。又定制，權依劇縣例俱作正七品，令隨朝七品、外路六品以上職事官，舉正七品以下職事官年未六十無公私罪堪任使者，歲一人，仍令兼領樞密院彈壓之職，以鎮軍人。凡上司不得差占及凌辱決罰。到任半年，委巡按官體訪具申籍記。又半年覆察，考滿日分等升用。如六事備爲上等，升職一等，四事爲中等，減二資歷，其次下等減一資歷，不稱者截罷。

凡省選之制，自熙宗皇統八年以上京僻遠，始命詣燕京擬注，歲以爲常。貞元遷都，始罷是制。其常調制，正七品兩任陞六品，六品三任陞從五品，從五品兩任陞正五品，正五品三任陞刺史。凡內外官皆以三十月爲考，隨朝官以三十月爲任，陞職一等。自非制授，尚書選在外官，命左司移文勾取。承安三年，始命置簿勾取。

大定十五年，制凡二品官及宰執、樞密使不理任，每及三十月則書于貼黃，不及則附于闕滿簿。內外三品官以五十月爲任。

泰和三年，制凡文資右職官應遷三品職事者，五品以上歷五十月，六品以下及門廕雜流職事至四品以上而散官應至三品者，皆歷六十月，方許告遷。

七年，自按察使副依舊三十月理考外，內外四品以四十月理考，通八十月遷三品。

泰和八年，詔以門廕官職事至四品者甚少，自今至刺史而散官應至三品者，即許告遷三品。此省選資考之制也。

世宗大定元年，上謂宰臣曰：「朕昔歷外任，不能悉知人之優劣，每除一官必以不稱職爲憂。夫薦賢乃相職，卿等其各盡乃心，勿貽笑天下。」又曰：「凡擬注之際當爲官擇人，勿徒任親舊，庶無曠官矣。」又曰：「守令之職當擇材能，比聞近邊殘破多用年老及罪降者，是益害邊民也。若資歷高者不當任邊遠，可取以下之才能者升授，回不復降，庶可以完復邊陲也。」邊陞之制，蓋始于此。

三年，詔監當官遷散官至三品尚任縣令者，與省除。

四年，勑隨朝六品以繁劇局分官有闕者，省不得擬注，令具闕及人以聞。

六年，制官至三品除，朝廷約量勞績歲月，特恩遷官。

七年，制內外三品官遇擬注，其歷過成考以上月日，不曾遷加，或經革撥，可於除目內備書以聞。又勑，外路四品以上職事官，并五品合陞除官，皆具闕及人以聞。六品以下官，命尚書省擬定而復奏。上又謂宰臣曰：「擬注外官，往往未當。州縣之官良則政舉，否則政隳。卿宜辨論人材，優劣參用，則遞相勉勵，庶幾成治矣。」又曰：「從來頓舍人例爲節副，今宣徽院同簽銀朮可以特收頓舍，然後授以滄州同知，此亦何功，但其人有足任使，故授以同簽也。且如自護衞、符寶、頓舍考滿者與六品五品之職，而與元苦辛特收頓舍者例除，則是不倫也。」

十年，謂宰臣曰：「凡在官者，若不爲隨朝職任，便不能離常調。若以卿等所知任使恐有滯，如驗入仕名項或廉等第用之亦可。若不稱職，即與外除。」

十一年，上謂宰臣曰：「隨朝官多自計所歷，一考謂當得某職，兩考又當得某職，故但務因循而已。及被差遣，又多稽違。近除大理司直李寶爲警巡使，而奏謝言『臣內歷兩考』，意謂合得五品而除六品也。朕以此人幹事，嘗除監察御史，及爲大理司直，未嘗言情見一事，由是除長官，欲視其爲政，故授是職。自今外路與內除者，察其爲政公勤則升用，若但務苟簡者，不必待任滿即當依本等出之。不明賞罰，何以示勸勉也。」

十二年，上謂宰臣曰：「朕嘗取尚書省百官行止觀之，應任刺史知軍者甚少，近獨深州同知辭不習爲可，故用之。即今居五品者皆再任當例降之人，故不可也。護衛中有考滿者，若令出職，慮其年幼不閑政事，兼宿衛中如今日人材亦難得也。若勒留承應，累其資考，令至正五品可乎？」皆曰：「善。」

十六年，敕宰臣，選調擬注之際，須引外路求仕人，引至尚書省堂量材受職〔六〕。

二十一年，謂宰臣曰：「海陵時，與人本官太濫，今復太隘。」令散官小者奏之〔七〕。

二十四年，以舊資考太滯，命各減一任，臨時量人材、辛苦、資歷、年甲，以次奏稟。

章宗大定二十九年，定制，自正七品而上皆以兩任而後陞。

明昌四年，以前制有職官已帶三品者不許告遷，有司因之不舉，以致無由遷敍。上慮其滯，遂定制，已帶三品散官實歷五十月，從有司照勘，格前進官一階，格後爲始再筭。

五年，命宰臣擬注之際，召赴選人與之語，以觀其人。

六年，命隨朝五品之要職及外路三品官，皆具人闕進呈，以聽制授。

七年，勑隨朝除授必欲至三十月，如有急闕，則具闕及人奏禀。尋復令，不須待考滿後，當通筭其所歷而已。

承安四年，勑宰臣曰：「凡除授，恐未盡當。今無門下省，雖有給事中而無封駁司，若設之，使於擬奏未受時詳審得當，然後授之可也。」乃立審官院，凡所送令詳審者，以五日內奏或申省。

承安五年，以六品、從五品闕少，勑命歷三任正七品而後陞六品。

泰和元年，諭旨宰臣曰：「凡遇急闕，與其用資歷未及之人，何如止起復丁憂舊人也。」命內外官通筭，合得升等而少十五月者，依舊在職補足，而後升除，或有餘月日，以後積筭。遇闕而無相應人，則以資歷近者奏禀。

二年，命少五月以下者本任補，六月至十四月者本任或別除補之。是制既行之後，至六年，以一例遞升復恐太濫，命量材續禀。

衛紹王大安元年，定文資本職出身內有至一品職事官應遷一品散官者，實歷五十月方許告遷。二品三品職事官應告本品循遷者，亦歷五十月，不得過本品外。四品以下職事官如遷三品者，亦歷五十月，止許告遷三品一資。六品以下職事官歷六十月告遷，帶至三品更不許告。犯選格者皆不許。如已至三品以上職事者，六十月亦聽。凡遷三品官資及致仕并橫遷三品者，則具行止以聞。四品則六十月告遷，雜班則否。

宣宗興定元年，徒單頑僧言：「兵興以來，恩命數出，以勞進階者比年尤多。賤職下僚散官或至極品，名器之輕莫此爲甚。自今非親王子及職一品，餘人雖散官至一品乞皆不許封公。若已封者，雖不追奪其儀衛，亦當降從二品之制。」從之。

凡選監察御史，尚書省具才能者疏名進呈，以聽制授。任滿，御史臺奏其能否，仍視其所察公事具書於解由，以送尚書省。如所察事皆無謬戾爲稱職，則有陞擢。庸常者臨期取旨，不稱者降除，任未滿者不許改除。大定二十七年前，嘗令六十以上者爲之。後，臺官以年老者多廢事爲言，乃勑尚書省於六品七品内取六十以下廉幹者備選。二十九年，令臺官得自辟舉。

明昌三年，復命尚書省擬注，每一闕則具三人或五人之名，取旨授之。

承安三年，勑監察給由必經部而後呈省。

泰和四年，制以給由具所察事之大小多寡定其優劣。

八年，定制，事有失糾察者以怠慢治罪。

貞祐二年，定制，以所察大事至五、小事至十爲稱職，數不及且無切務者爲庸常，數内有二事不實者爲不稱職。

四年，命臺官辟舉，以名申省，定其可否。

廉察之制，始見於海陵時，故正隆二年六月有廉罷官復與差除之令。大定三年，命廉到廉能官第一等進官一階陞一等，其次約量注授。汚濫官第一等殿三年降二等，次二年，又次一年，皆降一等。詔廉問猛安謀克，廉能者第一等遷兩官，其次遷一官。汚濫者第一等決杖百，罷去，擇其兄弟代之。第二等杖八十，第三等杖七十，皆令復職。蒲輦決則罷去，永不補差。

八年，省臣奏御史中丞移剌道所廉之官，上曰：「職官多貪汚，以致罪廢，其餘亦有因循以苟歲月者。今所察能實可甄獎〔八〕，若即與升除，恐無以慰民愛留之意，且可遷加，候秩滿日升除。」

十年正月，上謂宰臣曰：「今天下州縣之職多闕員，朕欲不限資歷用人，何以偏知其能。擬欲遣使廉問，又慮擾民而未得其真。若令行辟舉之法，復恐久則生弊。不若選人暗察明廉，如其相同，然後陞黜之，何如？」宰臣曰：「當如聖訓。」

十一年，奏所廉善惡官，上曰：「罪重者遣官就治，所犯細微者蓋不能禁制妻孥耳，其誡勵而釋之。凡廉能官，四品以下委官覆實，同則升擢。三品以上以聞，朕自處之。」時陳言者有云「每三年委宰執一員廉問」者，上以大臣出則郡縣動揺，誰復敢行事者。今默察明問之制，蓋得其中矣。又謂宰臣曰：「朕以欲遍知天下官吏善惡，故每使採訪，其被升黜者多矣，宜知勸也。若常設訪察，恐任非其人以之生弊，是以姑罷之。」皆曰：「是官不設，何以知官吏之善惡也？」左丞相良弼曰：「自今臣等盡心親察之。」上曰：「宜加詳，勿使名實淆混。」

十二年，以同知城陽軍山和尚等清强〔九〕，上曰：「此輩，暗察明訪皆著政聲。夫賞罰必信，則善者勸、惡者懼，此道久行庶可得人也。其第其政績旌賞之。」三月，詔贓官既已被廉，若仍舊在職必復害民，其遣驛使遍詣諸道，即日罷之。

大定二十八年，制以閤門祗候、筆硯承奉、奉職、妃護衛、東宮入殿小底、宗室郎君、王府郎君、省郎君，始以選試才能用之，不須體察。内藏本把、不入殿小底與入殿小底及知把書畫，則亦不體察。

明昌三年〔一〇〕，以所廉察則有清廉之聲，而政績則平常者，勑命不降注。以石仲淵等四人，雖清廉爲百姓所喜，而復有行事邀順人情之語，則與公正廉能人不同，勑命降注。凡治績平常者，奪元舉官俸一月。

四年〔一二〕，上曰：「凡被舉者，或先察者不同，其後爲人再舉而察者同，或先察者同，而後察者不同，當何以處之？ 其議可久通行無窒之術以聞。」省臣奏曰：「保舉與體察不一者，可除不相攝提刑司境內職事，再令體察，如果同則依格用，不同則還本資歷。」時有議「凡當舉人之官，歲限以數，減資注受」者，是日，省臣併奏，以謂如此恐滋久長求請僥倖之弊。遂擬「被舉官如體察相同，隨長陞用，不如所舉者元舉官約量降除。如自囑求舉，或因勢要及爲人請囑而舉之者，各追一官，受賄者以枉法論，體察官亦同此。歲舉不限數，不舉不坐罪，但不如所舉則有降罰，如此則必不敢濫舉，而實材可得」。上曰：「是可止作條理，施行一二年，當別思其法。」

承安四年，以按察司不兼採訪，遂罷平倒別路除授之制。

泰和元年，定制，自第一等闕外，第二等闕滿，合注縣令者升上令，少一任與中令，少二任與下令，少三任以上者與録事、軍防判，仍減一資，注令。少五任以上者注丞、簿。第三等任滿，合注縣令者升中令，少一任與下令，少二任以上者與録事、防判，亦減一資，注令。少四任以上者並注丞、簿。已入縣令者，秩滿日與上令，仍依各等資考內通減兩任呈省。已任七品、六品者減一資注授，經保充縣令，明問相同，依資考不待滿升除，見隨朝者考滿升注，既升除後將來覆察公正廉能者不降。

宣宗南遷，嘗以御史巡察。興定元年，以縣官或非材，監察御史一過不能備知，遂令每歲兩遣監察御史巡察，仍別選官巡訪，以行黜陟之政。

哀宗正大元年，設司農司，自卿而下迭出巡察吏治臧否，以陞黜之。

舉薦〔一二〕。大定二年，詔隨朝六品、外路五品以上官，各舉廉能官一員。三年，定制，若察得所舉相同者，即議旌除。若聲跡穢濫，所舉官約量降罰。

九年，上曰：「朕思得忠廉之臣，與之共治，故嘗命五品以上各舉所知，于今數年矣。以天下之大，豈無其人，由在上者知而不舉也。」參知政事魏子平奏曰：「可令當舉官者，每任須舉一人，視其當否以爲旌賞。」上曰：「一任舉一人，則人材或難，恐涉於濫。又少有所犯則罪舉者，故人益畏而不敢舉。宋國被舉之官有犯罪者，所舉官雖宰執亦不免降黜，若有能名，則被遷賞。且人情始慕進，故多廉慎，既得任用，或失所守。宰執自掌黜陟之權，豈可因所舉而置罪耶。」左丞相紇石列良弼曰：「已申前令，命舉之矣。」

十年，上曰：「舉人之法，若定三品官當舉幾人，是使小官皆諂媚於上也。惟任滿詢察前政，則得人矣。」

十一年，上謂宰臣曰：「昨觀貼黄，五品以上官多闕，而難於得人。凡三品以上，朕則自知，五品以下，不能盡識，卿等曾無一言見舉者。國家之務，朕豈能獨盡哉。蓋嘗思之，欲盡久安之計〔三〕，興百姓之利，而無良輔佐，雖有所行皆尋常事耳。」

十九年，時朝廷既取民所譽望之官而升遷之，後，上以隨路之民赴都舉請者，往往無廉能之實，多爲所使而來沽名者，不須舉行。

章宗大定二十九年，上以選舉十事，命奉御合魯諭尚書省定擬。

其一曰：「舊格，進士、軍功最高，尚且初除丞簿，第五任縣令升正七品，兩任正七品升六品，三任六品升從五品，兩任從五升正五品，正五三任而後升刺史，計四十餘年始得至刺史也，其他資格出職者可知矣。拘於資格之滯，至於如此。其令提刑司採訪可用之才，減資考而用之，庶使可用者不至衰老。」省臣遂擬，凡三任升者減爲兩任，於此資歷内，遇各品闕多，則於第二任未滿人内，選人材、苦辛可以超用者，及外路提刑司所採訪者，升擢之。

其二曰：「舊格，隨朝苦辛驗資考陞除者，任滿回日而復降之。如正七滿回降除從七品，從五品回降爲六品之類。今若其人果才能，可爲免降。」尚書吏部遂擬，今隨朝考滿，遷除外路五品以下職事，并應驗考次職滿有才能者，以本官任滿已前十五月以上、二十月以內，察訪保結呈省。

其三曰：「隨路提刑所訪廉能之官，就令定其堪任職事，從宜遷注。」

其四曰：「從來宰相不得與求仕官相見，如此何由知天下人材優劣。其許相見，以訪才能。」尚書刑部謂，「在制，求仕官不得於私第謁見達官，違者追一官降等奏除。若有求請餽遺，則以奏聞，仍委御史糾察」。上遂命削此制。

其五曰：「舊時，臣下雖知親友有可用者，皆欲遠嫌而不引薦。古者舉賢不避親讎，如祁奚舉讎，仁傑舉子，崔祐甫除吏八百皆親故也。其令五品以上官，各舉所知幾人，違者加以蔽賢之罪。」吏部議，內外五品以上職事官，每歲保廉能官一人。外路五品、隨朝六品願舉者聽。若不如所舉者，各約量降罰。今擬賢而不舉者，亦當約量降罰。

其六曰：「前代官到任之後，即舉可自代者，其令自今五品以上官，舉自代以備交承。」吏部按唐會要，建中元年赦文，文武常參官外，節度、觀察、防禦、軍使、刺史、赤令、畿令，并七品以上清官、大理司直評事，受命之三日，於四方館上表，讓一人以自代，外官則馳驛奏聞。表付中書門下，每官闕即以所舉多者量授。今擬內外官五品以上到任，須舉所知才行官一員以自代。太傅、丞相、平章謂，「自古人材難得，若令舉以自代，恐濫而不得實材」。參政謂，「自代非謂即令代其人也，止類姓名，取所舉多者約量授之爾，此蓋舜官相讓，周官推賢之遺意」。上以參政所言與吏部同，從之。

其七曰：「隨朝、外路長官，一任之內足知僚屬之能否，每任可令舉幾人。」吏部擬，令內外五品以上職事官長，於僚屬內須舉才能官一人，數外舉者聽。

其八曰：「人才隨色有之，監臨諸物料及草澤隱逸之士，不無人材，宜薦舉用之。」吏部擬，監臨諸物料內，以外路五品、隨朝六品以上，舉廉能者，直言所長，移文轉申省，差官察訪得實，隨材任使。草澤隱逸，當遍下司縣，以提刑司察訪呈省。隨色人材，令內外五品以上職官薦之。

其九曰：「親軍出職，內有尤長武藝、勇敢過人者，其令內外官舉、提刑司察，如資考高者，可參注沿邊刺史、同知、縣令。」吏部擬，若依本格資歷，恐妨才能，若舉察得實者，依本格減一資歷擬注。尚書省擬，依旨升品擬注。

其十曰：「內外官所薦人材，即依所舉試之，委提刑司採訪虛實，若果能稱職，更加遷擢，如或碌碌，即送常調。古者進賢受上賞，進不肖有罰，其立定賞罰條格，庶使人不敢徇私也。」省臣議，隨款各欲舉人，則一人內所舉不下五七人〔一四〕。自古知人爲難，人材亦自難得，限數多則猥避責罰、務苟簡，不副聖主求賢之意。擬以前項各款，隨色能舉一人，即充歲舉之數。如此則不濫，而實材得矣。每歲貢人數，尚書省覆察相同，則置簿籍之，如有闕則當隨材奏擬。

明昌元年，勑齊民之中有德行才能者，司縣舉之，特賜同四舉五舉人下。明昌元年，制如所舉碌碌無過人跡者，元舉官依例治罪。

宣宗興定元年，令隨朝七品、外路六品以上職事官，舉正七品以下職事官年未六十、不犯贓、堪任使者一人。

三年，定辟舉縣令制。稱職，則元舉官減一資歷。中平，約量陞除。不稱，罰俸一月。犯免官，免所居官。及官當私罪解任、杖罪、贓污者，約量降除。污贓至徒以上及除名者，一任不理資考。三品以上舉縣令，稱職者約量升除，不稱奪俸一月。若被舉者犯免官等罪，奪俸兩月。贓污至徒以上及除名者，奪俸三月。獄成，而會赦原者，亦原之。

五年，制辟舉縣令考平者，元舉者不得復舉，他人舉之者聽。又舊制，保舉縣令秩滿之後，以六事論升降，三事以下減一資歷，四事減兩資歷，六事皆備則升職一等。既而御史張升卿言：「進士中下甲及第人及監官至明威當入縣丞、主簿，而三事以下減一資歷注下令，四事減注中令，令皆七品也，若復八品矣。輕重相戾，宜更定之。」遂定制，自今四事以下如前條，六事完者，進士中下甲及第、監官當入縣丞、主簿人，減三資歷，注上令。餘出身者亦同此。任二十月以上，雖未秩滿，若以理去官，六事之跡已經覆察，論升如秩滿例。

五年，以舉官或私其親，或徇於請求，或謬於鑒裁而妄舉，數歲之間以濫去者九十餘人，乃罷辟舉縣令之制。

至哀宗正大元年，乃立法，命監察御史、司農司官，先訪察隨朝七品、外路六品以上官，清慎明潔可爲舉主者，然後移文使舉所知，仍以六事課殿最，而升黜舉主。故舉主既爲之盡心，而被舉者亦爲之盡力。是時雖迫危亡，而縣令號爲得人，由作法有足取云。

功酬虧永之制。凡諸提點院務官，三十月遷一官，周歲爲滿，止取無虧月日用之。大定四年，定制，一任內虧一分以上降五人，二分以上降十人，三分以上降十五人，若有增羡則依此陞遷，其陞降不盡之數，於後任充折。

二十一年，以舊制監當官並責決，而不顧廉恥之人，以謂已決即得赴調，不以刑罰爲畏。擬自今，若虧永及一酬以上，依格追官殿一年外，虧永不及酬者，亦殿一年。

章宗大定二十九年，罷年遷之法，更定制，比永課增及一酬遷一官，兩酬遷兩官，如虧課則削亦如之，各兩官止。又罷使司小都監與使副一體論增虧者，及罷餘前陞降不盡之數後任充折之制〔一五〕。

泰和元年，制犯選及虧永者，右職漢人至宣武將軍從五品、女直至廣威將軍正五品，方注縣令。又吏格，曾犯選及虧永者，女直至武義從六、漢人及諸色人至武略從六，皆注諸司，亦兩除一差，至明威方注丞、簿。

貞祐三年，制曾虧永、犯選者，遷至宣武，注諸司，至懷遠從四下，方注丞、簿，至安遠從四上，注下令。

正大元年，制曾犯選、曾虧永者，至廣威與諸司，兩除一差，至安遠注丞、簿，三任，其至鎮國從三品下，方注下令。羣牧官三周歲爲滿，所牧之畜以十爲率，駞增二頭，馬增二疋，牛亦如之〔一六〕，羊增四口，而大馬百死十五疋者，及能徵前官所虧，二分爲率，能盡徵及徵二分半以上，爲上等，陞一品級。駞增一，馬牛增二，羊增三，大馬百死二十五，徵前官所虧二分以上，爲中等，約量升除。駞不增，馬牛增一，羊增二，大馬百死三十，徵虧一分以上，爲下等，依本等除。餘畜皆依元數，而大馬百死四十，徵虧不及一分者，降一等。此明昌四年制也。

五年，制馬牛羊虧元數十之一，騄馬百死四十，徵虧不及一分者，降一等，决四十。若駞馬牛羊虧元數一分、馬百死四十，徵虧不得者，杖八十，降同前。

校勘記

〔一〕又命吏部尚書蕭賾定河南北官通注格　「蕭賾」，原作「蕭頤」。按，本書卷五海陵紀，貞元二年九月「辛酉，以吏部尚書蕭賾爲參知政事」，又卷九一蕭懷忠傳，「賾弟安州刺史頤求襲賾之謀克」，可知「頤」乃「賾」之弟，而官階不及此。今據改。

〔二〕又制求仕官毋入權門違者追一官降除有所餽獻而受之者奏之　按，本書卷六世宗紀上，大定三年十一月戊申，詔「求仕官輒入權要之門，追一官，仍降除。以請求有所饋獻及受之者，具狀奏裁」，當即此事。則此段文字當在下文「二年」之後，或「二年」之「二」誤。

〔三〕時清州防禦使常德輝上言　「清州防禦使常德輝」，本書卷八八紇石烈良弼傳敍此事作「同知清州防禦事常德暉」。

〔四〕自今宜以能吏當任酒使者授親民之職　「當」，按文義疑是「嘗」字之誤。

〔五〕三月命汰不勝官者　「月」，原作「年」。按，上文已出「三年」，本書卷一四宣宗紀上，貞祐三年三月丙寅，勅「沿河州縣官罷軟不勝職任者汰去，令五品已上官公舉，仍許令季到部人内先擇能者量緩急易之」。今據改。

〔六〕引至尚書省堂量材受職　按，本書卷五五百官志一，尚書省「直省局：局長，從八品，掌都堂之禮及官員參謝之儀」。卷一一三完顔賽不傳有「都堂會議」。「都堂」蓋尚書省之大堂。且金人著作中時有及之，如歸潛志卷一一録大梁事言，「執政召在京父老、士庶計事，詣都堂」，「立坐都堂，召在京父老、僧道、百姓諭言」，等等。疑此處「省」下脱「都」字。

〔七〕令散官小者奏之　「令」，原作「今」，據道光四年殿本改。

〔八〕今所察能實可甄獎　「能」上疑脱「廉」字。

〔九〕以同知城陽軍山和尚等清强　「城陽軍」，原作「山陽軍」。按，本書卷七世宗紀中，大定十二年二月「丙午，尚書省奏，廉察到同知城陽軍事山和尚等清强官」。卷二五地理志中，山東東路「莒州，中，刺史。本城陽軍，大定二十二年升爲城陽州」。今據改。

〔一〇〕明昌三年　「明昌」二字原脱。按，上文爲大定二十八年，下文爲明昌四年，則此「三年」顯屬明昌，今將下文「四年」上之「明昌」二字移此。

〔一一〕四年　此上原有「明昌」二字，今移至上文「三年」之上。參見前條校勘記。

〔一二〕舉薦　本卷卷首標目作「薦舉」。

〔一三〕欲盡久安之計　「盡」，本書卷六世宗紀上大定十一年八月庚戌作「畫」。

〔一四〕則一人内所舉不下五七人　「一人」，疑是「一任」之誤。

〔一五〕及罷餘前陞降不盡之數後任充折之制　「前」，原作「錢」，據殿本、局本改。

〔一六〕馬增二疋牛亦如之　按，下文「中等」爲「駞增一，馬牛增二，羊增三」，「下等」爲「駞不增，馬牛增一，羊增二」，則「上等」似當是駞增二，馬牛增三，羊增四。疑此處「二」當作「三」。

金史卷五十五

志第三十六

百官一

三師　三公　尚書省　六部　都元帥府　樞密院　大宗正府

御史臺　宣撫司　勸農使司　司農司　三司　國史院

翰林學士院〔一〕　審官院　太常寺

金自景祖始建官屬，統諸部以專征伐，嶷然自爲一國。其官長，皆稱曰勃極烈，故太祖以都勃極烈嗣位，太宗以諳版勃極烈居守。諳板，尊大之稱也。其次曰國論忽魯勃極烈，國論言貴，忽魯猶總帥也。又有國論勃極烈，或左右置，所謂國相也。其次諸勃極烈之上，則有國論、乙室、忽魯、移賚、阿買、阿舍、昃、迭之號，以爲陛拜宗室功臣之序焉。其部長曰孛堇，統數部者曰忽魯。凡此，至熙宗定官制皆廢。

其後惟鎮撫邊民之官曰禿里，烏魯骨之下有掃穩脱朵，詳穩之下有麽忽、習尼昆，此則具於官制而不廢，皆踵遼官名也。

漢官之制，自平州人不樂爲猛安謀克之官，始置長吏以下。天輔七年以左企弓行樞密院于廣寧，尚踵遼南院之舊。天會四年，建尚書省，遂有三省之制。至熙宗頒新官制及換官格，除拜内外官，始定勳封食邑入銜，而後其制定。然大率皆循遼、宋之舊。海陵庶人正隆元年罷中書、門下省，止置尚書省。自省而下官司之别，曰院、曰臺、曰府、曰司、曰寺、曰監、曰局、曰署、曰所，各統其屬以修其職。職有定位，員有常數，紀綱明，庶務舉，是以終金之世守而不敢變焉。

大定二十八年，在仕官一萬九千七百員，四季赴選者千餘，歲數監差者三千。明昌四年奏，周歲，官死及事故者六百七十，新入仕者五百一十，見在官萬一千四百九十九，内女直四千七百五員，漢人六千七百九十四員。至泰和七年，在仕官四萬七千餘，四季部擬授者千七百，監官到部者九千二百九十餘，則三倍世宗之時矣。

若宣宗之招賢所、經略司，義宗之益政院〔二〕，雖危亡之政亦必列于其次，以著一時之事云。

三師

太師、太傅、太保各一員，皆正一品，師範一人，儀刑四海。

三公

太尉、司徒、司空各一員，皆正一品，論道經邦，燮理陰陽。

尚書省

尚書令一員，正一品，總領紀綱，儀刑端揆。

左丞相、右丞相各一員，從一品，平章政事二員，從一品，爲宰相，掌丞天子，平章萬機。

左丞、右丞各一員，正二品，參知政事二員，從二品，爲執政官，爲宰相之貳，佐治省事。

左司

郎中一員，正五品，國初置左、右司侍郎，天眷三年始更今名。舊凡視朝，執政官親執奏目，天德二年詔以付左、右司官，爲定制。員外郎一員，正六品，掌本司奏事，總察吏、户、禮三部受事付事，兼帶修起居注官，迴避其間記述之事。每月朔朝，則先集是月秩滿者爲簿，名曰闕本，及行止簿、貼黄簿，并官制同進呈，御覽畢則受而藏之。每有除拜，凡尚書省所不敢擬注者，則一闕具二三人以聽制授焉。都事二員，正七品，貞元二年，左右司官，宮中出身，并進士、令史三色人内通選。三年，以監察御史相應人取次稟奏，不復擬注。掌本司受事付事，檢勾稽失、省署文牘，兼知省内宿直，檢校架閣等事。右司所掌同。

右司

郎中一員，正五品，員外郎一員，正六品，掌本司奏事，總察兵、刑、工三部受事付事，兼帶修注官，迴避其間記述之事。都事二員，正七品。

尚書省祗候郎君管勾官，從七品，掌祗候郎君，謹其出入及差遣之事。承安二年以前，走馬郎君擬注。泰和令以左右女直都事兼。正大間，改用親從人。

架閣庫

大定二十一年六月設，仍以都事提控之。

管勾，舊二員，正大省一員。正八品，同管勾，舊二員，正大省一員。從八品，掌總察左右司大程官追付文牘，并提控小都監給受紙筆，餘管勾同。女直省令史三十五人，左二十人，右十五人。大定二十四年爲三十人，進士十人，宰執子、宗室子十人，密院、臺、部、統軍司令史十人。漢令史三十五人，左二十一人、右十四人。省譯史十四人，左右各七人。女直譯史同。通事八人，左右各四人。高麗、夏國、回紇譯史四人，左右各二人。諸部通事六人。曳剌二十人。走馬郎君五十人。

提點歲賜所

左右司郎中、員外郎兼之，掌提點歲賜出入錢幣之事。

堂食公使酒庫〔三〕

使一員，從八品，掌受給歲賜錢，總領庫事。

副一員，正九品，掌貳使事。

直省局

局長，從八品，掌都堂之禮及官員參謝之儀。

副局長，正九品，掌貳局長。

管勾尚書省樂工，從九品。

行臺之制。熙宗天會十五年，罷劉豫，置行臺尚書省于汴。天眷元年，以河南地與宋，遂改燕京樞密爲行臺尚書省。天眷二年，復移置於汴京。皇統二年，定行臺官品皆下中臺一等。

六部，國初與左、右司通署，天眷三年始分治。

吏部

尚書一員，正三品。

侍郎一員，正四品。

郎中二員，從五品。天德二年，增作四員，後省。

員外郎，從六品。天德二年，增作四員，後省。

掌文武選授、勳封、考課、出給制誥之政。以才行勞效，比仕者之賢否；以行止、文册、貼黄簿，制名闕之機要。正七品以上，以名上省，聽制授。從七品以下，每至季月則循資格而擬注，自八品以上則奏，以下則否。侍郎以下，皆爲尚書之貳。郎中掌文武選、流外遷用、官吏差使、行止名簿、封爵制誥。一員掌勳級酬賞、承襲用廕、循遷、致仕、考課、議謚之事。員外郎分判曹務及參議事，所掌與郎中同。

文官九品，階凡四十有二：

從一品上曰開府儀同三司，中曰儀同三司，中次曰特進，下曰崇進。

正二品上曰金紫光祿大夫，下曰銀青榮祿大夫。

從二品上曰光祿大夫，下曰榮祿大夫。

正三品上曰資德大夫，中曰資政大夫，下曰資善大夫。

從三品上曰正奉大夫，中曰通奉大夫，下曰中奉大夫。

正四品上曰正議大夫，中曰通議大夫，下曰嘉議大夫。

從四品上曰太中大夫，中曰中大夫，下曰少中大夫。

正五品上曰中議大夫，中曰中憲大夫，下曰中順大夫。

從五品上曰朝請大夫，中曰朝散大夫，下曰朝列大夫。舊曰奉德大夫，天德二年更。

正六品上曰奉政大夫，下曰奉議大夫。

從六品上曰奉直大夫，下曰奉訓大夫。

正七品上曰承德郎，下曰承直郎。

從七品上曰承務郎，下曰儒林郎。

正八品上曰文林郎，下曰承事郎。

從八品上曰徵事郎，下曰從仕郎。

正九品上曰登仕郎，下曰將仕郎。

從九品上曰登仕佐郎，下曰將仕佐郎。此二階，大定十四年創增。

武散官，凡仕至從二品以上至從一品者，皆用文資。自正三品以下，階與文資同：

正三品上曰龍虎衛上將軍，中曰金吾衛上將軍，下曰驃騎衛上將軍。

從三品上曰奉國上將軍，中曰輔國上將軍，下曰鎮國上將軍。

正四品上曰昭武大將軍，中曰昭毅大將軍，下曰昭勇大將軍。

從四品上曰安遠大將軍，中曰定遠大將軍，下曰懷遠大將軍。

正五品上曰廣威將軍，中曰宣威將軍，下曰明威將軍。

從五品上曰信武將軍，中曰顯武將軍，下曰宣武將軍。

正六品上曰武節將軍，下曰武德將軍。

從六品上曰武義將軍，下曰武略將軍。

正七品上曰承信校尉，下曰昭信校尉。

從七品上曰忠武校尉，下曰忠顯校尉。

正八品上曰忠勇校尉，下曰忠翊校尉。

從八品上曰修武校尉，下曰敦武校尉。

正九品上曰保義校尉，下曰進義校尉。

從九品上曰保義副尉，下曰進義副尉。此二階，大定十四年創增。

封爵：

正從一品曰郡王，曰國公。

正從二品曰郡公。

正從三品曰郡侯。

正從四品曰郡伯。舊曰縣伯，承安二年更。

正五品曰縣子，從五品曰縣男。

凡勳級：

正二品曰上柱國，從二品曰柱國。

正三品曰上護軍，從三品曰護軍。
正四品曰上輕車都尉，從四品曰輕車都尉。
正五品曰上騎都尉，從五品曰騎都尉。
正六品曰驍騎尉，從六品曰飛騎尉。
正七品曰雲騎尉，從七品曰武騎尉。

凡食邑：

封王者萬户，實封一千户。
郡王五千户，實封五百户。
國公三千户，實封三百户。
郡公二千户，實封二百户。
郡侯一千户，實封一百户。
郡伯七百户，縣子五百户，縣男三百户，皆無實封。
自天眷定制，凡食邑，同散官入銜。

司天翰林官，舊制自從七品而下止五階，至天眷定制，司天自從四品而下，立爲十五階〔四〕：

從四品上曰欽象大夫，中曰正儀大夫，下曰欽授大夫。
正五品上曰靈憲大夫，中曰明時大夫，下曰頒朔大夫。
從五品上曰雲紀大夫，中曰協紀大夫，下曰保章大夫。
正六品上曰紀和大夫，下曰司玄大夫。
從六品上曰探賾郎，下曰授時郎。
正七品上曰究微郎，下曰靈臺郎。
從七品上曰明緯郎，下曰候儀郎。
正八品上曰推策郎，下曰司正郎。
從八品上曰校景郎，下曰平秩郎。
正九品上曰正紀郎，下曰挈壺郎。
從九品上曰司曆郎，下曰司辰郎。

太醫官，舊自從六品而下止七階，天眷制，自從四品而下，立爲十五階：

從四品上曰保宜大夫，中曰保康大夫，下曰保平大夫。
正五品上曰保頤大夫，中曰保安大夫，下曰保和大夫。
從五品上曰保善大夫，中曰保嘉大夫，下曰保順大夫。

正六品上曰保合大夫，下曰保沖大夫。

從六品上曰保愈郎，下曰保全郎。

正七品上曰成正郎，下曰成安郎。

從七品上曰成順郎，下曰成和郎。

正八品上曰成愈郎，下曰成全郎。

從八品上曰醫全郎，下曰醫正郎。

正九品上曰醫效郎，下曰醫候郎。

從九品上曰醫痊郎，下曰醫愈郎。

內侍，天德創制，自從四品以下，十五階：

從四品上曰中散大夫，中曰中尹大夫，下曰中侍大夫。

正五品上曰中列大夫，中曰中御大夫，下曰中儀大夫。

從五品上曰中常大夫，中曰中益大夫，下曰中衛大夫。

正六品上曰中良大夫，天德作中亮〔五〕。下曰中涓大夫。

從六品上曰通禁郎，下曰通侍郎。

正七品上曰通掖郎，下曰通御郎。

從七品上曰禁直郎，下曰侍直郎。

正八品上曰掖直郎，下曰内直郎。

從八品上曰司贊郎，下曰司謁郎。

正九品上曰司閽郎，下曰司僕郎。

從九品上曰司奉郎，下曰司引郎。

教坊，舊用武散官，大定二十九年以爲不稱，乃創定二十五階。明昌三年，自從四品以下，更立爲十五階：

從四品上曰雲韶大夫，中曰仙韶大夫，下曰成韶大大。

正五品上曰章德大夫，中曰長寧大夫，下曰德和大夫。

從五品上曰景雲大夫，中曰雲和大夫，下曰協律大夫。

正六品上曰慶喜大夫，下曰嘉成大夫。

從六品上曰肅和郎，下曰純和郎。

正七品上曰舒和郎，下曰調音郎。

從七品上曰比音郎，下曰司樂郎。

正八品上曰典樂郎，下曰協樂郎。

從八品上曰掌樂郎，下曰和樂郎。

正九品上曰司音郎，下曰司律郎。

從九品上曰和聲郎，下曰和節郎。

凡內外官之政績，所歷之資考，更代之期，去就之故，秩滿皆備陳於解由，吏部據以定能否。又撮解由之要，於銓擬時讀之，謂之銓頭。又會歷任銓頭，而書于行止簿。行止簿者，以姓爲類，而書各人平日所歷之資考功過者也。又爲簿，列百司官名，有所更代，則以小黃綾書更代之期，及所以去就之故，而制其銓擬之要領焉。

凡縣令，則省除、部除者通書而各疏之。

泰和四年，定考課法，准唐令，作四善、十七最之制。四善之一曰德義有聞，二曰清慎明著，三曰公平可稱，四曰勤恪匪懈。十七最之一曰禮樂興行，肅清所部，爲政教之最。二曰賦役均平，田野加闢，爲牧民之最。三曰決斷不滯，與奪當理，爲判事之最。四曰鈐束吏卒，姦盜不滋，爲嚴明之最。五曰案簿分明，評擬均當，爲檢校之最。以上皆謂縣令、丞簿、警巡使副、録事、司候、判官也。六曰詳斷合宜，咨執當理，爲幕職之最。七曰盜賊消弭，使人安靜，爲巡捕之最。八曰明於出納，物無損失，爲倉庫之最。九曰訓導有方，生徒充業，爲學官之最。十曰檢察有方，行旅無滯，爲關津之最。十一曰隄防堅固，備禦無虞，爲河防之最。十二曰出納明敏，數無濫失，爲監督之最。十三曰謹察禁囚，輕重無怨，爲獄官之最。十四曰物價得實，姦濫不行，爲市司之最，謂市令也。十五曰戎器完肅，扞守有方，爲邊防之最，謂正副部隊將、鎮防官也。十六曰議獄得情，處斷公平，爲法官之最。十七曰差役均平，盜賊止息，爲軍職之最，謂都軍、軍轄也。

凡縣令以下，三最以上有四善或三善者爲上，陞一等；三最以上有二善者爲中，減兩資歷；三最以上有一善爲下，減一資歷。節度判官、防禦判官、軍判以下，一最而有四善或三善爲上，減一資歷；一最而有二善爲中，陞爲榜首；一最而有一善爲下，陞本等首。又以明昌四年所定，軍民俱稱爲廉能者是爲廉能官之制，參于其間而定其甄擢焉。

宣宗興定元年，行辟舉縣令法，以六事考之，一曰田野闢，二曰户口增，三曰賦役平，四曰盜賊息，五曰軍民和，六曰詞訟簡。六事俱備爲上等，升職一等；兼四事者爲中等，減二資歷；其次爲下等，減一資歷；否則爲不稱職，罷而降之，平常者依本格。

凡封王：

大國號二十，曰：恒、舊爲遼，明昌二年以漢、遼、唐、宋、梁、秦、殷、楚之類，皆昔有天下者之號，不宜封臣下，遂皆改之。邵、舊爲梁。汴、舊爲宋。鎬、舊爲秦。并、舊爲晉〔六〕。益、舊爲漢。彭、舊爲齊。趙、越、譙、舊爲殷〔七〕。郢、舊爲楚。魯、冀、豫、絳、舊爲唐。兗、鄂、舊爲吴。夔、舊爲蜀。宛、舊爲陳。曹。

次國三十，曰：涇、舊爲隋。鄭、衞、韓、潞、豳、瀋、岐、代、澤、徐、滕、薛、紀、昇、舊爲原。邢、翼、豐、畢、鄧、鄆、霍、蔡、瀛、按金格，葛當在此〔八〕。沂、荆、榮、英、壽、溫。

小國三十：濮、遂、舊曰濟。道、定、景、後改爲鄒。申、崇、宿、息、莒〔九〕、鄴、郜、舒、淄、郕、萊、舊爲宗，以避諱改。郎、郯、杞、向、管、舊曰鄶，興定元年改。密、胙、任、戴、鞏〔一〇〕、蔣、士民須知云，舊爲葛。蕭、莘、芮。

封王之郡號十：金源、廣平、平原、南陽、常山、太原、平陽、東平、安定、延安。

封公主之縣號三十：樂安、清平、蓬萊、榮安、棲霞、壽光、靈仙、壽陽、鍾秀、惠和、永寧、慶雲、靜樂、福山、隆平、德平、文安、福昌、順安、樂壽、靜安、靈壽、大寧〔一一〕、聞喜、秀容、宜芳、真寧、嘉祥、金鄉、華原。

凡白號之姓，完顏、溫迪罕、夾谷、陁滿、僕散、朮虎、移剌荅、斡勒、斡準、把、阿不罕、卓魯回、特黑罕、會蘭、沈谷、塞蒲里、吾古孫、石敦、卓陀、阿厮準、匹獨思、潘朮古、諳石剌、石古苦、綴罕、光吉剌皆封金源郡；裴滿、徒單、溫敦、兀林荅、阿典、紇石烈、納闌、孛朮魯、阿勒根、納合、石盞、蒲鮮、古里甲、阿迭、聶摸欒、抹撚、納坦、兀撒惹、阿鮮、把古、溫古孫、耨盌、撒合烈、吾塞、和速嘉、能偃、阿里、班兀里坦、聶散、蒲速烈皆封廣平郡；吾古論、兀顏、女奚烈、獨吉、黄摑、顔盞、蒲古里、必蘭、斡雷、獨鼎、尼厖窟、窟亦作古。拓特、盍散、撒荅牙、阿速、撒剗、準土谷、納謀魯、業速布、安煦烈、愛申、拿可、貴益昆、温撒、梭罕、霍域皆封隴西郡。

黑號之姓，唐括、舊書作同古。蒲察、朮甲、蒙古、蒲速、粘割、奥屯、斜卯、準葛、諳蠻、獨虎、朮魯、磨輦、益輦、帖暖、蘇孛輦皆封彭城郡。

親王母妻，封一字王者舊封王妃，爲正從一品，次室封王夫人。承安二年，勑王妃止封王夫人，次室封孺人。郡王母妻封郡王夫人，國公母妻封國公夫人，郡公母妻封郡公夫人，郡侯母妻封郡君，承安二年更爲郡侯夫人。四品文散少中大夫、武散懷遠大將軍以上母妻封縣君，承安二年爲郡君。五品文散朝列大夫、武散宣武將軍以上母妻封鄉君。承安二年爲縣君。

皇統五年，以古官曰「牧」、曰「長」，各有總名，今庶官不分類爲名，於文移不便。遂定京府尹牧、留守、知州、縣令、詳穩、羣牧爲「長官」，同知、簽院、副使、少尹、通判、丞曰「佐貳官」，判官、推官、掌書記、主簿、縣尉爲「幕職官」，兵馬司及它司軍者曰「軍職官」，警巡、市令、録事、司候、諸參軍、知律、勘事、勘判爲「釐務官」，應管倉庫院務者曰「監當官」，監當官出大定制。知事、孔目以下行文書者爲「吏」。

凡除拜，尚書令、左右丞相以下，品不同者，則帶「守」字。左右丞則帶「行守」字。凡臺官、御史、部官、京尹、少尹、守令、丞、簿、尉、録事、諸卿少至協律、評事、諫官、國子監學官、諸監至丞郎、符寶郎、東宫詹事、率府、僕正副、令丞、王府官，散官高於職事者帶「行」字，職事高於散官一品者帶「守」字、二品者帶「試」字，品同者皆否。

猛安、謀克、翰林待制、修撰、判、推、勘事官、都事、典事、知事、内承奉、押班、通事舍人、通進、編修、勾當、頓舍、部役、廂官、受給管勾、巡河官、直省、直院長副、諸檢法、知法、司正、教授、司獄、司候、東宫諭德、贊善、掌寶、典儀以下，王府文學、記事參軍，並帶「充」字。樞密、宣徽、勸農、諸軍都指揮、統軍、轉運使、招討、提刑、節度、羣牧、防禦、客省、引進、四方館、閤門、太醫、教坊、鷹坊、警巡、巡檢、諸司局倉庫務使副，皆帶「充」字及「知某事」。

凡帶「知」、「判」、「簽書」字者，則不帶「行」、「守」、「試」字。已上所帶字，品同者則否。

自三師、三公、平章政事、元帥以下至監軍、東宫三師、三少、點檢至振肅、承旨、學士、王傅、副統、招討及前所不載者，皆不帶「行」、「守」、「試」、「知」、「充」字。

主事四員，從七品，掌知管差除、校勘行止，分掌封勳資考之事，惟選事則通署，及掌受事付事、檢勾稽失省署文牘，兼知本部宿直、檢校架閣。餘部主事，自受事付事以下，所掌並同此。皇統四年，六部主事始用漢士人。大定三年，用進士，非特旨不得擬吏人，如宰執保奏人材，不入常例。承安五年，增女直主事一員。令史六十九人，內女直二十九人。譯史五人，通事二人，與令史同。泰和八年，令史增十人。

架閣庫大定二十一年六月設，仍以主事提控之。

管勾，正八品，掌吏、兵兩部架閣，兼檢校吏部行止。以識女直、契丹、漢字人充，如無，擬識女直、漢字人充。

同管勾一員〔一二〕。

官誥院

提舉二員，掌署院事。以吏部郎中、翰林修撰各一人充。

户部

尚書一員，正三品。

侍郎二員，正四品。泰和八年減一員，大安二年復增〔一三〕。

郎中三員〔一四〕，從五品。天德二年置五員，泰和省作二員，又作四員，貞祐四年置八員，五年作六員。

員外郎三員，從六品。

郎中而下，皆以一員掌户籍、物力、婚姻、繼嗣、田宅、財業、鹽鐵、酒麴、香茶、礬錫、丹粉、坑冶、榷場、市易等事，一員掌度支、國用、俸禄、恩賜、錢帛、寶貨、貢賦、租稅、府庫、倉廩、積貯、權衡、度量、法式、給授職田、拘收官物，并照磨計帳等事。泰和令作二員，後增一員，貞祐四年作六員，又作八員，五年作四員。

主事五員，從七品，女直司二員，通掌户度金倉等事，漢人司三員，同員外郎分掌曹事，泰和八年減一員，貞祐四年作八員，五年六員。兼提控編附條格、管勾架閣等事。令史七十二人，内女直十七人。譯史五人，通事二人。泰和八年增八人。

架閣庫

管勾一員，正八品，掌户、禮兩部架閣。大安三年以主事各兼之。

同管勾，從八品。

檢法，從八品。

勾當官五員，正八品。

貞元二年，設幹辦官十員，從七品。三年，置四員，尋罷之。四年，更設爲勾當官，專提控支納、管勾勘覆、經歷交鈔及香、茶、鹽引、照磨文帳等事。承安二年作四員，貞祐四年作十五員，五年作十員，興定元年五員，二年復作十員。

禮部

尚書一員，正三品。

侍郎一員，正四品。

郎中一員，從五品。

員外郎一員，從六品。

掌凡禮樂、祭祀、燕享、學校、貢舉、儀式、制度、符印、表疏、圖書、册命、祥瑞、天文、漏刻、國忌、廟諱、醫卜、釋道、四方使客、諸國進貢、犒勞張設之事。凡試僧、尼、道、女冠，三年一次，限度八十人，差京府幕職或節鎮防禦佐貳官二員，僧官二人、道官一人、司吏一名、從人各一人、厨子二人、把門官一名、雜役三人。僧童能讀法華、心地觀、金光明、報恩、華嚴等經共五部，計八袠。華嚴經分爲四袠。每帙取二卷，卷舉四題，讀百字爲限。尼童試經半部，與僧童同。道士、女冠童行念道德、救苦、玉京山、消災、靈寶度人等經，皆以誦成句、依音釋爲通。中選者試官給據，以名報有司。凡僧尼官見管人及八十、道士女冠及三十人者放度一名，死者令監壇以度牒申部毀之。

主事二員，從七品。令史十五人，內女直五人。譯史二人，通事一人。

左三部檢法司

司正二員，正八品，掌披詳法狀。興定二年，右部額外設檢、知法及掌法，四年罷。

檢法二十二員，從八品，掌檢斷各司取法文字。

右三部檢法職事同。元受劄付，大定三年命給勑。

兵部

尚書一員，正三品。

侍郎一員，正四品。

郎中一員，從五品。

員外郎二員，從六品。

掌兵籍、軍器、城隍、鎮戍、廐牧、鋪驛、車輅、儀仗、郡邑圖志、險阻、障塞、遠方歸化之事。凡給馬者，從一品以上，從八人，馬十疋，食錢三貫十四文。從二品以上，從五人，馬七疋，食錢二貫九十八文。從三品以上，從三人，馬五疋，錢一貫五百十一文。從五品以上，從二人，馬四疋，錢九百六十八文。從七品以上，從一人，馬三疋，錢六百十七文。從九品以上，從一人，馬二疋，錢四百六十四文。無從人，減七十八文。御前差無官者，視從五品。省差若有官者，人支錢四百五十一文，有從人加六十八文。走馬人支錢百五十七文。赦書日行五百里。此天興近鑑所載之制也。泰和六年置遞鋪，其制，該軍馬路十里一鋪，鋪設四人，内鋪頭一人，鋪兵三人，以所轄軍射糧軍内差充，腰鈴日行三百里。凡元帥府、六部文移，以勑遞、省遞牌子，入鋪轉送。

主事二員，從七品。貞祐五年以承發司管勾兼漢人主事。令史二十七人，内女直十二人。譯史三人，通事二人。

刑部

尚書一員，正三品。

侍郎一員，正四品。

郎中一員，從五品。

員外郎二員，從六品，一員掌律令格式、審定刑名、關津機察、赦詔勘鞫、追徵給没等事，一員掌監户、官户、配隸、訴良賤、城門啓閉、官吏改正、功賞捕亡等事。

主事二員，從七品。令史五十一人，内女直二十二人。譯史五人，通事二人。

架閣庫

管勾一員，正八品，掌刑、工兩部架閣。大安二年以主事各兼。

同管勾一員，從八品。

工部

尚書一員，正三品。

侍郎一員，正四品。

郎中一員，從五品。

掌修造營建法式、諸作工匠、屯田、山林川澤之禁、江河隄岸、道路橋梁之事。

員外郎一員，從六品。貞祐五年，兼覆實司官〔一五〕。天德三年，增二員。

主事二員，從七品。令史十八人，内女直四人。譯史二人，通事一人。

覆實司

管勾一員，從七品，隸户、工部，掌覆實營造材物、工匠價直等事。大安元年，隸三司、工部，罷同管勾。貞祐五年併罷之，以二部主事兼〔一六〕。興定四年復設，從省擬，不令户、工部舉。

右三部檢法司

司正二員，正八品。

檢法，從八品，二十二員。

都元帥府掌征討之事，兵罷則省。天會三年，伐宋始置〔一七〕。泰和八年，復改爲樞密院。

都元帥一員，從一品。

左副元帥一員，正二品。

右副元帥一員，正二品。

元帥左監軍一員，正三品。

元帥右監軍一員，正三品。

左都監一員，從三品。

右都監一員，從三品。

經歷一員，都事一員，知事一員，見興定三年。正七品。

檢法一員，從八品。元帥府女直令史十二人，承安二年十六人，漢人令史六人。譯史三人，女直譯史一人，承安二年二人。通事，女直三人，後作六人，承安二年復作三人，漢人二人。

正隆六年，海陵南伐，立三道都統制府及左右領軍大都督，將三十二總管，有神策、神威、神捷、神銳、神毅、神翼、神勇、神果、神略、神鋒、武勝、武定、武威、武安、武捷、武平、武成、武毅、武銳、武揚、武翼、武震、威定、威信、威勝、威捷、威烈、威毅、威震、威略、威果、威勇之號。

泰和六年伐宋，權設平南撫軍上將軍，正三品，至殄寇果毅都尉，從六品，凡九階，曰平南撫軍上將軍、平南冠軍大將軍、平南龍驤將軍、平南虎威將軍、平南盪江將軍、殄寇中郎將、殄寇郎將、殄寇折衝都尉、殄寇果毅都尉，軍還罷。置令譯史八十人，正三十三人，餘四十七人從本府選擢。

元光間，招義軍，置總領使，從五品。副使，從六品。訓練官，從八品。正大二年，更總領名都尉，陞秩爲四品。四年，又陞爲從三品，有建威、折衝、振武、盪寇、果毅、殄寇、虎賁、鷹揚、破虜之名〔一八〕。

樞密院。天輔七年，始置于廣寧府。天會三年下燕山，初以左企弓爲使，後以劉彥宗〔一九〕。初猶如遼南院之制，後則否。泰和六年嘗改爲元帥府。

樞密使一員，從一品，掌凡武備機密之事。

樞密副使一員，從二品。泰和四年置二人，後不爲例。

簽書樞密院事一員，正三品。

同簽樞密院事一員，正四品。大定十七年增一員，尋罷。明昌初，復增一員，尋又省。三年九月復增一員。

經歷一員，從五品。興定三年見〔二〇〕。

都事一員，正七品，掌受事付事、檢勾稽失省署文牘、兼知宿直之事。

架閣庫管勾一員，正八品。

知法二員，從八品，掌檢斷各司取法之事。餘檢法同。

樞密院令史，女直十二人，漢人六人，三品官子弟四人，吏員轉補二人。譯史三人，通事三人，回紇譯史一人，曳剌十五人。

大宗正府。泰和六年避睿宗諱，改爲大睦親府〔二二〕。

判大宗正事一員，從一品，以皇族中屬親者充，掌敦睦糾率宗屬欽奉王命，泰和六年改爲判大睦親事〔二三〕。

同判大宗正事一員，從二品，泰和六年改爲同判大睦親事〔二三〕。

同簽大宗正事一員，正三品，宗室充，大定元年置。泰和六年改同簽大睦親事〔二四〕。

大宗正丞二員，從四品，一員於宗室中選能幹者充，一員不限親疎，分司上京長貳、兼管治臨潢以東六司屬，泰和六年改爲大睦親丞〔二五〕。

知事一員，從七品。

檢法，從八品。

諸宗室將軍，正七品。上京、東温忒忞二處皆有之〔二六〕。世宗時始命遷官，其户凡百二十〔二七〕。明昌二年更名曰司屬，設令、丞。承安二年以令同隨朝司令，正七品，丞正八品，中都、上京、扎里瓜、合古西南、梅堅寨、蒲與、臨潢、泰州、金山等處置，屬大宗正府。

御史臺。登聞檢院隸焉。見士民須知。總格、泰和令皆不載。

御史大夫，從二品，舊止三品〔二八〕，大定十二年陞。掌糾察朝儀、彈劾官邪、勘鞫官府公事。凡內外刑獄所屬理斷不當，有陳訴者付臺治之。

御史中丞，從三品，貳大夫。

侍御史二員，從五品。以上官品皆大定十二年遞陞〔二九〕。掌奏事、判臺事。

治書侍御史二員，從六品，掌同侍御史。

殿中侍御史二員，正七品，每遇朝對立於龍墀之下，專劾朝者儀矩，凡百僚假告事具奏目進呈。

監察御史十二員，正七品，掌糾察內外非違、刷磨諸司察帳并監祭禮及出使之事。參注諸色人，大定二年八員，承安四年十員，承安五年兩司各添十二員。

典事二員，從七品。

架閣庫管勾一員，從八品。

檢法四員，從八品。

獄丞一員，從九品。

御史臺令史，女直十三人，內班內祗六人，終場舉人七人。漢人十五人，內班內祗七人，終場舉人八人。譯史三人，内班内祗二人〔三〇〕，終場舉人二人。通事三人。

宣撫司。泰和六年置陝西路宣撫使，節制陝西右監軍、右都監兵馬公事，八年，改陝西宣撫司爲安撫司。山東東西、大名、河北東西、河東南北、遼東、陝西、咸平、隆安、上京、肇州、北京凡十處置司〔三一〕。

使，從一品。

副使，正三品。

勸農使司。泰和八年罷，貞祐間復置。興定六年罷勸農司，改立司農司。

使一員，正三品。

副使一員，正五品。

掌勸課天下力田之事。

司農司。興定六年置，兼採訪公事。

大司農一員，正二品。

卿三員，正四品。

少卿三員，正五品。

知事二員，正七品。

興定六年，陝西并河南三路置行司農司，設官五員。正大元年，歸德、許州、河南、陝西各置，作三員。卿一員，正四品。少卿一員，正五品。丞一員，正六品。卿以下迭出巡案，察官吏臧否而陞黜之。使節所過，姦吏屏息，十年之間民政修舉，實賴其力。

三司。泰和八年，省户部官員置三司，謂兼勸農、鹽鐵、度支，户部三科也。貞祐罷之。

使一員，從二品。

副使一員，正三品。

簽三司事一員，正四品。

同簽三司事一員，正五品。

掌勸農、鹽鐵、度支。

判官三員，從六品，本參幹官，大安元年更參議。

規措審計官三員，正七品，掌同參幹官。

知事二員，從七品。以識女直、漢字人充。

勾當官二員，正八品。大安元年置三員，照磨吏員七人。

管勾架閣庫一員，正八品。三司令史五十人，內女直十人，漢人四十人。大安元年增八人。譯史二人，大安元年增一人。通事二人。

知法三員，從八品。女直知法一員，大安元年增二員。

國史院先嘗以諫官兼其職，明昌元年詔諫官不得兼，恐於其奏章私溢己美故也。

監修國史，掌監修國史事。

修國史，掌修國史，判院事。

同修國史二員。女直人、漢人各一員。承安四年更擬女直一員〔三二〕，罷契丹同修國史。

編修官，正八品。女直、漢人各四員〔三三〕。明昌二年罷契丹編修三員，添女直一員。大定十八年用書寫出職人。

檢閱官，從九品。書寫，女直、漢人各五人。

修遼史刊修官一員，編修官三員。

翰林學士院　天德三年，命翰林學士院自侍讀學士至應奉文字，通設漢人十員，女直、契丹各七員。

翰林學士承旨，正三品，掌制撰詞命。凡應奉文字，銜內帶「知制誥」。直學士以上同。

貞祐三年陞從二品。

翰林學士，正三品。

翰林侍讀學士，從三品。

翰林侍講學士，從三品。

翰林直學士，從四品，不限員。

翰林待制，正五品，不限員，分掌詞命文字，分判院事，銜內帶「知制誥」〔三四〕。

翰林修撰，從六品，不限員，掌與待制同。

應奉翰林文字，從七品。

審官院　承安四年設，大安二年罷之，若注擬失當，止令御史臺官論列。

知院一員，從三品，掌奏駁除授失當事。隨朝六品、外路五品以上官除授，並送本院審之。補闕、拾遺、監察雖七品，亦送本院。或御批亦送稟，惟部除不送。

同知審官院事一員，從四品。

掌書四人。女直、漢人各二人，以御史臺終場舉人辟充。

太常寺。皇統三年正月始置。太廟、廩犧、郊社、諸陵、大樂等署隸焉。

卿一員，從三品。

少卿一員，正五品。

丞一員，正六品。

掌禮樂、郊廟、社稷、祠祀之事。

博士二員，正七品，掌檢討典禮。

檢閱官一員，從九品，掌同博士。泰和元年置，四年罷。

檢討二員，從九品。明昌元年置，以品官子孫及終場舉人，同國史院漢人書寫例，試補。

太祝，從八品，掌奉祀神主。

奉禮郎，從八品，掌設版位，執儀行事。

協律郎，從八品，掌以麾節樂，調和律呂，監視音調。

太廟署。皇統八年太廟成，設署，置令、丞，仍兼提舉慶元、明德、永祚三宮。

令一員，從六品，掌太廟、衍慶、坤寧宮殿神御諸物，及提控諸門關鍵，掃除、守衛，兼廩犧令事。

丞一員，從七品，兼廩犧署丞。

直長，明昌三年罷。

廩犧署。令、丞，以太廟令、丞兼，掌薦犧牲及養飼等事。

郊社署承安三年設祝史、齋郎百六十人，作班祗傔使，周年一替。大安元年，奏兼武成王廟署。

令一員，從六品。

丞一員，從七品。

掌社稷、祠祀、祈禱并廳舍祭器等物。

直長，明昌三年廢。

武成王廟署。大安元年置。

令，從六品。

丞，從七品。

掌春秋祀享，以郊社令、丞兼。

諸陵署大安四年同隨朝。

提點山陵，正五品，涿州刺史兼。

令，從六品。丞一員，從七品。掌守山陵。

直長，正八品。

園陵署

令，宛平縣丞兼〔三五〕。貞祐二年以園陵遷大興縣境，遂以大興縣令、丞兼。

大樂署，兼鼓吹署。樂工百人。

令一員，從六品。丞，從七品。掌調和律呂，教習音聲并施用之法。

樂工部籍直長一員，正八品。

大樂正，從九品，掌祠祀及行禮陳設樂縣。

大樂副正，從九品。

右屬太常寺。

校勘記

〔一〕翰林學士院　原作「翰林院」，據本卷正文改。

〔二〕義宗之益政院　「義宗」，金哀宗的另一謚號。參見本書卷四八校勘記〔一七〕。

〔三〕堂食公使酒庫　按，金代官印集收有「堂厨公使酒庫之印」，疑「堂食」爲「堂厨」之誤。

〔四〕至天眷定制司天自從四品而下立爲十五階　按，其下所列共二十五階，與「十五階」數不符。下文「太醫官」、「内侍」條皆同。又「教坊」條謂，「舊用武散官，大定二十九年以爲不稱，乃創定二十五階。明昌三年，自從四品以下，更立爲十五階」。大金國志卷三四千官品列稱，「自司天、太醫、内侍、教坊官各立二十五階」。疑本志所載司天、太醫、内侍、教坊官各二十五階皆爲章宗大定二十九年之制。

〔五〕正六品上曰中良大夫天德作中亮　疑正文「中良」與小注「中亮」互爲顛倒。按，金史詳校卷四：「『當作『曰中亮大夫』，注『天德作中良』。案，此海陵諱，無由創制時反用『亮』字。』」

〔六〕并舊爲晉　「晉」，原作「漢」。按，下文載「益舊爲漢」，與此重複，其中必有一誤。本書卷九章宗紀一，明昌二年，有司議改諸國號，以「晉爲并」。又集禮卷九親王條記天眷元年定到國封等第，其中大國二十，有秦、晉、漢。知作「晉」是。今據改。

〔七〕譙舊爲殷　按，集禮卷九親王條，天眷格大國號有「趙、越、許、楚」，大定格同。大國號中無殷，越下爲許。疑「殷」當作「許」。

〔八〕瀛按金格葛當在此　金史詳校卷四曰：「『金』當作『今』。」案：此本皇統格。世宗紀：皇統間封葛王。蒲察阿虎迭傳：封葛王在海陵時。李孫兒傳：葛王，世宗初封。大定後不以封臣下，由是三等國號無葛。尚書省請于瀛王下附葛國號，從之。此注指泰和格也。」

〔九〕崇宿息莒　「息」，原作「昔」。按，集禮卷九親王條，小國三十有「崇、宿、息、莒」，今據改。

〔一〇〕胙任戴鞏　「戴」，原作「載」。按，集禮卷九親王條，天眷及大定所定國封等第，小國三十均作「胙、任、戴、鞏」。今據改。

〔一一〕大寧　原作「太寧」，據北監本、殿本、局本改。按，集禮卷九公主條公主封號縣名作「大寧」，又本書卷二六地理志下，隰州有大寧縣。

〔一二〕同管勾一員　按，下文戶禮部、刑工部架閣庫同管勾皆云「從八品」，則此下當脫「從八品」三字。

〔一三〕大安二年復增　「大安」，原作「承安」。按，上文言「泰和八年」，知此必爲大安二年。今改正。

〔一四〕郎中三員　「三員」，南監本、北監本、殿本、局本並作「二員」。

〔一五〕貞祐五年兼覆實司官　按，此九字在「天德三年」之前，年序不合。下文「覆實司：管勾一員，從七品」，注云「貞祐五年併罷之，以二部主事兼」。知兼覆實司者乃主事，此九字當在「主事二員，從七品」之下，蓋寫刻時誤竄於此。

〔一六〕以二部主事兼　「二部」，元刻本、南監本、北監本、殿本、局本並作「工部」。

〔一七〕天會三年伐宋始置　「三年」，原作「二年」。按，本書卷三太宗紀，天會三年「十月甲辰，詔諸將伐宋」，天會二年未載伐宋事。會編卷二二宣和七年（金天會三年）十一月，金軍帥「斡离不自平州起兵入寇燕山之境」。今據改。

〔一八〕有建威折衝振武盪寇果毅殄寇虎賁鷹揚破虜之名　按，本書卷四四兵志兵制，「哀宗正大二年，議選諸路精兵，直隸密院。（中略）乃易總領之名爲都尉，班在隨朝四品之列，曰建威、曰虎威、曰破虜、振威、鷹揚、虎賁、振武、折衝、盪寇、殄寇」，較此多「虎威」、「振威」二都尉，但少「果毅」都尉。

〔一九〕天會三年下燕山初以左企弓爲使後以劉彦宗　按，本卷上文，「天輔七年以左企弓行樞密院于廣寧」。卷七八劉彦宗傳，敍其「知樞密院事」在天會二年之前。「天會三年下燕山」句疑爲衍文。

〔二〇〕經歷一員從五品興定三年見　「見」，南監本、北監本、殿本、局本作「置」。又，此處繫年有誤。按，本書卷一四宣宗紀上，貞祐三年八月「己丑，制軍府庶事樞密院官須與經歷官裁決，經歷議是而院官不從，許直以聞」。貞祐三年已見經歷之官，則「興定」或當作「貞祐」。

〔三〕泰和六年避睿宗諱改爲大睦親府　按，本書卷九章宗紀一，明昌元年八月「己丑，以判大睦親府事宗寧爲平章政事」。卷九章宗紀一明昌二年秋七月、卷一〇章宗紀二明昌四年秋七月、卷一一章宗紀三承安四年三月、五年三月等多處均見「大睦親府」，則泰和六年之前已有此稱，疑此處繫年有誤。下文「泰和六年改爲判大睦親事」、「泰和六年改爲同判大睦親事」、「泰和六年改同簽大睦親事」、「泰和六年改爲大睦親丞」之「泰和六年」同。

〔三〕泰和六年改爲判大睦親事　「判」字原脫。按上文，此官原稱「判大宗正事」，所改名稱依例當有「判」字，且下文「同判大宗正事」亦改稱「同判大睦親事」，今據補。「判大睦親事」，本書卷九章宗紀一明昌元年八月己丑、卷八五世宗諸子永德傳、永成傳、卷九三顯宗諸子從憲傳均作「判大睦親府事」，疑「大睦親」下脫「府」字。

〔三〕泰和六年改爲同判大睦親事　「同判大睦親事」，本書卷一〇章宗紀二明昌四年秋七月、卷一一章宗紀三承安四年三月、卷一二章宗紀四泰和七年正月、卷七三宗寧傳、卷八五世宗諸子永德傳、卷九三宗浩傳等均作「同判大睦親府事」，疑「大睦親」下脫「府」字。

〔四〕泰和六年改同簽大睦親事　「同簽大睦親事」，本書卷六二交聘表下、卷六六宗室完顏弈傳、卷七三宗寧傳、卷八五世宗諸子永中傳、卷九九孫即康傳、卷一二四忠義傳四烏古孫仲端傳均作「同簽大睦親府事」，汝南遺事卷二亦有「同簽大睦親府事」。疑「大睦親」下脫「府」字。

〔二五〕泰和六年改爲大睦親丞　「大睦親丞」，本書卷六六宗室完顔衷傳作「大睦親府丞」，疑「大睦親」下脱「府」字。

〔二六〕上京東温忒二處皆有之　按，本書卷七〇宗亨傳，「爲淑温特宗室將軍」，蓋「淑」或譯作「東」，疑「東温忒」或是「東温忒」之誤。

〔二七〕其户凡百二十　按，本書卷四六食貨志一户口，大定二十三年八月，「在都宗室將軍司，户一百七十」；卷四七食貨志二牛頭税同。卷四四兵志兵制亦謂「是時宗室户百七十」。此處作「百二十」，疑有誤。

〔二八〕舊止三品　「止三品」，局本作「正三品」。

〔二九〕以上官品皆大定十二年遞陞　以上十二字原作大字正文，據本志文例改爲小字注文。

〔三〇〕譯史三人内班内祗二人　「譯史三人」，本書卷五三選舉志三作「譯史四人」。又「内班内祗」，原作「内班祗」，據北監本、殿本、局本、本書卷五三選舉志三補。

〔三一〕山東東西大名河北東西河東南北遼東陝西咸平隆安上京肇州北京凡十處置司　此處所列爲十一處，與「十處」數目不符。

〔三二〕承安四年更擬女直一員　按，本書卷一一章宗紀三，承安四年十二月，「增設國史院女直、漢人同脩史各一人」。則「女直一員」當作「女直、漢人各一員」。

〔三三〕女直漢人各四員　以上七字原作大字正文，據本志文例改爲小字注文。

〔二四〕銜内帶知制誥　按，葉封嵩陽石刻集記卷下大金重修中嶽廟碑，署「中憲大夫、充翰林待制同知制誥、上騎都尉、江夏縣開國子、食邑五百户、賜紫金魚袋臣黄久約奉敕撰」。要録卷一四二、中興小紀卷二九見金人翰林待制同知制誥邢具瞻。疑「知制誥」當作「同知制誥」。

〔二五〕令宛平縣丞兼　按，無以「縣丞」兼「署令」之理，疑當作「令、丞，宛平縣令、丞兼」，與下文「遂以大興縣令、丞兼」相同，蓋「令」下脱「丞」字，「縣」下脱「令」字。

金史卷五十六

志第三十七

百官二

殿前都點檢司　宣徽院　祕書監　國子監〔一〕　太府監
少府監　軍器監　都水監　諫院　大理寺　弘文院
登聞鼓院　登聞檢院　記注院　集賢院　益政院
武衞軍都指揮使司　衞尉司　六部所轄諸司
三路檢察及外路倉庫牧圉等職

殿前都點檢司。天眷元年置。掌親軍，總領左右衞將軍、符寶郎、宿直將軍、左右振肅，宮籍監、近侍等諸局署、鷹坊、頓舍官隸焉。

殿前都點檢，正三品，兼侍衛將軍都指揮使〔二〕。掌行從宿衛，關防門禁，督攝隊仗，總判司事。

殿前左副都點檢，從三品，兼侍衛將軍副都指揮使〔三〕。

殿前右副都點檢，從三品，兼侍衛將軍副都指揮使，掌宮掖及行從。

殿前都點檢判官，從六品。大定十二年設。

知事一員，從七品。

殿前左衛將軍，殿前右衛將軍，殿前左衛副將軍，殿前右衛副將軍，掌宮禁及行從宿衛警嚴，仍總領護衛。右衛同此。

符寶郎四員〔四〕，掌御寶及金銀等牌。舊名牌印祗候，大定二年改爲符寶祗候，改牌印令史爲符寶典書，四人。

左右宿直將軍，從五品，掌總領親軍，凡宮城諸門衛禁，并行從宿衛之事，八員。大定二十九年作十員，復作十一員。

左右振肅，正七品，掌妃嬪出入總領護衛導從。本妃嬪護衛之長，大定二年改今名。

宮籍監

提點，正五品。監，從五品。副監，從六品。丞，從七品。掌內外監户及地土錢帛小大差發。

直長二員，正八品，掌同丞。

近侍局

提點，正五品。泰和八年刱設〔五〕。使，從五品。副使，從六品。掌侍從，承勑令，轉進奏帖。

直長，正八品。大定十八年增二員。奉御十六人，舊名入寢殿小底。奉職三十人，舊名不入寢殿小底，又名外帳小底，皆大定十二年更。

器物局

提點，正五品。使，從五品。副使，從六品。掌進御器械鞍轡諸物。

直長，正八品。

都監，正九品。明昌三年省罷。

同監，從九品。泰和四年設。

尚廐局

提點，正五品。使，從五品。副使，從六品，掌御馬調習牧養，以奉其事。大定二十九年添副使一員，管小馬羣。

直長一員，司馬牛羣。

掌厩都轄，正九品。不限員。

副轄，從九品。不限員數、資考。

尚輦局

使，從五品。副使，從六品。掌承奉輿輦等事。

直長，正八品。不限資考，大定十九年，除年六十以下人充。

典輿都轄，從九品。不限資考。

收支都監，正九品。大定二十年設，掌給受之事。

同監，泰和四年設。大安二年省。

本把，四人。

鷹坊

提點，正五品。使，從五品。副使，從六品。掌調養鷹鶻「海東青」之類。

直長，正八品。不限員。

管勾，從九品。不限員數、資考。

武庫署

令，從六品，掌收貯諸路常課甲仗。以曉軍器女直人充。

丞，從七品。

直長二員，正八品。大定二年省一員。

武器署

提點，從五品。令，從六品。丞，從七品。掌祭祀、朝會、巡幸及公卿婚葬鹵簿儀仗旗鼓笛角之事。

直長，正八品。或二員。

頓舍官二員，泰和令、總格作四員。正八品。直長。見士民須知，泰和令無。

右屬殿前都點檢司。

宣徽院

左宣徽使，正三品。

右宣徽使，正三品。

同知宣徽院事，正四品。

同簽宣徽院事，正五品。

宣徽判官，從六品。

掌朝會、燕享，凡殿庭禮儀及監知御膳。所隸弩手、傘子二百三十九人，控鶴二百人。

拱衞直使司，威捷軍隸焉。舊名龍翔軍，正隆二年更爲神衞軍，大定二年更名爲拱衞司。

都指揮使，從四品。舊曰使。副都指揮使，從五品，舊曰副使。掌總統本直，謹嚴儀衞。大定五年，詔以使爲都指揮使，副使爲副都指揮使。

什將。

長行。

威捷軍承安二年，簽弩手千人。泰和四年，以之備邊事。鈐轄，正六品。都轄，從九品。不奏。

客省

使，正五品。副使，從六品。掌接伴人使見辭之事。

引進司〔六〕

使，正五品。副使，從六品。掌進外方人使貢獻禮物事。

閤門　明昌五年，閤門官以次排轉除授。

東上閤門使二員，正五品。明昌六年省一員，作從五品。西同。副使二員，正六品。明昌六年，省一員，西同。簽事一員，從六品，掌簽判閤門事。西同。明昌六年，以減副使置。

西上閤門使二員，正五品。副使二員，正六品。簽事一員，從六品，掌贊道殿庭禮儀。

西閤門餘副貳同。

閤門祗候二十五人。正大間三十二人。

閤門通事舍人二員，從七品，掌通班贊唱、承奏勞問之事。

承奉班都知，正七品，掌總率本班承奉之事。舊置判官，後罷。

內承奉班押班，正七品，掌總率本班承奉之事。

御院通進四員，從七品，掌諸進獻禮物及薦享編次位序。

尚衣局

提點，正五品。使，從五品。副使，從六品。掌御用衣服、冠帶等事。

都監，正九品。舊設，後罷。

直長，正八品。

同監，從九品。

儀鸞局泰和四年，或以少府監官兼，或兼少府監官。

提點，正五品。使，從五品。副使，從六品。掌殿庭鋪設、帳幕、香燭等事。

直長四員，正八品。泰和令三員。

收支都監，正九品，二員，一員掌給受鋪陳諸物，一員掌萬寧宮收支庫。大定七年置，明昌二年增一員。

同監二員，從九品。司吏二人，如内藏庫知書例。

尚食局元光二年，參用近侍、奉御、奉職。

提點，正五品。使，從五品。副使，從六品。掌總知御膳、進食先嘗、兼管從官食。

直長一員，正八品。不限資考。

都監三員，正九品。不限資考。

生料庫都監、同監各一員，掌給受生料物色。

收支庫都監、同監各一員，掌給受金銀裹諸色器皿。以外路差除人内選充。

尚藥局

提點，正五品。使，從五品。出職官内選除。副使，從六品。掌進湯藥茶果。

直長，正八品。

都監，正九品。

果子都監、同監各一員，掌給受進御果子。本局本把四人。

太醫院

提點，正五品。使，從五品。副使，從六品。判官，從八品，掌諸醫藥，總判院事。

管勾，從九品，隨科至十人設一員，以術精者充。如不至十人併至十人置。不限資考。

正奉上太醫，一百二十月升除。副奉上太醫，不筭月日。長行太醫，不筭月日。十科額五十人。

御藥院

提點，從五品。直長，正八品，掌進御湯藥。明昌五年設，以親信内侍人充。

都監，正九品。不限員，泰和令四員。

同監，從九品。不常除，泰和令無。

教坊

提點，正五品。使，從五品。副使，從六品。判官，從八品。掌殿庭音樂，總判院事。

諧音郎，從九品。不限資考、員數。

内藏庫大定二年，分爲四庫。

使，從五品。副使，從六品。掌內府珍寶財物，率隨庫都監等供奉其事。

直長一員。承安三年增。

頭面庫

都監，正九品。

同監，從九品。本把七人，大定二年定出身，依不入寢殿小底例。

段匹庫

都監，正九品。

同監，從九品。本把十二人。

金銀庫

都監，正九品。本把八人。

雜物庫

都監，正九品。

同監，從九品。本把八人。每庫知書各二人。

宮闈局舊名宮闈司，大定二年改爲局，舊設令、丞，改爲使、副。

提點，正五品。使，從五品。副使，從六品。掌宮中閤門之禁，率隨位都監、同監及內直各給其事。

直長，正八品，內直一百七十人。後作百七十九人。

內侍局

令二員，從八品。興定五年，陞作從六品。丞二員，從九品。興定五年，陞從七品。掌正位閤門之禁，率殿位都監、同監及御直各給其事。

局長二員，從九品，興定五年陞正八品。御直、內直共六十四人。明昌元年，分宮闈局正位內直置，初隸宮闈局。

東門都監、同監。諸隨殿位承應都監、同監，掌各位承應及門禁管鑰。

昭明殿都監、同監。大定二十九年設，各一員。

承徽殿都監、同監。麗妃位。

隆徽殿都監、同監。本隆和殿，係皇后位。

鸞翔殿都監、同監。

崇儀殿都監、同監。

迎暉殿都監、同監。七妃充容，泰和三年罷。

蘂珠殿都監、同監。

瑞寧殿都監、同監。

回春殿都監、同監。

芸香殿都監、同監。

瑞像殿都監、同監。係佛殿。以上「殿」字下無「位」字。

凝福、改韶景。温芳二位都監、同監。

瑶華、柔則二位都監、同監。以上無「殿」字及「承應」字。

嘉福等殿位都監、同監。四位。

廣仁殿都監、同監。

睿思殿都監、同監。以上有「承應」字。

滋福殿都監、同監。本以隆慶改，無「位」字。

洛正殿都監、同監。

邇英殿都監、同監。

長慶院都監、同監。

仙韶院都監、同監。

貞和門都監、同監。應係錢帛經此門出入。明昌四年添一員。

右昇平門都監、同監。

長樂門都監、同監。

瓊林苑都監、同監。各二員。

廣樂園都監、同監。

順儀位提控、都監、同監。舊寶林位。

瑞華門俗名金骨朵門。都監一員，同監三員。

太師位提控、都監、同監。

寶昌門都監、同監。

會昌門都監、同監。

東京孝寧宮都監、同監。

崇妃位提控。世宗夫人，興陵。

惠妃位提控、都監、同監。裕陵。

溫妃位提控、都監、同監。裕陵二位，明昌四年添。

報德寺提控、都監、同監。世宗御容。光泰門街。

報恩寺提控、都監、同監。世宗御容。清夷門街。明昌二年設，三。

孝嚴寺都監、同監。在南京，安宣宗御容，改興國感誠寺。正大元年設，三。以下皆在南京。

寧福殿都監〔七〕、同監。三。

純和殿都監、同監。三。

仁安殿都監、同監。三。

真妃位都監、同監。二。

麗妃位都監、同監。

宣儀位都監、同監。

莊獻妃位都監、同監。

三廟都監、同監。貞祐二年設。

西華門都監、同監。

京後園都監、同監。

内侍寄禄官，泰和二年設，初隸宫闈局，尋直隸宣徽院。所以陞用内侍局御直、内直有年勞者。

中常侍。正五品。

給事中。從五品。

内殿通直。正六品。先名内殿給使。

黄門郎。從六品。

内謁者。正七品。

内侍殿頭。從七品。

内侍高品。正八品。不限員。

内侍高班。從八品。

典衞司大定二十九年，世宗才人、寶林位各設。泰和五年閏八月，以崇妃薨罷〔八〕。興定元年復設。世宗妃、才人、寶林位各設防衞軍導從人。

令，正七品。

丞，從七品。

直長。見士民須知。

孝靖宫章宗五妃位。大安元年以有監同、無總領者，故設。

令，從八品。

丞，正九品。

端妃位同監。真妃徒單氏。

慧妃位同監。麗妃徒單氏。

貞妃位同監。柔妃唐括氏。

靚儀位同監。昭儀夾谷氏。

才媛位同監。修儀吾古論氏。

懿安家貞祐三年，爲莊獻太子設。

令，從八品。

丞，正九品。

宮苑司

令，從六品。丞，從七品。掌宮庭修飭洒掃、啓閉門户、鋪設氈席之事。

直長，正八品一員。泰和令二員。

都監、同監二員。泰和元年設〔九〕。泰和四年罷同監。

尚醖署

令，從六品。丞，從七品。掌進御酒醴。

直長，正八品，二員。

典客署

令，從六品。

丞，從七品。

直長，後罷。書表十八人。

侍儀司舊名擎執局，大定元年改爲侍儀局，大定五年陞局爲司。

令，從六品。舊曰局使。掌侍奉朝儀，率捧案、擎執、奉輦各給其事〔一〇〕。

直長，正七品。舊設局副，品從七。

右屬宣徽院。

秘書監。著作局、筆硯局、書畫局、司天臺隸焉。

監一員，從三品。

少監一員，正五品。

丞一員，正六品。

秘書郎二員，正七品。泰和元年定爲二員。

通掌經籍圖書。

校書郎一員，從七品，承安五年二員。泰和五年以翰林院官兼，大安二年省一員。專掌校勘在監文籍。

著作局

著作郎一員，從六品。著作佐郎一員，正七品。掌修日曆。皇統六年，著作局設著作郎、佐郎各二員，編修日曆，以學士院兼領之。

筆硯局

直長二員，正八品，掌御用筆墨硯等事。泰和七年以女直應奉兼。舊名筆硯令史，大定三年改爲筆硯供奉，以避諱改爲承奉。

書畫局

直長一員，正八品，掌御用書畫紙扎。

都監，正九品，二員或一員。

司天臺

提點，正五品。監，從五品，掌天文曆數、風雲氣色，密以奏聞。

少監，從六品。

判官，從八品。

教授，舊設二員，正大初省一員。係籍學生七十六人，漢人五十人，女直二十六人，試補長行。

司天管勾，從九品。不限資考、員數，隨科十人設一員，以藝業尤精者充。

長行人五十人。未授職事者，試補管勾。

天文科，女直、漢人各六人。

筭曆科，八人。

三式科，四人。

測驗科，八人。

漏刻科，二十五人。

銅儀法物舊在法物庫，貞元二年始付本臺。

右屬祕書監。

國子監。國子學、太學隸焉。

祭酒，正四品。司業，正五品，掌學校。

丞二員，從六品，明昌二年增一員，兼提控女直學。

國子學

博士二員，正七品，分掌教授生員、考藝業。太學同。明昌二年添女直一員，泰和四年減，大安二年並罷。

助教二員，正八品。女直、漢人各一員。教授四員，正八品。分掌教誨諸生。明昌二年，小學各添二員，承安五年一員不除。

國子校勘，從八品，掌校勘文字。

國子書寫官，從八品，掌書寫實録。

太學

博士四員，正七品。大安二年減二員。

助教四員，正八品。明昌二年不除一員，大安二年減二員。

右屬國子監。

太府監。左右藏、支應所、太倉、酒坊、典給署、市買司隸焉。

監，正四品。

少監，從五品。

丞二員，從六品。

掌出納邦國財用錢穀之事。

左藏庫

使，從六品。副使，從七品。興定三年增一員。掌金銀珠玉、寶貨錢幣。本把四人。

右藏庫

使，從六品。副使，從七品。興定三年添一員。掌錦帛絲綿毛褐、諸道常課諸色雜物。

本把四人。

支應所又作支承所。

都監二員，正九品，掌宮中出入、御前支賜金銀幣帛。大安三年省。

太倉

使，從六品，掌九穀廩藏、出納之事。預除人。

副使，從七品。

酒坊部除。

使，從八品。副使，正九品。掌醖造御酒及支用諸色酒醴。

典給署，本鈎盾署，明昌三年更。

令，從六品，舊曰鈎盾使。丞，從七品，舊曰鈎盾副使。掌宮中所用薪炭冰燭、并管官户。

直長一員，正八品。

市買司，天德二年更爲市買局。

使，從八品。副使，正九品。掌收買宫中所用果實、生料諸物。

右屬太府監。

少府監。尚方、織染、文思、裁造、文繡等署隸焉。泰和四年，選能幹官兼儀鸞局近上官。

監，正四品。

少監，從五品。

丞二員，從六品。大定十一年省，二十一年復置。

掌邦國百工營造之事。

尚方署

令，從六品。丞，從七品。掌造金銀器物、亭帳、車輿、牀榻、簾席、鞍轡、傘扇及裝釘之事。大定二十年，令不專除人，令人兼。

直長，正八品。

圖畫署明昌七年，省入祗應司。

令，從六品。丞，從七品。掌圖畫縷金匠。

直長，正八品。明昌三年罷。

裁造署

令，從六品。丞，從七品。掌造龍鳳車具、亭帳、鋪陳諸物，宮中隨位牀榻、屏風、簾額、絛結等，及陵廟諸物并省臺部内所用物。泰和令有畫繪之事。

直長，從八品。明昌三年省。裁造匠六人，針工婦人三十七人。

文繡署

令，從六品。丞，從七品。掌繡造御用并妃嬪等服飾、及燭籠照道花卉。貞祐二年，止設官一員。

直長，正八品。繡工一人，都繡頭一人，副繡頭四人，女四百九十六人，内上等七十人，次等凡四百二十六人〔二二〕。

織染署

令，從六品。丞，從七品。直長，正八品。掌織紝、色染諸供御及宮中錦綺、幣帛、紗縠。

文思署明昌七年，省入祗應司。令，從六品。丞，從七品。掌造內外局分印合、傘浮圖金銀等，尚輦、儀鸞局車具、亭帳之物，并三國生日等禮物，織染、文繡兩署金線。直長，正八品。明昌三年省去。

右屬少府監。

軍器監。承安二年設，泰和四年罷，復併甲坊、利器兩署爲軍器署，置令、丞、直長，直隸兵部。至寧元年復爲軍器監，軍器庫、利器署隸焉。舊轄甲坊、利器兩署。監，從五品。少監，從六品。丞，從七品。掌修治邦國戎器之事。直長，正八品。泰和令無，總格有。

軍器庫，至寧元年隸大興府，貞祐三年來屬。使，正八品。副使，正九品。省擬，不奏。掌收支河南一路并在京所造常課橫添和買軍器。大定五年設。

甲坊署，泰和四年廢，舊置令、丞、直長。

利器署，本都作院，興定二年更今名，同隨朝來屬。

令，從六品。丞，從七品。掌修弓弩刀槊之屬。

直長，正八品。

右屬軍器監。

都水監，街道司隸焉。分治監，專規措黃、沁河，衛州置司。

監，正四品，掌川澤、津梁、舟楫、河渠之事。興定五年兼管勾沿河漕運事，作從五品，少監正六品以下皆同兼漕事。

少監，從五品。明昌二年增一員，衛州分治。

丞二員，正七品，內一員外監分治。貞元元年置。

掾，正八品，掌與丞同，外監分治。大定二十七年添一員，明昌五年併罷之，六年復置一員。

勾當官四員，准備分治監差委。明昌五年以罷掾設二員，興定五年設四員。

街道司

管勾，正九品，掌洒掃街道、修治溝渠。舊南京街道司，隸都水外監，貞元二年罷歸京城所。

都巡河官，從七品，掌巡視河道、修完堤堰、栽植榆柳，凡河防之事。分治監巡河官同此。其瀘溝、崇福上下埽都巡河兼石橋使，通濟河節巡官兼建春宮地分河道。諸都巡河官，掌提控諸埽巡河官、明昌五年設，以合得縣令人年六十者選充。大定二年設滹沲河巡河官二員〔一二〕。散巡河官。於諸局及丞簿廉舉人，并見勾當人六十以下者充。

黄汴都巡河官，下六處河陰、雄武、滎澤、原武、陽武、延津各設散巡河官一員〔一三〕。

黄沁都巡河官，下四處懷州、孟津、孟州、城北各設黄沁散巡河官各一員。

衞南都巡河官，下四處崇福上、崇福下、衞南、淇上散巡河官各一員〔一四〕。

滑濬都巡河官，下四處武城、白馬、書城、教城散巡河官各一員。

曹甸都巡河官，下四處東明、西佳、孟華、陵城散巡河官各一員〔一五〕。

曹濟都巡河官，下四處定陶、濟北、寒山、金山散巡河官各一員。凡二十五埽，埽兵萬二千人。

諸埽物料場官，掌受給本場物料。分治監物料場官同此。惟崇福上、下埽物料場官與當界官通管收支。

南京延津渡河橋官，兼譏察事。

管勾一員，同管勾一員，掌橋船渡口譏察濟渡、給受本橋諸物等事，内譏察事隸留守司。餘浮橋官同此。

右屬都水監。皇統三年四月，懷州置黄沁河堤大管勾司，未詳何年罷。正大二年，外監東置于歸德〔一六〕，西置于河陰。

諫院

左諫議大夫、右諫議大夫，皆正四品。

左司諫、右司諫，皆從五品。

左補闕、右補闕正七品。

左拾遺、右拾遺正七品。

大理寺。天德二年置〔一七〕。自少卿至評事，漢人通設六員，女直、契丹各四員。

卿，正四品。少卿，從五品。正，正六品。丞，從六品。掌審斷天下奏案、詳讞疑獄。

司直四員，正七品，掌參議疑獄、披詳法狀。舊有契丹司直一員，明昌二年罷。

評事三員，正八品，掌同司直。明昌二年省契丹評事一員，大安二年省漢人一員。

知法十一員，從八品，女直司五員，漢人司六員。掌檢斷刑名事。

明法二員，從八品，興定二年置，同流外，四年罷之。

弘文院

知院，從五品。同知弘文院事，從六品。校理，正八品。掌校譯經史。

登聞鼓院

知登聞鼓院，從五品。同知登聞鼓院事，正六品。掌奏進告御史臺、登聞檢院理斷不當事，承安二年以諫官兼。

知法二員，從八品。女直、漢人各一員〔一八〕。

登聞檢院

知登聞檢院，從五品。同知登聞檢院，正六品。掌奏御進告尚書省、御史臺理斷不當事。

知法，從八品。女直、漢人各一員。

記注院。修起居注，掌記言、動。明昌元年，詔毋令諫官兼或以左右衛將軍兼。貞祐三年，以左右司首領官兼，爲定制。

集賢院。貞祐五年設。

知集賢院，從四品。正大元年，授馬璘額外兼吏部郎中〔一九〕。

同知集賢院，從五品。

司議官，正八品。不限員。

諮議官，正九品。不限員。

益政院。正大三年置於内庭，以學問該博、議論宏遠者數人兼之。日以二人上直，備顧問，講尚書、通鑑、貞觀政要。名則經筵，實内相也。末帝出〔二〇〕，遂罷。

武衛軍都指揮使司隸尚書兵部。

都指揮使，從三品。大定二十九年，以武衛軍六十人，兵馬一員、副都二員其職低，故設使，品正四，承安三年陞。

副都指揮使二員，從四品。

副都一員，從四品。初正五品，承安三年陞。

判官一員。承安三年設。

掌防衛都城、警捕盜賊。

鈐轄司

鈐轄十員，正六品。初設二員。

都鈐轄四員，從七品。興定三年權設，巡把兩宅。

都將二十員，從九品。大定十六年立名。

掌管轄軍人、防衛警捕之事。承安元年設萬人，內軍八千九百四十九人，忠衛一百人〔三二〕，隊正四百人。

右屬武衛軍都指揮使司。

衛尉司大安元年，擬隆慶宮人數定之〔三三〕。

中衛尉，從三品，掌總中宮事務。

副尉，從四品。

左常侍，從五品。掌周護導從儀仗之事。

右常侍，從五品。

常侍官：護衛三十人，同東宫。奉引八十人，同控鶴。傘子四人，同控鶴。執旗二人。

同儀鸞。

給事局

使，正七品。

副使，正八品。

内謁者兼司寶二員，從六品。内直充。

奉閤一十人。同東宫入殿小底。

閤直二十人。同宫闈局内直。

掖庭局

令，正九品，内直充。掌皇后宫事務。

丞，從九品。内直充。

宫令。宫苑司、儀鸞局兼。

食官。尚食局兼。

飲官。尚醞署兼。

醫官。尚藥局、太醫院兼。

主藏。內藏、典給署兼。

主廩。太倉兼。

右屬衛尉司。

榷貨務在京諸稅係中運司，見錢皆榷於本務收。使，從六品。副使，從七品。掌發賣給隨路香茶鹽鈔引。

交鈔庫

使，舊正八品，後陞從七品，貞祐復。掌諸路交鈔及檢勘錢鈔、換易收支之事。

副使，從八品，掌書押印合同。

判官，正九品。貞祐二年作從九品。

都監，二員。見泰和令。

印造鈔引庫大安二年兼抄紙坊。

使，從八品。副，正九品。判，正九品。掌監視印造勘覆諸路交鈔、鹽引，兼提控抄造鈔引紙。承安四年，罷四小庫，併罷庫判四員。至寧元年設二員。貞祐二年作從九品。

抄紙坊大安二年以印造鈔引庫兼。貞祐二年復置，仍設小都監二員。

使，從八品。貞祐二年同隨朝。

副使，正九品。

判，從九品。

交鈔庫物料場至寧元年置。

場官，舊正八品，後作正九品。掌收支交鈔物料。

隨處交鈔庫抄紙坊

使，從八品。貞祐二年，設於上京、西京、北京、東平、大名、益都、咸平、真定、河間、平陽、太原、京兆、平涼、廣寧等府，瑞、蔚、平、清、通、順、薊等州，貞祐三年罷之。

平準務元光二年五月設，十月罷。

使，從六品。

副使，從七品。

勾當官六員。

右自榷貨務以下，皆屬尚書户部。

惠民司

令，從六品，掌修合發賣湯藥。舊又設丞一員。大定三年，有司言，惠民歲入息錢不償官吏俸，上曰：「設此本欲濟民，官非人，怠於監視藥物，財費何足計哉，可減員而已。」

直長，正八品。

都監，正九品。

右屬尚書禮部。

四方館

使，正五品。副使，從六品，掌提控諸路驛舍、驛馬，并陳設器皿等事。

法物庫元兼管大樂，貞元二年改付太常寺。

使，從六品。副使，從七品。掌鹵簿儀仗、車輅、法服等事。

直長，正八品。泰和三年省。

承發司

管勾，從七品。同管勾，從八品。掌受發省部及外路文字。

右屬尚書兵部。

萬寧宮提舉司舊太寧宮，更名壽安宮，又更今名。

提舉，從六品。同提舉，從七品。掌守護宮城殿位。本把十五人。

慶寧宮提舉司

提舉，正七品，兼龍門縣令。

同提舉，正八品，兼儀鸞監。

右屬尚書刑部。

修內司大定七年設。

使，從五品。副使，從六品。掌宮中營造事。兵匠一千六十五人，兵夫二千人，仍命少府監長官提控。

直長二員，正八品。部役官四員，正八品。掌監督工役。

受給官二員，正八品，掌支納諸物。

都城所

提舉，從六品。同提舉，從七品。掌修完廟社及城隍門鑰、百司公廨、係官舍屋，并栽植樹木工役等事。

左右廂官各二員，正八品，掌監督工役。

受給官二員，正八品，掌支納諸物及埏埴等事。

祗應司

提點，從五品。令，從六品。丞，從七品。掌給宮中諸色工作。

直長，正八品。

收支庫都監、同監。泰和元年置。

甄官署

令，從六品。丞，從七品。直長，正八品。掌劚石及埏埴之事。

上林署

提點，從五品。泰和八年厰，大安二年省〔二三〕。令，從六品。掌諸苑園池沼、種植花木果蔬及承奉行幸舟船事。

丞，從七品。大定七年，增一員，分司南京，以句判兼之。大安三年復省一員。

直長二員，正八品。

花木局都監、同監。舊設接手官四人，泰和元年罷，復以諸司人内置都監、同監二員。貞祐三年罷都、同監，以同樂園管勾兼。

熙春園都監、同監三員。泰和四年置，貞祐三年省。

同樂園管勾二員，每年額辦課程，隸南運司。宣宗南遷，罷課，改爲隨朝職，正八品。

右皆屬尚書工部。

京東、西、南三路檢察司興定四年置。

使，從六品。副使，正七品。掌檢察支散軍糧，驗軍户實給，均軍户差役，勸農種，毋犯私殺馬牛、私鹽酒麴。

南京豐衍東西庫隸運司，貞祐二年同隨朝。

使，正八品。

副使，從八品。

判二員，正九品。

監支、納各一員，正八品。

提舉南京権貨司貞祐四年置。

提舉，從五品。

同提舉，從六品。

勾當官三員，正九品。

提舉倉場司貞祐五年置，先吏部辟舉，後省擬。

使，從五品。副使，從六品。掌出納公平及毋致虧敗。

監支納官，八品，十六員。以年六十以下廉幹人充，女直、漢人各一。廣盈倉、豐盈倉、永豐倉〔二四〕、廣儲倉、富國倉、廣衍倉、三登倉、常盈倉、西一場、西二場、西三場、東一場、東二場、南一場、北一場、北二場。通濟倉與在京倉，置監支納使副各一員。豐備倉、豐贍倉、廣濟倉、潼關倉，興定五年剏置潼關倉監支納一員，兼樞密院彈壓。陳州倉四員。洧川倉二員。

八作左右院

設官同上，掌收軍須、軍器。

軍須庫至寧二年置。

使，從八品。

副，從九品。

典牧司貞祐年置。

使，正七品。

副，從八品。

判官，正九品。

羣牧司興定二年置。

使，正七品。

副，正八品。

判官，正九品。

提舉羣牧所泰和二年置，隸各路統軍司。河南東路、河南西路、陝西路皆設提舉、同提舉，山東路止設提舉。

校勘記

〔一〕國子監　三字原脱，據殿本、局本及本卷正文補。

〔二〕殿前都點檢正三品兼侍衛將軍都指揮使　「侍衛將軍都指揮使」，本書卷四熙宗紀皇統八年七月、卷五海陵紀正隆二年十二月、卷一四宣宗紀上貞祐二年三月、卷七二完顏仲傳、卷七三按荅海傳等多處均作「侍衛親軍都指揮使」，疑是。

〔三〕兼侍衛將軍副都指揮使　「侍衛將軍副都指揮使」，本書卷九〇阿勒根彥忠傳、卷一〇一烏古論慶壽傳、卷一〇二僕散安貞傳、卷一二〇世戚烏林荅暉傳均作「侍衛親軍副都指揮使」，疑是。

〔四〕符寶郎四員　本書卷五三選舉志三作「符寶郎，十二人」。

〔五〕提點正五品泰和八年剏設　「泰和八年」疑誤。按，本書卷一〇一烏古論慶壽傳，「除近侍局直長，再轉本局使。（中略）泰和四年，遷本局提點」。卷九三僕散揆傳，泰和六年，「上即遣提點近侍局烏古論慶壽持手詔勞問征討事宜」。則近侍局提點之設，應早於泰和八年。又，「泰和八年剏設」六字原作大字正文，今依上下文例改作小字注文。

〔六〕引進司　「司」字原脱。按，本書卷三六禮志九受尊號儀、卷三七禮志一〇册皇后儀、集禮卷一、卷二、卷五皆稱「引進司」。今據補。

〔七〕寧福殿都監　「寧福殿」，南監本、北監本、局本作「福寧殿」。按，本書卷二五地理志中，南京路注記南京宮殿，「純和之次曰福寧殿」；大金國志卷三三汴京制度，「一殿曰福寧」。然白珽湛淵靜語卷二、蘇天爵國朝文類卷二七楊奂汴故宮記則均載有「寧福殿」。

〔八〕以崇妃薨罷　「罷」字原脱，據南監本、北監本補。

〔九〕泰和元年設　「元年」，局本作「二年」。按，本書卷一一章宗紀三，泰和二年「三月甲寅，初置宮苑司都、同監各一人」。

〔一〇〕掌侍奉朝儀率捧案擎執奉輦各給其事　以上十六字原作小字注文，今依本志文例改作大字正文。

〔一〕次等凡四百二十六人　「百」，原作「各」，據文義改。

〔二〕大定二年設滹沲河巡河官二員　按，本書卷二七河渠志，大定「十年二月，滹沱河刱設巡河官二員」。此作「二年」，疑誤。

〔三〕下六處河陰雄武滎澤原武陽武延津各設散巡河官一員　按，本書卷二七河渠志，「雄武、滎澤、原武、陽武、延津五埽則兼汴河事，設黄汴都巡河官一員於河陰以莅之」。疑「下六處」當作「下五處」，「河陰」衍。

〔四〕衞南都巡河官下四處崇福上崇福下衞南淇上散巡河官各一員　「下四處」下原有「新鄉」二字。按，本書卷二七河渠志，「崇福上下、衞南、淇上四埽屬衞南都巡河官，則居新鄉」。則此處「新鄉」二字顯係衍文，今據删。

〔五〕下四處東明西佳孟華陵城散巡河官各一員　按，本書卷二七河渠志，「曹甸都巡河官則總東明、西佳、孟華、淩城四埽」。疑「陵城」爲「淩城」之誤。

〔六〕外監東置于歸德　「于」字原脱，據文例補。

〔七〕大理寺天德二年置　按，本書卷八三張浩傳，「官制行，以中大夫爲大理卿。天眷二年，詳定内外儀式，歷户、工、禮三部侍郎，遷禮部尚書」。此處「官制行」，即本書卷四熙宗紀，天眷元年「八月甲寅朔，頒行官制」。又皇統八年二月「甲寅，以大理卿宗安等爲高麗王晛封册使」，亦在熙宗朝。「天德二年」顯誤，疑天眷元年置。

〔一八〕女直漢人各一員　「員」字原脱，據南監本、北監本、殿本、局本補。

〔一九〕授馬璘額外兼吏部郎中　「授」，原作「受」，據北監本、殿本、局本改。

〔二〇〕末帝出　「末帝」之稱又見本書卷五九宗室表、卷一三一方伎武禎傳附子武亢傳。蓋當時人常以此稱哀宗。

〔二一〕忠衞二百人　按，本書卷五二選舉志二，「武衞軍，大定十七年定制，其猛安曰都將，謀克曰中尉，蒲輦曰隊正」。「忠衞」疑即「中尉」，或有一誤。

〔二二〕衞尉司大安元年擬隆慶宮人數定之　按，本書卷九章宗紀一，大定二十九年正月「戊午，名皇太后宮曰仁壽，設衞尉等官」；二月「戊辰，更仁壽宮名隆慶」。卷一〇章宗紀二，明昌五年二月，「尚書省奏：『禮官言孝懿皇后祥除已久，宜易隆慶宮爲東宮，慈訓殿爲承華殿。』從之」。是大安時久已無隆慶宮之稱，此蓋大安元年檢章宗時舊制所定。

〔二三〕泰和八年搬大安二年省　以上十字原作大字正文，今依本志文例改作小字注文。

〔二四〕永豐倉　「倉」字原脱，據南監本、北監本、殿本、局本補。

金史卷五十七

志第三十八

百官三

内命婦　宮人女職　東宮官屬　親王府　太后兩宮官屬
大興府　諸京留守司　諸京城宮苑提舉都監等職　按察司
諸路總管府　諸節鎮防禦刺史縣鎮等職　諸轉運泉穀等職
諸府鎮兵馬等職　諸猛安部族及羣牧等職

內命婦品

元妃、貴妃、淑妃、德妃、賢妃，正一品。

昭儀、昭容、昭媛、脩儀、脩容、脩媛、充儀、充容、充媛曰九嬪，正二品。婕妤，正三品。美人，正四品。才人，正五品。各九員，曰二十七世婦。寶林，正六品。御女，正七品。采女，正八品。各二十七員，曰八十一御妻。

按金格，貞祐後之制，貴妃下有真妃，淑妃下有麗妃、柔妃，而無德妃、賢妃。九嬪同。婕妤下有麗人、才人爲正三品，順儀、淑華、淑儀爲正四品，尚宮夫人、尚宮左夫人、尚宮右夫人、宮正夫人、寶華夫人、尚儀夫人、尚服夫人、尚寢夫人、欽聖夫人、資明夫人爲正五品，尚儀御侍、尚服御侍、尚寢御侍、尚正御侍、寶符宸侍、奉恩令人、奉光令人、奉徽令人、奉美令人爲正六品，司正御侍、寶符御侍、司儀御侍、司符御侍、司寢御侍、司飾御侍、司設御侍、司衣御侍、司膳御侍、司藥御侍、仙韶使、光訓良侍、明訓良侍、遵訓良侍、從訓良侍爲正七品，典儀御侍、典膳御侍、典寢御侍、典飾御侍、典設御侍、典衣御侍、典藥御侍、仙韶副使、承和良侍、承惠良侍、承宜良侍爲正八品，掌儀御侍、掌服御侍、掌寢御侍、掌飾御侍、掌設御侍、掌衣御侍、掌膳御侍、掌藥御侍、仙韶掌音、祗肅良侍、祗敬良侍、祗愿良侍爲正九品。

宮人女官職員品秩，皆同唐制〔一〕。

尚宮二人，掌導引皇后，管司記、司言、司簿、司闈，仍總知五尚須物出納等事。

司記二人、典記二人、掌記二人，掌在内諸文書出入目録，爲記審訖付行縣印等事。

女史六人，掌職文簿。

司言二人、典言二人、掌言二人、女史四人，掌宣傳啓奏之事。

司簿二人、典簿二人、掌簿二人、女史六人，掌宫人名簿廩賜之事。

司闈六人、典闈六人、掌闈六人、女史四人，掌宫闈管鑰之事。

尚儀二人，掌禮儀起居，管司籍、司樂、司賓、司贊事。

司籍二人、典籍二人、掌籍二人、女史十人，掌經籍、教學、紙筆、几案之事。

司樂四人、典樂四人、掌樂四人、女史二人，掌音樂之事。

司賓二人、典賓二人、掌賓二人、女史二人，掌賓客參見、朝會引導之事。

司贊二人、典贊二人、掌贊二人、女史二人、彤史二人，掌禮儀班序、設板贊拜之事。

尚服二人，掌管司寶、司衣、司飾、司仗之事〔二〕。

司寶二人、典寶二人、掌寶二人、女史四人，掌珍寶、符契、圖籍之事。

司衣二人、典衣二人、掌衣二人、女史四人，掌御衣服首飾之事。

司飾二人、典飾二人、掌飾二人、女史二人，掌膏沐巾櫛服玩之事。

司仗二人、典仗二人、掌仗二人、女史二人，掌仗衛兵器之事。

尚食二人，掌知御膳、進食先嘗，管司膳、司醖、司藥、司饎事〔三〕。

司膳四人、典膳四人、掌膳四人、女史四人，掌膳羞器皿。

司醖二人、典醖二人、掌醖二人、女史二人，掌酒醴。

司藥二人、典藥二人、掌藥二人、女史二人，掌醫藥。

司饎二人、典饎二人、掌饎二人、女史二人，掌宮人食并柴炭之事。

尚寢二人〔四〕，管司設、司輿、司苑、司燈事。

司設二人、典設二人、掌設二人、女史二人，掌帷帳、床褥、枕席、洒掃、鋪設。

司輿二人、典輿二人、掌輿二人、女史二人，掌輿繖扇羽儀。

司苑二人、典苑二人、掌苑二人、女史二人，掌苑囿種植蔬果。

司燈二人、典燈二人、掌燈二人、女史二人，掌燈油火燭。

尚功二人，掌女功，管司製、司珍、司綵、司計事〔五〕。

司製二人、典製二人、掌製二人、女史二人，掌裁縫衣服纂組之事。

司珍二人、典珍二人、掌珍二人、女史二人，掌金珠玉寶財貨之事。

司綵二人、典綵二人、掌綵二人、女史二人，掌錦文緋綵絲帛之事。

司計二人、典計二人、掌計二人、女史二人，掌支度衣服、飲食、柴炭、雜物之事。

宮正二人，掌總知宮内格式、糾正推罰之事。司正二人，同掌。典正二人，糾察違失。

女史四人。

皇后位下女職依隆慶宮所設人數，大安元年定。

司閨一員，八品，掌宮内諸事，并給散宮人俸給食料。

秉儀一員，八品。丞儀一員，九品。掌左右給事、宣傳啓奏、經籍、紙筆之事。

直閤一員，司陳一員，九品，掌帳幕、床褥、輿繖、洒掃、鋪陳、薪炭、燈燭之事。

秉衣一員，奉衣一員，九品，掌首飾、衣服、器玩、諸寶、財貨，裁製縑綵之事。

掌饌一員，八品。奉饌一員，九品。掌飲食、湯藥、酒醴、蔬果之事。

東宮官

宮師府

太子太師、太子太傅、太子太保，正二品。

太子少師、太子少傅、太子少保，正三品。

掌保護東宮，導以德義。海陵天德四年，始定制宮師府三師、三少，詹事院詹事、三寺、十率府皆隸焉。左右諭德，爲東宮僚屬。

詹事院太子詹事，從三品。少詹事，從四品。掌總統東宮内外庶務。

左右衛率府率〔六〕，從五品，掌周衛導從儀仗。

左右監門，正六品，掌門衛禁鑰。

僕正，正六品。副僕，正七品。僕丞，正九品。掌車馬厩牧弓箭鞍轡器物等事。

掌寶二人，從六品，掌奉寶，謹其出入。

典儀，從六品。贊儀，從七品。司贊禮儀。

侍正，正七品。侍丞，正八品。掌冠帶衣服、左右給使之事。

典食令，正八品。丞，正九品。承奉膳羞。

侍藥，正八品。奉藥，正九品。承奉醫藥。

掌飲令，正八品。丞，正九品。承奉賜茶及酒果之事。

家令，正八品。家丞，正九品。掌營繕栽植鋪設及燈燭之事。
司經，正八品。副，正九品。掌經史圖籍筆硯等事。
司藏，從八品。副，從九品。掌庫藏財貨出入之事。
司倉，從八品。副，從九品。掌倉廩出納薪炭等事。
中侍局都監，正九品。同監，從九品。掌東閤内之禁令、省察宫人廩賜給納諸物、轄侍人等。
左諭德、右諭德，正五品。左贊善、右贊善，正六品。掌贊諭道德、侍從文章。
内直郎，正七品。
右屬宫師府。

親王府屬官

傅，正四品，掌師範輔導、參議可否，若親王在外，亦兼本京節鎮同知。
府尉，從四品。本府長史，從五品，明昌三年改，掌警嚴侍從、兼總統本府之事。
司馬，從六品，同檢校門禁、總統府事。

文學二人，從七品，掌贊道禮義、資廣學問。

記室參軍，正八品，掌表牋書啓之事。大定七年八月始置。二十年，不專除，令文學兼之。

諸駙馬都尉，正四品。

提舉衞紹王家屬

提舉，從六品。同提舉，從七品。舊爲東海郡侯邑令、丞。

提舉鎬厲王家屬

提舉。同提舉。以上二宅，天興元年始聽自便。

提控犖國公家屬

提控。同提控。

太后兩宮官屬正大元年置〔七〕。

衞尉，從三品。副衞尉，從四品。

左典禁、右典禁，從五品。

奉令，正七品。奉丞，正八品。

太僕，正六品。副僕，正七品。

門衞二員，正六品。

典寶二員，正六品。

謁者二員，從六品。

閤正，從七品。閤丞，正八品。

食官令，正八品。食官丞，正九品。

宮令，正八品。宮丞，正九品。

醫令，正八品。醫丞，正九品。

飲官令，正八品。飲官丞，正九品。

主藏，從八品。副主藏。

主廩，從八品。副主廩。

大興府

尹一員，正三品，掌宣風導俗、肅清所部，總判府事。餘府尹同〔八〕。兼領本路兵馬都總管府事。車駕巡幸，則置留守、同知、少尹、判官。惟留判不別置，以總判兼之。

同知一員，從四品，掌通判府事。餘府同知同此。

少尹一員，正五品，掌同同知。

總管判官一員，從五品，掌紀綱總府衆務，分判兵案之事。

府判一員，從五品，掌諮議參佐、糾正非違、紀綱衆務，分判吏、禮、工案事。

推官二員，從六品，掌同府判，分判户、刑案事，内户推掌通檢推排簿籍。舊一員，大定五年增一員。

知事，正八品，掌付事勾稽省署文牘、總録諸案之事。

都孔目官，女直司一員，漢人司一員，職同知事，掌監印、監受案牘。餘都孔目官同此。不常置，省則吏目攝。六案司吏七十五人，内女直十五人，漢人六十人。司吏分掌六案，各置孔目官一員，掌呈覆糾正本案文書。餘分前後行，其他處應設十人以下、六人以上者，置孔目官三人，及置提點所處仍舊。女直司吏若十二人以上，分設六案，不及者設三案，五人以下設一案，通掌六案事。以上名充孔目官。

知法三員，從八品，女直一員，漢人二員，掌律令格式、審斷刑名。抄事一人，掌抄事目、寫法狀，以前後行吏人選。公使百人。

女直教授一員。

東京、北京、上京、河東東西路〔九〕、山東東西路、大名、咸平、臨潢、陜西統軍司、西南招討司、西北路招討司、婆速路、曷懶路、速頻、蒲與、胡里改、隆州、泰州、蓋州並同此。皆置醫院，醫正一人，醫工八人。

諸京留守司

留守一員，正三品，帶本府尹兼本路兵馬都總管。

同知留守事一員，正四品，帶同知本府尹兼本路兵馬都總管。

副留守一員，從四品，帶本府少尹兼本路兵馬副都總管。

留守判官一員，從五品。都總管判官一員，從五品。掌紀綱總府衆務、分判兵案之事。

推官一員，從六品，掌同府判，分判刑案之事，上京兼管林木事。

司獄一員，正八品。司吏。女直司吏，上京二十人，北京十三人，東京十人，南京、西京各五人。漢人司吏，三十萬户以上六十人，二十五萬户五十五人，十萬户以上四十人，七萬户以上三十五人，五萬户以上三十人，三萬户以上二十四人，不及萬户十人。譯人，上京、北京各三人，東京、西京、南京各二人。通事二人。

知法，女直、漢人各一員，南京漢人二員。抄事一人，掌抄録事目、書寫法狀。公使百人〔一〇〕。

京城門收支器物使。貞祐元年置，每城一面設一員。五年，南京隨門添設。舊有小都監，後省。正八品，十四員，户部辟舉。開陽門、宣仁門、安利門、平化門、通遠門、宜照門、利川門、崇德門、迎秋門、廣澤門、順義門、迎朔門、順常門、廣智門，以已上各門副尉兼職。貞祐五年制，乃罷小都監。

十四門尉，從七品。

副尉，正九品。

上京提舉皇城司

提舉一員，從六品。

同提舉一員，從七品。司吏一人。

南京提舉京城所

提舉一員，正七品。同提舉一員，從七品。掌本京城壁及繕修等事，不常置。上京同此。

管勾一員，正八品，掌佐繕治。

受給官一員，掌收支之事。

壕寨官一員，掌監督修造。

皇城使一員，正八品。副使一員，正九品。掌宮闕繕修之事，不常置。

管勾北太一宮、同樂園二員，正八品，掌守宮園繕修之事。

慶元宮小都監三員，掌鋪陳祭器諸物。餘宮同。

花園小都監二員。

東京宮苑使一員。西京、北京同。

東京、西京御容殿，閤門各二員，掌享祀禮數、鋪陳祭器。

東京萬寧宫小都監一員〔一一〕。

按察司　本提刑司，承安三年以上京、東京等提刑司併爲一提刑使，兼宣撫使勸農採訪事，爲官稱。副使、判官以兼宣撫副使、判官爲名。復改宣撫爲安撫，各設安撫判官一員、提刑一員，通四員。安撫司，掌鎮撫人民、譏察邊防軍旅、審録重刑事。安撫判官則銜内不帶「勸農採訪事」，令專管千户謀克。安撫使、副内，差一員於咸平、一員於上京分司。承安四年罷咸平分司，使在上京，副在東京，各設簽事一員。承安四年改按察司，貞祐三年罷〔一二〕，止委監察採訪。

使一員，正三品，掌審察刑獄、照刷案牘、糾察濫官汙吏豪猾之人、私鹽酒麴並應禁之事，兼勸農桑，與副使、簽事更出巡案。

副使，正四品，兼勸農事。

簽按察司事，正五品，承安四年設。

判官二員，從六品，大定二十九年設。明昌元年以陝西地闊，添一員。

知事，正八品。

承安三年，上京者兼經歷安撫司使。泰和八年十一月，省議以轉運司權輕，州縣不畏，不能規措錢穀，遂詔中都都轉運，依舊專管錢穀事，自餘諸路按察使並兼轉運使，副使兼同知，簽按察並兼轉運副，添按察判官一員，爲從六品。中都、西京路按察司官止兼西京路轉運司事。遼東路惟上京按察安撫使及簽事依舊署本司事。遼東轉運使兼按察副使，同知轉運使兼簽按察司事，轉運副使兼按察判官，添知事一員。

知法二員，從八品。書史四人，書吏十人，抄事一人，公使四十人。

右中都、西京並依此置。陝西、上京兩路設簽按察司事二員，上京簽安撫司事。

上京、東京等路按察司并安撫司

使，正三品，鎮撫人民、譏察邊防軍旅之事，仍專管猛安謀克，教習武藝及令本土純愿風俗不致改易。

副使二員，正四品。

簽安撫司事，正五品。

簽按察司事，正五品。

知事兼安撫司事，正八品。

知法四員〔一三〕，從八品。書史四人。上京、東京書吏十八人，女直十二人、漢人六人。中都、西京，女直五人、漢人五人。北京、臨潢，女直三人、漢人五人。南京，女直二人、漢人七人。山東，女直三人、漢人七人。大名，女直三人、漢人六人。抄事一人，公使十人也。

右按察使於上京、副使於東京各路設簽事一員，分司勾當。惟安撫司不帶「勸農」字，內知事於上京、自餘並於兩處分減存設。

諸總管府謂府尹兼領者〔一四〕。

都總管一員，正三品，掌統諸城隍兵馬甲仗，總判府事。

同知都總管一員，從四品，掌通判府事，惟婆速路同知都總管兼來遠軍事兵馬〔一五〕。

副都總管一員，正五品，所掌與同知同。

總管判官一員，從六品，掌紀綱總府衆務，分判兵案之事。

府判一員，從六品，掌紀綱衆務，分判户、禮案〔一六〕，仍掌通檢推排簿籍。

推官一員，正七品，掌同府判，分判工、刑案事。

知法一員。司吏，女直，山東西路十五人，大名十四人，山東東路、咸平府、臨潢府各十二人，曷懶路、河北西路各十人，婆速路十一人，河北東路八人，河東南北路、京兆、慶陽、臨洮、鳳翔、延安各四人。漢人，户十八萬以上四十二人，十五萬以上四十人，十三萬以上三十八人，十萬以上三十五人，七萬以上三十二人，五萬以上二十八人，三萬以上二十二人，不及三萬户二十人，婆速路、曷懶路各二人。譯人，咸平三人，河北東西、山東東西、曷懶、大名、臨潢各二人，餘各一人。通事，婆速、曷懶路高麗通事一人，臨潢北部通事一人、部落通事一人、小部落通事二人，慶陽府通事一人。抄事一人。公使八十人。臨潢別置移剌十五人。凡諸府置員並同，惟曷懶路無府事。

諸府謂非兼總管府事者。

尹一員，正三品。同知一員，正四品。少尹一員，正五品。

府判一員，從六品，掌紀綱衆務，分判吏、户、禮案事，專掌通檢推排簿籍。

推官一員，正七品，掌同府判，分判兵、刑、工案事〔一七〕。

府教授一員。

知法一員。司吏，女直皆三人，漢人，若管十六萬户四十人，十四萬以上三十八人，十二萬以上三十五人，十萬以上三十二人，七萬以上三十人，五萬以上二十五人，三萬户以上二十人，不及三萬户十七人。譯人一人，通事一人，抄事一人，公使七十人。

諸節鎮

節度使一員，從三品，掌鎮撫諸軍防刺，總判本鎮兵馬之事，兼本州管内觀察使事。其觀察使所掌，並同府尹兼軍州事管内觀察使。

同知節度使一員，正五品。通判節度使事，兼州事者仍帶同知管内觀察使。

副使一員，從五品。

節度判官一員，正七品，掌紀綱節鎮衆務、僉判兵馬之事，兼判兵、刑、工案事〔一八〕。

觀察判官一員，正七品，掌紀綱觀察衆務，分判吏、户、禮案事，通檢推排簿籍。

知法一員，州教授一員，司獄一員，正八品。司吏，女直，隆州十四人，蓋州十二人，泰州十一人，速頻、胡里改各十人，蒲與八人〔一九〕，平、宗、懿、定、衛〔二〇〕、萊、密、滄、冀、邢、同、雄、保、兖、邠、涇、朔、奉聖、豐、雲内、許、徐、鄧、鞏、鄜、全、肇各三人，餘各二人。漢人，依府尹數例。譯人一人，通事二人，抄事一人。公使人，上鎮七十、中六十五、下六十人〔二一〕，惟蒲與、胡里改、速頻各二十人。曷速館路、蒲與路、胡里改路、速頻路四節鎮，省觀察判官而無州事。

諸防禦州

防禦使一員，從四品，掌防捍不虞、禦制盜賊，餘同府尹。

同知防禦使事一員，正六品，掌通判防禦使事。

判官一員，正八品，掌簽判州事，專掌通檢推排簿籍。

知法，從九品。

州教授一員。

司軍，從九品。

軍轄兼巡捕使，從九品。司吏，女直一人，漢人管户五萬以上二十人，以率而減。譯人一人，通事一人，抄事一人。公使，上州六十人、中五十五人、下五十人。

諸刺史州

刺史一員，正五品，掌同府尹兼治州事。

同知一員，正七品，通判州事。

判官一員，從八品，簽判州事，專掌通檢推排簿籍。

司軍，從九品。

知法一員。

軍轄兼巡捕使，從九品。司吏，女直，韓、慶、信、灤、薊、通、澄、復、瀋、貴德、涿、利、建州、來遠軍各二人，餘各一人。抄事一人。公使，上州五十、中四十五、下四十。惟來遠軍同下州，省同知。凡諸州以上知印，並於孔目官内輪差，運司押司官並同。無孔目官，以上名司吏充，司、縣同此。

諸京警巡院

使一員，正六品，掌平理獄訟、警察別部〔三二〕，總判院事。

副一員，從七品，掌警巡之事。

判官二員，正九品，掌檢稽失，簽判院事。司吏，女直，中都三人〔三三〕，上、東、西三京各二人，餘各一人。漢人，中都十五人，南京九人，西京八人，東京六人，北京五人，上京四人。惟東、西、北、上京無副使。

諸府節鎮録事司

録事一員，正八品。判官一員，正九品。掌同警巡使。司吏，户萬以上設六人，以下爲率減之。凡府鎮二千户以上則依此置，以下則止設録事一員，不及百户者並省。

諸防刺州司候司

司候一員，正九品。

司判一員，從九品。司吏、公使七人。然亦驗户口置。

赤縣謂大興、宛平縣。

令一員，從六品，掌養百姓、按察所部〔二四〕、宣導風化、勸課農桑、平理獄訟、捕除盜賊、禁止游惰，兼管常平倉及通檢推排簿籍，總判縣事。

丞一員，正八品〔二五〕，掌貳縣事。

主簿一員，正九品，掌同縣丞〔二六〕。

尉四員，正八品，專巡捕盜賊。餘縣置四尉者同此。司吏十人，内一名取識女直、漢字者充。公使十人。

次赤縣又曰劇縣

令一員，正七品。

丞一員，正九品〔二七〕。

主簿一員，正九品。

尉一員，正九品。

諸縣

令一員，從七品。

丞一員，正九品。

主簿一員，正九品。

尉一員，正九品。

凡縣二萬五千户以上爲次赤、爲劇，二萬以上爲次劇，在諸京倚郭者曰京縣。自京縣而下，以萬户以上爲上，三千户以上爲中，不滿三千爲下。中縣而下不置丞〔二八〕，以主簿與尉通領巡捕事。下縣則不置尉，以主簿兼之。中縣司吏八人，下縣司吏六人，公使皆十人。

諸知鎮、知城、知堡、知寨，皆從七品。其設公使皆與縣同，惟驗户口置司吏。

諸司獄

司獄一員，正九品，提控獄囚。司吏一人。公使二人。典獄二人，防守獄囚門禁啓閉之事。獄子，防守罪囚者。

市令司　唯中都置。

令一員，正八品。南遷以左、右警巡使兼〔二九〕。丞一員，正九品。掌平物價，察度量權衡之違式、百貨之估直。司吏四人，公使八人。

軍器庫

使一員，正八品。副使一員，從九品。掌甲冑兵仗。司吏二人。庫子，掌出納之數、看守巡護。中都、南京依此置，西京省副使，北京惟副使，仍兼八作使。隨府節鎮設使、副，若軍器兼作院，軍資兼軍器庫，及防刺郡，則置都監一員〔三〇〕，以軍資監兼者如舊。

作院

使一員，副使一員，掌監造軍器，兼管徒囚，判院事。

都監一員，掌收支之事。

牢長，監管囚徒及差設牢子。中都、南京依此置，仍加「都」字。南京省都監一員，東京、西京置使或副一員，上京並省。隨府節鎮作院使、副，並以軍器使、副兼之。其或置一員，或以軍資庫兼之，若元設甲院都監處，并薊州專設使、副者，並仍舊。

都轉運司

使，正三品，掌稅賦錢穀、倉庫出納、權衡度量之制。

同知，從四品。

副使，正五品。

都句判官，從六品，紀綱衆務、分判句案，惟南京句判兼上林署丞。

户籍判官二員，從六品，舊止一員，承安四年增置一員，不許別差，專管拘收徵剋等事。

支度判官二員，從六品，掌勾判、分判支度案事。

鹽鐵判官一員，從六品。

都孔目官二員，勾稽文牘。

知法二員，從八品。

都勾案、户籍案、鹽鐵案、支度案、開拆案司吏，女直八人，漢人九十人。抄事一人，譯史三人，通事一人，押遞五十人，監運諸物公使八十人。惟中都路置都轉運司，餘置轉運司，省户、度判官各一員〔三二〕。南京、西京、北京、遼東、山東西路、河北東路則置女直知法、漢知法各一員。山東東路、河東南路北路、河北西路、陝西東西路則置漢知法一員。餘官皆同中都置。女直司，司吏，遼東路十人，西京、北京、山東西路各五人，餘路皆四人。譯史，遼東路三人，餘各二人。通事各一人。漢人司，司吏，課額一百八十萬貫以上者五十人，百五十萬貫以上四十五人，百二十萬貫以上四十人，九十萬貫以上三十五人，六十萬貫以上三十人，三十萬貫以上二十五人，不及三十萬貫二十人。公使人，各七十人。押遞，南京、山東東西路、河東南路、河北西路各五十人，西京、河東北路、河北東路各四十人，餘路各二十人。

山東鹽使司　與寶坻、滄、解、遼東、西京、北京凡七司。

使一員，正五品，他司皆同〔三二〕。副使二員，正六品。它司皆一員。判官三員，正七品。泰和作四員，寶坻、解州設二員，餘司皆一員。掌幹鹽利以佐國用。

管勾二十二員，正九品，寶坻、解、西京則設六員，北京、遼東、滄州則設四員。同管勾、都同監皆省。掌分管諸場發買收納恢辦之事。

同管勾五員。

都監八員。

監、同各七員。

知法一員。司吏二十二人，女直三人、漢人十九人。譯人一人，抄事、公使四十人，它司皆同。

中都都麴使司酒使司、院務、稅醋使司，榷場兼酒使司附。

使，從六品。副使，正七品。掌監知人户醞造麴糵，辦課以佐國用。餘酒使監醞辦課同此。

都監二員，正八品，掌簽署文簿、檢視醖造。司吏四人，公使十人。凡京都及真定皆爲都麴酒使司，設官吏同此。它處置酒使司，課及十萬貫以上者設使、副、小都監各一員，五萬貫以上者設使、副各一員，已上皆設司吏三人。二萬貫以上者設使及都監各一員，司吏二人。不及二萬貫者爲院務，設都監、同監各一員，不及千貫之院務止設都監一員。其它税醋使司及権場與酒税相兼者，視課多寡設官吏，皆同此。諸酒税使三萬貫以上者正八品，諸酒榷場使從七品〔三三〕，五萬貫以上副使正八品。

提舉南京路榷貨事，從六品。

中都都商税務司

使一員，正八品。副使一員，正九品。正大元年陞爲從七品。掌從實辦課以佐國用。都監一員，從九品，掌簽署文簿、巡察匿税。司吏四人，公使十人。餘置官吏同酒使司。

中都廣備庫

使一員，從七品。副使一員，從八品。判官一員，正九品。掌疋帛顔色、油漆諸物出納之事。攢典四人。庫子十四人，内十二人收支，二人應辦。掌排數出納、看守巡護之事，與庫官通管。

永豐庫　鍍鐵院都監隸焉。

使一員，從七品。副使一員，從八品。判官一員，正九品。掌泉貨、金銀珠玉出納之事。攢典三人。庫子十二人，内十人收支，二人應辦。凡歲收二十五萬貫者置庫子十人，不及二萬貫者置二人。

鍍鐵院都監二員，管勾生熟鐵釘線。攢典一人。京、府、鎮、通州並依此置，判官、都監皆省。或兼軍器并作院，或設使若副一員。防刺郡設都監一員，仍兼軍器庫。

南京交鈔庫

使一員，正八品。副使一員，正九品。掌出入錢鈔兑便之事。攢典二人，攢寫計帳、類會合同。庫子八人，掌受納錢數、辨驗交鈔、毁舊注簿曆。

中都流泉務　大定十三年，上謂宰臣曰：「聞民間質典，利息重者至五七分，或以利爲本，小民苦之。若官爲設庫務，十中取一爲息，以助官吏廩給之費，似可便民。卿等其議以聞。」有司奏於中都、南京、東平、真定等處並置質典庫，以流泉爲名，各設使、副一員。凡典質物，使、副親評價直，許典七分，月利一分，不及一月者以日計之。經二周年外，又逾月不贖，即聽下架出賣。出帖子時，寫質物人姓名，物之名色，金銀等第分兩，及所典年月日錢貫，下架年月之類。若亡失者，收贖日勒合干人，驗元典官本，并合該利息，陪償入官外，更勒庫子，驗典物日上等時估償之，物雖故舊，依新價償。仍委運司佐貳幕官識漢字者一員提控，若有違犯則究治。每月具數，申報上司。大定二十八年十月，京府節度州添設流泉務，凡二十八所。明昌元年，皆罷之。二年，在都依舊存設。

使一員，正八品。副使一員，正九品。掌解典諸物、流通泉貨。

勾當官一員。攢典二人。

中都店宅務

管勾四員，正九品，各以二員分左右廂，掌官房地基、徵收官錢、檢料修造摧毀房舍。

攢典，左右廂各五人，掌徵收及檢料修造房屋之事。庫子，左右廂各三人。催錢人，左右廂各十五人。又別設左廂平樂樓花園子一名，右廂舘子四人。

南京店宅務同。

中都左右廂別貯院

使一員，從八品。副使一員，正九品〔三四〕。判官，從九品。掌拘收退朴等物及出給之事〔三五〕。攢典、庫子，同前。

中都木場

使一員，從八品。副使一員，判官一員，皆正九品。掌拘收材木諸物及出給之事。司吏一人，庫子四人，花料一人，木匠一人。

中都買物司

使一員，從八品。副使一員，正九品。掌收買官中所用諸物。

都監四員，從九品，掌支應等事。司吏二人。

京兆府司竹監

管勾一員，從七品，掌蒔養竹園採斫之事。司吏一人。監兵百人，給蒔養採斫之役。

諸綾錦院置於真定、平陽、太原、河間、懷州。

使一員，正八品。副使一員，正九品。掌織造常課疋段之事。

規措京兆府耀州三白渠公事

規措官，正七品，掌灌溉民田。

點檢渠堰官一員，掌點檢啓閉涇陽等縣渠堰。司吏二人〔三六〕。

漕運司

提舉一員，正五品，景州刺史兼領，掌河倉漕運之事。

同提舉一員，正六品。勾當官，從八品，掌催督起運綱船。司吏六人，分掌課使、起運兩科〔三七〕，各設孔目官，前後行各一人。儹使科，掌吏、户、禮案。起運科，掌兵、刑、工案。公使八十一人，押綱官七十六人。

景州依此置。肇州以提舉兼本州同知，同提舉兼州判。

諸倉

使，正八品。副使，正九品。掌倉廩畜積、受納租稅、支給禄廩之事。攢典，掌收支文曆、行署案牘。歲收一萬石以上設二人。倉子，掌斛斗盤量、出納看守之事。

草場

使，副使，掌儲積受給之事。攢典二人。場子，掌積垛、出納、看守、巡護之事，歲收五萬以上設四人。中都、南京、歸德、河南、京兆、鳳翔依此置。西京省副使，餘京節鎮科設使副一員，防刺仍舊，置都監一員。

南京諸倉監支納官、草場監支納官，正八品。

南京提控規運柴炭場〔三八〕

使，從五品。

副使，正六品。

京西規運柴炭場

使，從八品。

副使，正九品。

諸總管府節鎮兵馬司

都指揮使一員，正五品，巡捕盜賊，提控禁夜，糾察諸博徒、屠宰牛馬，總判司事。

副都指揮使二員，正六品，貳使職，通判司事，分管内外，巡捕盜賊。軍典十二人，掌本庫名籍、差遣文簿、行署文書、巡捕等事，餘軍典同此。司吏一人，譯人一人，公使十人。

指揮使一員，從六品，鈐轄四都之兵以屬都指揮使，專署本指揮使事。

軍使一員，正七品，指揮之職，左右什將各一人，共管一都。軍典二人，營典一人，左、右承局各一人，左、右押官各一人。

以上軍員每百人爲一指揮，使各一員，分四都〔三九〕，每都設左右什將、承局、押官各一。若人數不及，附近相合者，並依上置。如無可相合者，三百人以上爲一指揮，二百人以上止設指揮使，一百人止設軍使，仍每百人以上立爲一都，不及百人設什將、承局、押官各一。其指揮下軍使，什將下軍典、營典，各同此置。惟北京、西京止設使、副各一員。

諸府鎮都軍司

都指揮使一員，正七品，節鎮軍都指揮使則從七品。掌軍率差役、巡捕盜賊，總判軍事，仍與録事同管城隍。軍典二人，公使六人。凡諸府及節鎮並依此置。

諸防刺州

軍轄一員，掌同都軍，兼巡捕，仍與司候同管城壁。軍典二人。

諸府州

兵馬鈐轄一員，從六品，掌巡捕盜賊。若有盜，則總押隨處巡尉，併力擒捕。司吏二人。京兆、咸平、濟南、鳳翔、萊、密、懿、鞏州並依此置。惟京兆、咸平府置兵馬都鈐轄，餘並省。

諸巡檢

中都東北都巡檢使一員，正七品，通州置司，分管大興、漷陰、昌平、通、順、薊、盈州界盜賊事。司吏一人，掌行署文書。馬軍十五人，於武衛馬軍內選少壯熟閑弓馬人充。

西南都巡檢一員〔四〇〕，正七品，良鄉縣置司，分管良鄉、宛平、安次、永清縣并涿、易州界盜賊事。

諸州都巡檢使各一員，正七品。

副都巡檢使各一員，正八品。司吏各一人。右宿、泗、唐、鄧、蔡、亳、陳、潁、德、華、河、隴、泰等州并西北路依此置，餘不加「使」字。

散巡檢，正九品。內泗州以管勾排岸兼之。皆設副巡檢一員，爲之佐。右地險要處置司。唐、鄧、宿、泗、潁、壽、蔡等州及緣邊二十五處置。大定二十二年，廣寧府大斧山置巡檢司。明昌五年七月，升蔡州劉輝村置巡檢。

潼關

關使兼譏察官，正七品，掌關禁、譏察姦僞及管鑰啓閉。

副譏察，正九品，掌任使之事。司吏二人，女直、漢人各一。

居庸關、紫荆關、通會關、會安關及他關

皆設使，從七品。

大慶關

管勾河橋官兼譏察事一員，正八品，掌解繫浮橋、濟渡舟楫、巡視河道、修完埽岸、兼率埽兵四時功役、栽植榆柳、預備物料、譏察姦僞等事。

同管勾一員。司吏二人，女直、漢人各一人。九鼎、大陽津渡，惟置譏察官一員。

孟津渡

譏察一員，正八品，掌譏察姦僞。副譏察一員，正九品。司吏二人。

提舉譏察使，正五品。副使，從五品。陝西一員，河南二員。南遷置譏察使，從七品。副使，正八品。南遷後，陝西置於秦州，河南置於唐、鄧、息、壽、泗五州。

提舉秦、藍兩關，提舉，從五品。同提舉，正六品。南遷後置。

提舉三門、集津南北岸，正六品。南遷後置。

沿淮譏察使，從五品。

管勾泗州兼排岸巡檢，正九品。

諸邊將

正將一員，正七品，掌提控部保將〔四二〕、輪番巡守邊境。副將一員，正八品。部將一員，正九品，輪番巡守邊境。隊將，正九品。

鄜延九將，慶陽十將，臨洮十四將，鳳翔十六將，河東三將，並依此置。

統軍司河南、山東、陝西、益都〔四二〕。

使一員，正三品，督領軍馬，鎮攝封陲，分營衞，視察姦。

副統軍一員，正四品。

判官一員，從五品，紀綱庶務，簽判司事。大定九年置。

知事一員，從七品。

知法二員，從八品，女直、漢人各一。書史十三人，女直八人、漢人五人，掌行署文牘，上名監印。守當官四人，譯書四人，通事一人，抄事一人，公使五十人。河南依此置，山東不設判官，知法以益都府知法兼之。

招討司三處置，西北路、西南路、東北路。

使一員，正三品。副招討使二員，從四品，招懷降附，征討携離。

判官一員，從六品，紀綱職務，簽判司事。

勘事官一員，從七品。

知事一員，正八品。

知法二員，從八品，女直、漢人各一。司吏十九人。譯人三人。通事六人，内諸部三人、河西一人。移剌三十人，以上名充都管。抄事一人。公使五十人。西北路增勘事官一員。東北路不置漢人知法。

諸猛安謀克隸焉。

猛安，從四品，掌修理軍務、訓練武藝、勸課農桑，餘同防禦。司吏四人，譯一人，撻馬、差役人數並同舊例。

諸謀克，從五品，掌撫輯軍户、訓練武藝。惟不管常平倉，餘同縣令。女直司吏一人，譯一人，撻馬。

諸部族節度使

節度使一員，從三品，統制各部，鎮撫諸軍，餘同州節度。

副使一員，從五品。

判官一員。

知法一員。司吏四人，女直、漢人各半。通事一人，譯人一人，撻馬。右部羅火部族〔四三〕、土魯渾部族並依此置。

諸乣

詳穩一員，從五品，掌守戍邊堡，餘同謀克。皇統八年六月，設本班左右詳穩，定爲從五品。

麽忽一員，從八品，掌貳詳穩。司吏三人。習尼昆，掌本乣差役等事。撻馬，隨從也。咩乣、唐古乣、移剌乣〔四四〕、木典乣、骨典乣、失魯乣並依此置。惟失魯乣添設譯人一名。士民須知有蘇謨典乣、胡都乣、霞馬乣，無失魯乣、移典乣。

諸移里堇司

移里堇一員，從八品，分掌部族村寨事。司吏，女直一人、漢人一人。習尼昆，掌本乣差役等事。撻馬。右土魯渾部族南北移里堇司依此置。部羅火部族左右移里堇司置女直司吏一人。

諸禿里

禿里一員，從七品，掌部落詞訟、防察違背等事。女直司吏一人，通事一人。

諸羣牧所，又國言謂「烏魯古」。

提控諸烏魯古一員，正四品，明昌四年置。是年以安遠大將軍、尚厩局使石抹貞兼慶州刺史爲之，設女直司吏二人，譯一人，通事一人。

使一員，從四品。國言作烏魯古使。副使一員，從六品。掌檢校羣牧畜養蕃息之事。

判官一員，正八品，掌簽判本所事。

知法一員，從八品。女直司吏四人，譯人一人，撻馬十六人，使八人，副五人，判三人。又設掃穩脱朵，分掌諸畜，所謂牛馬羣子也。

惟板底因、烏鮮、忒恩、蒲鮮羣牧依此置。

校勘記

〔一〕職員品秩皆同唐制　以上八字原作大字正文，依本志文例改作小字注文。

〔二〕尚服二人掌管司寶司衣司飾司仗之事　「管」字原脱。按，依文例「掌」下當有脱句，其文無可考，今僅補一「管」字。

〔三〕管司膳司醞司藥司饎事　「管」字原脱，據文例補。

〔四〕尚寢二人　按，此下當有脱句述所掌某事，今無可考。

〔五〕司計事　「事」字原脱，據文例補。

〔六〕左右衛率府率　下一「率」字原脱。按，唐六典卷二八，「太子左右衛率府，率各一人」，知「率府」是衛署，而「率」方是官名。本書卷七世宗紀中，大定十九年九月戊午，以「太子左衛率府率裴滿胡剌爲夏國生日使」。卷六七烏春傳附温敦蒲剌傳，「徵爲太子左衛率府率」。皆作「率府率」，與唐六典合。今據補。

〔七〕正大元年置　以上五字原作大字正文，據本志文例改作小字注文。

〔八〕餘府尹同　以上四字原作大字正文，據本志文例改作小字注文。

〔九〕河東東西路　按，金朝無「河東東西路」，當是「河北東西路」之誤。

〔一〇〕公使百人　「公使」，原作「公事」，據局本及本卷上下文改。

〔一一〕東京萬寧宮小都監一員　「萬寧宮」，當爲「孝寧宮」之誤。按，本書卷二四地理志上中都路注記「京城北離宮有太寧宮，大定十九年建，後更爲壽寧，又更爲壽安，明昌二年更爲萬寧宮」。又同卷東京路注記皇統四年「七月，建宗廟，有孝寧宮」。則萬寧宮在中都，孝寧宮在東京。

〔一二〕承安四年改按察司貞祐三年罷　按，本書卷一〇四郭俁傳，「貞祐三年，罷按察司」，記時與此處同。然卷一四宣宗紀上，貞祐二年二月「丙辰，罷按察司」，則與此處異。

〔一三〕知法四員　「員」字原脱，據北監本、殿本、局本補。

〔一四〕謂府尹兼領者　以上六字原作大字正文，依本志文例改作小字注文。

〔一五〕惟婆速路同知都總管兼來遠軍事兵馬　「事」字疑當在「兵馬」之下。

〔一六〕分判户禮案　「户」上疑脱「吏」字。按，上文總管判官「分判兵案之事」，下文推官「分判工、刑案事」，則「吏案」無着。下文「諸府」府判「分判吏、户、禮案事」，「諸節鎮」觀察判官「分判吏、户、禮案事」，皆吏、户、禮案由一判官專掌，諸總管府當亦如此。

〔一七〕分判兵刑工案事　「分判」二字原脱，據前後各條文例補。

〔一八〕兼判兵刑工案事　「判」，原作「制」，據文例改。

〔一九〕蒲與八人　「人」字原脱，據文例補。

〔二〇〕平宗懿定衛　「衛」，原作「行」。按，本書地理志節鎮州無「行州」，卷二五地理志中河北西路下有衛州河平軍。會編卷二四四引張棣金虜圖經，「節鎮三十八處」中有衛州河平軍。大金國志卷三八「節鎮三十九處」亦有衛州河平軍。今據改。

〔二一〕下六十人　「人」字原脱，據北監本、殿本、局本補。

〔二二〕警察別部　按，下文赤縣令掌「按察所部」。此處「別」字疑爲「所」字之誤。

〔二三〕司吏女直中都三人　「中都」下原衍「各」字，據文義删。

〔二四〕按察所部　「按察」，原作「披察」，據南監本、北監本、殿本、局本改。

〔二五〕丞一員正八品　「正八品」，原作「從八品」，據殿本、局本改。按，本書卷五二選舉志二，凡勞效，「官不至宣武，初授八品者授録事，二赤劇丞」，據本卷「録事一員，正八品」，則「赤劇丞」亦正八品。

〔二六〕主簿一員正九品掌同縣丞　按，赤縣主簿、尉之品秩史無可考，當與丞同。上文「丞一員，正八品」，下文「尉四員，正八品」，則主簿亦不得低於「正八品」。疑「正九品」爲「正八品」之誤。

〔二七〕丞一員正九品　按，下文諸縣「丞一員，正九品」，則此不當爲「正九品」已明。本書卷五八百官志四，諸劇縣丞正八品，諸京縣丞、諸次劇縣丞從八品。疑「九品」或「八品」之誤。又簿、尉當與丞品級同，則下文主簿、尉之「正九品」，亦疑當作「正八品」。

〔二八〕中縣而下不置丞　「不」字原脱，據文義補。

〔二九〕南遷以左右警巡使兼　「巡」字原脱。按，本書卷一六宣宗紀下，元光元年「九月丙午朔，以左右警巡使兼彈壓」。卷九〇高德基傳有「左警巡使李克勤、右警巡使李寶」。今據補。

〔三〇〕及防刺郡則置都監一員　按，本書卷一五宣宗紀中，興定三年三月「乙酉，河南路節鎮以上立軍器庫，設使、副各一員，防刺郡設都監、同監各一員」，疑「都監」下脱「同監各」三字。

〔三一〕省户度判官各一員　「户」下疑脱「籍支」二字。金史詳校卷四：「『户』下當加『籍支』二字。案：此謂户籍判官、支度判官，（中略）合稱户度不詞。」

〔三二〕他司皆同　以上四字原作大字正文，依本志文例改作小字注文。

〔三三〕諸酒榷場使從七品　按，上文言「榷場與酒税相兼者」，又「諸酒税使三萬貫以上者」，則此處「酒」下疑脱「税」字。

〔三四〕副使一員正九品　「員」、「品」二字原脱，據北監本、殿本、局本補。

〔三五〕掌拘收退朴等物及出給之事　「掌」字原脱，據局本補。殿本考證：「按上下各條皆有『掌』字，惟『中都左右廂別貯院』條脱簡，今增。」

〔三六〕司吏二人　「二人」，元刻本、北監本、殿本、局本作「三人」。

〔三七〕分掌課使起運兩科　按，下文作「爆使科」、「起運科」，疑「課」字誤。

〔三八〕南京提控規運柴炭場　「場」字原脱，據下文「京西規運柴炭場」例補。

〔三九〕以上軍員每百人爲一指揮使各一員分四都　按，本書卷四四兵志禁軍之制，「凡州府所募射糧軍、牢城軍，每五百人爲一指揮使司，設使，分爲四都」，則此處「百」上脱「五」字。

〔四〇〕西南都巡檢一員　「西南都巡檢」，疑其下脱「使」字。

〔四一〕掌提控部保將　「保」，疑當作「堡」。

〔四二〕河南山東陝西益都　按，本書卷二五地理志中，山東東路益都府，「大定八年置山東東西路統軍司」，益都爲山東統軍司治所。「益都」二字疑爲衍文。

〔四三〕右部羅火部族　「部羅火」，原作「部羅大」。按，本書卷二四地理志上，西京路部族節度使，「唐古部族，承安三年改爲部羅火扎石合節度使」。卷四四兵志兵制，唐古部下注「承安三年改爲部魯火扎石合節度使」。卷四二儀衞志下内外官傔從亦見「部羅火、土魯渾扎石合亦同」。今據改。下同。

〔四四〕移剌糺　本書卷二四地理志上、卷四四兵志兵制作「耶剌都糺」，卷八一阿勒根没都魯傳作「移剌都糺」。

金史卷五十八

志第三十九

百官四

符　印　鐵券　官誥　百官俸給

符制。初，穆宗之前，諸部長各刻信牌，交互馳驛，訊事擾人。太祖獻議，自非穆宗之命，擅製牌號者寘重法。自是，號令始一。收國二年九月，始製金牌，後又有銀牌、木牌之制，蓋金牌以授萬户，銀牌以授猛安，木牌則謀克、蒲輦所佩者也。故國初與空名宣頭付軍帥，以爲功賞。

遞牌，即國初之信牌也，至皇統五年三月，復更造金銀牌，其制皆不傳。大定二十九年，製緑油紅字者，尚書省文字省遞用之。朱漆金字者，勑遞用之。並左右司掌之，有合遞文字，則牌送各部，付馬鋪轉遞，日行二百五十里。如臺部別奉聖旨文字，亦給如上制。

虎符之制，承安元年製，以禮官言，漢與郡國守相爲銅虎符，唐以銅魚符，起軍旅、易守長等用之。至是，斟酌漢、唐典故，其符用虎，並五左一右，左者留御前，以侍臣親密者掌之，其右付隨路統軍司、招討司長官主之，闕則次官主之。若發兵三百人以上及徵兵、召易本司長貳官，從尚書省奏請左第一符，近侍局以囊封付主奏者，尚書備録聖旨，與符以函同封，用尚書省印記之，皆專使帶牌馳送至彼。主符者視其封，以右符勘合，然後奉行，若一有參差者，不敢承用。主者復用囊封貯左符，上用職印，具發兵狀與符以本司印封，即日還付使者，送尚書省以進，乃更其封，以付内掌之人。若復有事，左符以次出，周而復始，仍各置曆注付受日月。若盜賊急速不容先陳者，雖三百人以上，其掌兵官司亦許給付，隨即言上，詔即施行之。

貞祐三年，更定樞密院用鹿符，宣撫司用魚符，統軍司用虎符。

若發銀牌，若省付部及點檢司者，左右司用匣封印，驗封交受。若發於他處，並封題押，以匣貯之。

印制。太子之寶。大定二十二年，世宗幸上京，鑄「守國之寶」以授皇太子。二十八年，世宗不豫，以皇太孫攝政，鑄「攝政之寶」。貞祐三年十二月，以皇太子守緒控制樞密院，詔以金鑄「撫軍之寶」，如世宗時制，於啓禀之際用之。

百官之印。天會六年，始詔給諸司，其前所帶印記無問有無新給，悉上送官，敢匿者國有常憲。至正隆元年，以内外官印新舊名及階品大小不一，有用遼、宋舊印及契丹字者，遂定制，命禮部更鑄焉。

三師、三公、親王、尚書令並金印，方二寸，重八十兩，駞紐。一字王印，方一寸七分半，金鍍銀，重四十兩，鍍金三字。諸郡王印，方一寸六分半，金鍍銀，重三十五兩，鍍金三字。國公無印。一品印，方一寸六分半，金鍍銀，重三十五兩，鍍金三字。二品印，方一寸六分，金鍍銅，重二十六兩。東宫三師、宰執與郡王同。三品印，方一寸五分半，銅，重二十四兩。四品印，方一寸五分，銅，重二十兩。五品印，方一寸四分，銅，重二十兩。六品印，一寸三分，銅，重十六兩。七品印，一寸二分，銅，重十六兩。八品印，一寸一分半，銅，重十四兩。九品印，一寸一分，銅，重十四兩。凡朱記，方一寸，銅，重十四兩。

天德二年行尚書省以其印小，遂命擬尚書省印小一等改鑄。大定二十四年二月，鑄行尚書省、御史臺，并左右三部印，以從幸上京。

泰和元年八月，安國軍節度使高有鄰言：「本州所掌印三，曰『安國軍節度使之印』；曰『邢州觀察使印』，吏、户、禮案用之；曰『邢州之印』，兵、刑、工案用之。以名實不正，乞改鑄。」宰臣奏謂：「節度使專行之事自當用節度使印，觀察使亦如之，其六曹提點所軍兵民訟，則當用本州印，著爲定制。」上從之。

泰和八年閏四月，勑殿前都點檢司，依總管府例鑄印，以「金」、「木」、「水」、「火」、「土」五字爲號，如本司差人則給之。

鐵券。以鐵爲之，狀如卷瓦。刻字畫襴，以金填之。外以御寶爲合，半留内府，以賞殊功也。

官誥。親王，紅遍地雲氣翔鸞錦褾，金鸞五色羅十五幅，寶裝犀軸。一品，紅遍地雲鶴錦褾，金雲鶴五色羅十四幅，犀軸。二品、三品，紅遍地龜蓮錦褾，素五色綾十二幅，玳瑁軸。四品、五品，紅遍地水藻戲鱗錦褾，大白綾十幅，銀裹間鍍軸，元牙軸承安四年改之，大安二年復改爲金縷角軸。六品、七品，紅遍地草錦褾，小白綾八幅，角軸，大安加銀縷。

公主、王妃與親王同。郡主、縣主、夫人，紅遍地瑞蓮鸂鶒錦褾，金蓮鸂鶒五色羅十五幅。

郡王夫人、國夫人，紅遍地芙蓉花錦褾，金花五色綾十二幅，玳瑁軸。縣君、孺人、鄉君，紅遍地雜花錦褾，素五色小綾十幅，銀裹間鍍軸。軸之制，如徑二寸餘大錢貫樞之，兩端復以犀象爲鈿以轄之，可圓轉如輪。金格，一品，紅羅畫雲氣盤龍錦褾，金龍五色羅十七幅，寶裝玉軸。二品，翔鳳褾，金鳳羅十六幅，犀軸。三品、四品，盤鳳褾，金鳳羅十五幅。五品，翔鸞錦褾，金鸞羅十四幅。以上幅皆用五色羅，軸皆用犀。六品，御仙花錦褾，金花五色綾十二幅。七品、八品、九品，太平花錦褾，金花五色小綾十幅。軸皆用玳瑁。凡褾皆紅，幅皆五色。夫人以上制授，餘敕授，皆給本色錦囊。

百官俸給。正一品：三師，錢粟三百貫石，麴米麥各五十稱石，春衣羅五十匹，秋衣綾五十匹，春秋絹各二百匹，綿千兩。三公，錢粟二百五十貫石，麴米麥各四十稱石，春衣羅四十疋，秋衣綾四十疋，春秋絹各一百五十疋，綿七百兩。親王、尚書令，錢粟二百二十貫石，麴米麥各三十五稱石，春衣羅三十五疋，秋衣綾三十五疋，春秋絹各一百二十疋，綿六百兩。皇統二年，定制，皇兄弟及子封一字王者爲親王，給二品俸，餘宗室封一字王者以三品俸給之。天德二年，以三師、宰臣以下有以一官而兼數職者，及有親王食其禄而復領他事者，前此並給以俸，今宜從一高，其兼職之俸並不重給。至大定二十六年，詔有一官而兼數職，其兼職得罪亦不能免，而無廩給可乎。遂以職務煩簡定爲分數，給兼職之俸。

從一品：左右丞相、都元帥、樞密使、郡王、開府儀同，錢粟二百貫石，麴米麥各三十稱石，春秋衣羅綾各三十匹，絹各一百匹，綿五百兩。平章政事，錢粟一百九十貫石，麴米麥各二十八稱石，春羅秋綾各二十五匹，絹各九十五匹，綿四百五十兩。大宗正，錢粟一百八十貫石，麴米麥各二十五稱石，羅綾同上，絹各九十匹，綿四百兩。

正二品：東宮三師、副元帥、左右丞，錢粟一百五十貫石，麴米麥各二十二稱石，春羅秋綾各二十二匹，絹各八十匹，綿三百五十兩。

從二品：錢粟一百四十貫石，麴米麥各二十稱石，春羅秋綾各二十匹，絹各七十五匹，綿三百兩。同判大宗正，錢粟一百二十貫石，麴米麥各十八稱石，春羅秋綾各十八匹，絹各七十匹，綿二百五十兩。

正三品：錢粟七十貫石，麴米麥各十六稱石，春羅秋綾各十二匹，絹各五十五匹，綿二百兩。外官，錢粟一百貫石，麴米麥各十五稱石，絹各四十匹，綿二百兩，公田三十頃。統軍使、招討使、副使〔一〕，錢粟八十貫石，麴米麥十三稱石〔二〕，絹各三十五匹，綿百六十兩，公田二十五頃。都運、府尹，錢粟七十貫石，麴米麥十二稱石，絹各三十匹，綿百四十兩。天德二年，省奏：「職官公田歲入有數，前此百姓各隨公宇就輸，而吏或貪冒，多取以傷民。宜送之官倉，均定其數，與月俸隨給。」

從三品：錢粟六十貫石，麴米麥各十四稱石，春秋衣羅綾各十匹，絹各五十匹，綿百八十兩。外官，錢粟六十貫石，麴米麥各十稱石，絹各二十五匹，綿一百二十兩，公田二十一頃。皇統元年二月，詔諸官、職俱至三品而致仕者，俸祿、傔人，各給其半。

正四品：錢粟四十五貫石，麴米麥各十二稱石，春秋衣羅綾各八匹，絹各四十匹，綿一百五十兩。外官，錢粟四十五貫石。副統軍，錢粟五十貫石，絹各二十二匹，綿八十兩，職田十七頃。餘同下：麴米麥各八稱石，絹各二十匹，綿七十兩，公田十五頃，許帶酒三十瓶、鹽三石。

從四品：錢粟四十貫石，麴米麥各十稱石，春秋羅綾各六匹，絹各三十匹，綿一百三十兩。外官，錢粟四十貫石，麴米麥各七稱石，絹各十八匹，綿六十兩，公田十四頃〔三〕。猛安，錢粟四十八貫石，餘皆無。烏魯古使，同，無職田。大定二十年，詔猛安謀克俸給，令運司折支銀絹。省臣議：「若估粟折支，各路運司儲積多寡不均，宜令依舊支請牛頭稅粟。如遇凶年盡貸與民，其俸則於錢多路府支放，錢少則支銀絹亦未晚也〔四〕。」從之。

正五品：錢粟三十五貫石，麴米麥各八稱石，春秋衣羅綾各五匹，絹各二十五匹，綿一百兩。外官，刺史、知軍、鹽使，錢粟三十五貫石，麴米麥各六稱石，絹各十七匹，綿五十五兩，公田十三頃。餘官，錢粟三十貫石，麴米麥同上，絹各十六匹，綿五十兩，職田十頃。

從五品：錢粟三十貫石，麴米麥六稱石，春秋羅綾各五匹，絹各二十匹，綿八十兩。外官，錢粟二十五貫石，麴米麥各四稱石，絹各十匹，綿四十兩，公田七頃。謀克，錢粟二十貫石，餘皆無。喬家部族都鈐轄，無職田。

正六品：錢粟二十五貫石，麥五石，絹各十七匹，綿七十兩。外官與從六品，皆錢粟二十貫石，麴米麥三稱石，絹各八匹，綿三十兩，公田六頃。

從六品：錢粟二十二貫石，麥五石，春秋絹各十五匹，綿六十兩。烏魯古副使，同，無職田。

正七品：錢粟二十二貫石，麥四石，衣絹各一十二匹，綿五十五兩。外官，諸同知州軍、都轉運判〔五〕、諸府推官、諸節度判、諸觀察判、諸京縣令諸劇縣令〔六〕、提舉南京京城、規措渠河官、諸都巡檢、諸酒麴鹽稅副、諸正將，錢粟一十八貫石，麴米麥各二稱石，春秋衣絹各七匹，綿二十五兩〔七〕。諸司屬令、諸府軍都指揮，俸同上，無職田。潼關使，錢粟一十八貫石，麴米麥各一稱石，衣絹各六匹，綿三十兩，無職田。

從七品：錢粟一十七貫石，麥四石，衣絹各一十匹，綿五十兩。外官〔八〕，統軍司知事，錢粟一十七貫石，麥四石，衣絹各一十匹，綿五十兩。諸鎮軍都指揮使，錢粟一十八貫石，麴米麥各二稱石，衣絹各七匹，綿二十五兩。諸招討司勘事官、諸縣令、諸警巡副、京兆府竹監管勾、五品鹽使司判〔九〕、諸部禿里、同提舉上京皇城司、同提舉南京京城所、黃河都巡河官、諸酒稅榷場使〔一〇〕，錢粟一十七貫石，麴米麥各二稱石，衣絹各七匹，綿二十五兩，職田五頃。會安關使，諸知鎮城堡寨，錢粟一十五貫石，麴米麥各一稱石，衣絹各六匹，綿二十兩，職田四頃。

正八品：朝官，錢粟一十五貫石，麥三石，衣絹各八匹，綿四十五兩。外官，市令、諸錄事、諸防禦判、赤縣丞、諸劇縣丞〔一一〕、崇福埽都巡河官、諸酒稅使、醋使、榷場副、諸都巡檢〔二〕，錢粟一十五貫石，麴米麥各一稱石，衣絹各六匹，綿二十兩，職田四頃。烏魯古判官，俸同上，無職田。按察司知事、大興府知事、招討司知事、諸副都巡檢使，錢粟一十三貫石，麴米麥各一稱石，衣絹各六匹，綿二十兩，職田二頃。諸司屬丞，俸同上，無職田。諸節鎮以上司獄、諸副將，錢粟一十三貫石，衣絹各三匹，綿一十兩，職田二頃。南京京城所管勾、京府諸司使管勾、河橋諸關渡譏察官、同樂園管勾、南京皇城使、通州倉使，錢粟一十二貫石，衣絹各三匹，綿一十兩。節鎮諸司使、中運司柴炭場使，錢粟一十貫石，衣絹各二匹，綿八兩。

從八品：朝官，錢粟一十三貫石，麥三石，衣絹各七匹，綿四十兩。外官，南京交鈔庫使、諸統軍按察司知法，錢粟一十三貫石，麥三石，衣絹各七匹，綿四十兩。諸州軍判官、諸京縣丞、諸次劇縣丞、諸三品鹽司判官〔三〕、漕運司管勾、永豐廣備庫副使、左右別貯院木場使，錢粟一十三貫石，麴米麥各一稱石，衣絹各六匹，綿二十兩，職田三頃。諸麽忽、諸移里堇，錢粟一十三貫石，麥二石，衣絹各五匹，綿一十五兩，職田三頃。

正九品：朝官，錢粟一十二貫石，麥二石，衣絹各六匹，綿三十五兩。外官，南京交鈔庫副，錢粟一十二貫石，麥二石，衣絹六匹，綿三十五兩。諸警巡判官，錢粟一十三貫石，麴米麥各一稱石，衣絹六匹，綿一十兩，職田三頃。諸縣丞、諸酒稅副使，錢粟一十二貫石，麥一石五斗，衣絹各五匹，綿一十七兩，職田三頃。市丞、諸司候、諸主簿、諸録判、諸縣尉、散巡河官、黄河埽物料場官，錢粟一十二貫石，麥一石，衣絹各三匹，綿一十兩，職田二頃。管勾泗州排岸兼巡檢、副都巡檢、諸巡檢，俸例同上，並無麥及職田。諸鹽場管勾、左右别貯院木場副、永豐廣備庫判，錢粟一十二貫石，衣絹各三匹，綿一十兩，職田二頃。諸部將、隊將〔一四〕，錢粟一十二貫石，麥一石，衣絹各三匹，綿一十兩，職田二頃。店宅務管勾，錢粟一十二貫石，綿絹同上。京府諸司副、南京皇城副、通州倉副、同管勾河橋、諸副譏察，錢粟一十一貫石，衣絹各二匹，綿八兩。諸州軍司獄，錢粟一十一貫石，衣絹各二匹，綿八兩，職田二頃。節鎮諸司副、中運司柴炭場副，錢粟一十貫石，衣絹各二匹，綿八兩。

從九品：朝官，錢粟一十貫石，麥二石，衣絹各五匹，綿三十兩。外官，諸教授，錢粟一十二貫石，麥一石，衣絹各三匹，綿一十兩，職田二頃。三品以上官司知法〔一五〕，錢粟十貫石，麥一石，衣絹各三匹，綿一十兩。司候判官，錢粟一十貫石，衣絹各二匹，綿八兩，職田二頃。諸防刺軍轄〔一六〕，俸同上，無職田。諸榷場同管勾、左右别貯院木場判〔一七〕，錢粟一十貫石，衣絹各三匹，綿六兩。諸京作院都監、通州倉判、五品以上官司知法，錢粟九貫石，衣絹各二匹，綿六兩。諸府作院都監、諸埽物料場都監，錢粟八貫石，衣絹各一匹，綿六兩。諸節鎮作院都監、諸司都監，錢粟八貫石，衣絹各二匹。諸司同監，錢粟七貫石，絹同上。陝西東路德順州世襲蕃巡檢〔一八〕，分例月支錢粟一十貫石，衣絹各二匹，綿一十兩。陝西西路原州世襲蕃巡檢〔一九〕，月支錢二貫三百九十文，米四石五斗，絹三匹。河東北路葭州等處世襲蕃巡檢，月支錢粟一十貫石，絹二匹，綿一十兩。

宮闈歲給。太后、太妃宮，每歲各給錢二千萬，綵二百段，絹千匹，綿五千兩。諸妃，歲給錢千萬，綵百段，絹三百匹，綿三千兩。嬪以下，錢五百萬，綵五十段，絹二百匹，綿二千兩。貞元元年，妃、嬪、婕妤、美人及供膳女侍，并仙韶、長春院供應人等〔二〇〕，歲給錢帛各有差。

凡内職，貞祐之制，正一品，歲錢八千貫，幣百段，絹五百匹，綿五千兩。正二品，歲錢六千貫，幣八十段，絹三百匹，綿四千兩。正三品，歲錢五千貫，幣六十段，絹二百匹，綿三千兩。正四品，歲錢四千貫，幣四十段，絹百五十匹，綿二千兩。正五品，尚宮夫人，歲錢二千貫，幣二十段，絹百匹，綿千兩。尚宮左右夫人至宮正夫人，錢千五百貫，幣十九段，絹九十匹，綿九百兩。寶華夫人以下至資明夫人，錢千貫，幣十八段，絹八十匹，綿八百兩。有大、小令人，大、小承御，大、小近侍，俸各異。正六品，尚儀御侍以下，錢五百貫，幣十六段，絹五十匹，綿二百兩。正七品，司正御侍以下，錢四百貫，幣十四段，絹四十匹〔三一〕，綿百五十兩。正八品，典儀御侍以下，錢三百貫，幣十二段，絹三十匹，綿百兩。正九品，掌儀御侍以下，錢二百五十貫，幣十段，絹二十六匹，綿百兩。

百司承應俸給。省令史、譯史，錢粟一十貫石，絹四匹，綿四十兩。省通事、樞密令史譯史，錢粟十二貫石，絹三匹，綿三十兩。樞密通事、六部御史臺令譯史，錢粟一十貫石，衣絹三匹，綿三十兩。六部等通事、誥院令史、國史院書寫、隨府書表、親王府祇候郎君、典客署引接書表，錢粟八貫石，絹二匹，綿二十兩。走馬郎君、一品子孫十貫石，內祇八貫石，班祇七貫石，並絹二匹，綿二十兩。護衛長，支正六品俸。長行，從六品俸。符寶郎、奉御、東宮護衛長，錢粟十七貫石，絹八匹，綿四十兩。東宮護衛長行，十五貫石，絹四匹，綿四十兩。筆硯承奉、閤門祇候、侍衛親軍百户，十二貫石，絹四匹，綿三十兩。妃護衛、奉職、符寶典書、東宮入殿小底，十貫石，絹三匹，綿三十兩，勒留則添二貫石。尚衣、奉御〔三二〕、捧案、擎執、奉輦、知把書畫、隨庫本把、左右藏庫本把、儀鸞局本把、尚輦局本把、妃奉事，八貫石，絹三匹，綿三十兩。侍衛親軍五十户，九貫石，絹三匹，綿二十兩。未係班，絹三匹，綿二十兩〔三三〕。長行，七貫石，絹二匹，綿二十兩。弩傘什將，八貫石。傘子，五貫石。太醫長行，八貫石。正奉上太醫，十貫石。副奉上，同。隨位承應都監，未及十五歲者六貫石，從八品七貫石，從七品八貫石，從六品九貫石，從五品十貫石，從四品十二貫石，止掌文書者添支三貫石，牌子頭等添支二貫石。司天四科人，九品六貫石，八品七貫石，六品九貫石，五品十貫石，四品十二貫石，止教授管勾十貫石，學生錢三貫、米五斗。典客書表〔二四〕，八貫石，絹二匹，綿二十兩。東宮筆硯，六貫石。尚厩獸醫、祕書監楷書，六貫石。祕書琴碁等待詔，七貫石。馳馬牛羊羣子、擠酪人，皆三貫石〔二五〕。

諸使司都監食直，二十萬貫以上六十貫，十萬貫已上五十貫，五萬貫已上四十貫，三萬貫已上三十貫，二萬貫已上二十五貫。諸院務監官食直，五千貫已上監官二十貫、同監十五貫，二千貫已上監官十五貫、同監十貫，一千貫已上監官十五貫，一千貫已下監官十貫。

舊制，凡監臨使司、院務之商稅，增者有賞，虧者剋俸。大定九年，上以吏非祿無以養廉，於是止增虧分數爲殿最，乃罷剋俸、給賞之制，而監官酬賞仍舊。二十年，詔十萬貫以上鹽酒等使，若虧額五厘，剋俸一分。奏隨處提點院務官賞格，其省除以上提點官，并運司親管院務，若能增者十分爲率以六分入官，二分與提點所官、二分與監官充賞，若虧亦依此例剋俸，若能足數則全給。大定二十二年，定每月先支其半外，如不虧則全支，虧一分則剋其一分，補足貼支。隨路使司、院務并坊場，例多虧課，上曰：「若其實可減處，約量裁減，亦公私兩便也。」二十三年，以省除提控官與運司置司處，虧課一分剋俸一分，其罰涉重。亦命先給月俸之半，餘半驗所虧分數剋罰補，公田則不在剋限。二十六年四月，奏定院務監官虧永陪償格。

諸京府、運司、提刑司、節鎮防刺等，漢人、女直、契丹司吏、譯史、通事、孔目官，八貫。押司官，七貫。前後行，六貫。諸防刺已上女直、契丹司吏、譯史、通事，不問千里內外，錢七貫，公田三頃。諸鹽使司都目，十四貫。司吏，六貫。諸巡院司縣司獄等司吏，有譯史、通事者同，錢五貫。凡諸吏人，月支大紙五十張，小紙五百張，筆二管，墨二錠。

諸職官上任，不過初二日，罷任過初五日者，給當月俸。或受差及因公幹未能之官者，計程外聽給到任祿。若文牒未至，前官在任，及後官已到，前官差出，其祿兩支，職田皆給後官。凡職田，畝取粟三斗、草一稱。倉場隨月俸支俸，麴則隨直折價。諸親王授任者，祿從多，職田從職。朝官兼外者同。六十以上及未六十而病致仕者，給其祿半。承應及軍功初出職未歷致仕，雖未六十者亦給半禄。内外吏員及諸局分承應人，病告至百日則停給。除程給假者俸禄職田皆以半給，衣絹則全給。皇家袒免以上親户別給，夫亡，妻亦同。若同居兄弟收充猛安謀克及歷任承應人者，不在給限。大功以上，錢粟一十三貫石，春秋衣絹各四疋。小功，粟一十貫石〔二六〕，春秋衣絹各三疋。緦麻、袒免，錢粟八貫石，春秋衣絹二疋。

諸馳驛及長行馬，職官日給，謂奉宣省院臺部委差或許差者，下文置所等官同。一品三貫文，二品二貫文，三品一貫五百文，四品一貫二百文，五品一貫文，六品八百文，七品六百文，八品九品四百文。

有職事官日給，外路官往回口券，依上款給，一品二貫五百文，二品一貫六百文，三品一貫二百文，四品一貫文，五品九百文，六品七百文，七品六百文，八品九品四百文。

無職事官並驗前職日給，無前職者以應仕及待闕職事給之〔二七〕。四品一貫三百文，五品一貫二百文，六品九百文，七品七百文，八品九品五百文。

隨朝吏員宣差及省部差委官踏逐者，引者亦同。及統軍司、按察司書吏、譯人〔二八〕、本局差委及隨逐者，日給錢各一百五十文。

燕賜各部官僚以下，日給米糧分例，無草地處内，親王給馬二十五疋草料，親王米一石，宰執七㪷，王府三㪷，府尉二㪷，員外郎、司馬各一㪷六升，監察御史、尚書省都事、大理司直、六部主事各八升，檢、知法七升，省令、譯史六升，院臺令譯史、省通事各五升，院臺通事、六部令譯史通事、省祇候郎君、使庫都監各四升，誥院令史、樞密院移剌各三升，王府直府、王府及省知印、直省、御史臺通引、王府教讀、王傅府尉等下司吏、外路通事、省醫工調角匠、招討司移剌各二升，寫誥諸祇候人、本破人同。大程官院子酒匠柴火各一升，萬户一㪷六升，猛安八升，謀克四升，蒲輦二升[二九]，正軍阿里喜、旗鼓吹笛司吏各一升。

諸外方進貢及回賜，并人使長行馬，每疋日給草一稱、粟一斗。

宮中東宮同。承應人因公差出，皆驗見請錢粟貫石、口給食料，若係本職者住程不在給限，其常破馬草料局分，如被差長行馬公幹本支草料，即聽驗日尅除，若特奉宣差勾當者，依本格：十八貫石以上九百文，十七貫石八百六十文，十五貫石以上五百四十文，七貫石以上四百六十文，六貫石四百二十文，五貫石三百八十文，四貫石三百三十文，三貫石二百八十文，二貫石二百三十文。

諸試護衞親軍，聽自起發日爲始，計程至都，比至試補，其間各日給口券，若揀退還家者，亦驗回程給之〔三〇〕。未起閑住口數不在支限〔三一〕。其正收之後再揀退者，亦給人三口米糧錢一百文、馬二疋草料。諸簽軍赴鎮防處及班祗充押遞橫差別路勾當千里以上者，沿路各日給米一升、馬一疋草料。無馬有驢者，各支依本格。車駕巡幸，顧工，馬夫三百文，步夫二百三十文，圍鵝夫、隨程幹辦人各二百文，傳遞果子夫一百五十文。車駕巡幸，若於私家内安置行宫者，約量給賜段匹。太廟神厨祠祭度勾當人、少府監隨色工匠、部役官受給官司吏，錢粟二貫石，春秋衣絹各一匹。

諸局作匠人請俸，綉女都管錢粟五貫石，都繡頭錢粟四貫石，副繡頭三貫五百石，中等細繡人三貫石，次等細繡人二貫五百石，習學本把正辦人錢支次等之半，描繡五人錢粟三貫石，司吏二人三貫石。修内司，作頭五貫石，工匠四貫石，春秋衣絹各二匹。軍夫除錢糧外，日支錢五十、米一升半。百姓夫每日支錢一百、米一升半。國子監雕字匠人，作頭六貫石，副作頭四貫石，春秋衣絹各二匹。長行三貫石，射糧軍匠錢粟三貫石，春秋衣絹各二匹，習學給半。初習學匠錢六百，米六斗，春秋絹各一匹，布各一匹。民匠日支錢一百八十文。

諸隨朝五品以下職事官身故，因公差出及以理去任、未給解由者，身故同。驗品，從去鄉地里支給津遺錢。並受職事給之，下條承應人准此。若外路官員在任依理身故者，各依上官品地里減半給之〔三二〕。若係五百里內不在給限，五百里外，五品一百貫，六品七品八十貫，八品九品六十貫。一千里外，五品一百二十貫，六品七品一百貫，八品九品八十貫。二千里外，五品一百七十貫，六品七品一百五十貫，八品九品一百貫。三千里外，五品二百五十貫，六品七品二百貫，八品九品一百五十貫。

諸隨朝承應人身故應給津遺錢者，護衛、東宮護衛同。奉御、符寶、都省樞密院御史臺令譯史同九品官，通事、宗正府六部令譯史、統軍司書吏譯書〔三三〕、按察司書吏〔三四〕，同。親軍減九品官五分之二，通事、隨朝書表、吏員、譯人統軍司通事、守當官，按察司書吏、譯人，分治都水監典吏，同。及諸局分承應人武衛軍同。減五分之三。

天壽節設施老疾貧民錢數，在都七百貫，宮籍監給。諸京二十五貫，此以下並係省錢給。諸府二十貫文，諸節鎮一十五貫文，諸防刺州軍一十貫文，諸外縣五貫文。城寨係保鎮同〔三五〕。

諸孤老幼疾人，各月給米二㪷、錢五百文，春秋衣絹各一疋，五歲以下三分給二。身死者給錢一貫埋殯。

諸因灾傷或遭賊驚却饑荒去處，良民典顧、冒賣爲驅，遇恩官贖爲良分例，若元價錢給。男子一十五貫文，婦人同，老幼各減半。六歲已下即聽出離，不在贖換之限。

諸士庶陳言利害，若有可採，行之便於官民者，依驗等第給賞，上等銀絹三十兩匹，中等二十兩匹，下等一十兩匹，其陳數事，止從一支。若用大事應補官者，從吏部格。

宣宗貞祐元年十二月，以糧儲不足，詔隨朝官、承應人俸，計口給之，餘依市直折之。諭旨省臣曰：「聞親軍俸，粟每石以麥六斗折之，所省能幾，而失衆心，今給本色。」二年八月，始給京府州縣及轉運司吏人月俸有差。舊制惟吏案孔目官有俸，餘止給食錢，故更定焉。

三年，詔損宮中諸位歲給有差。監察御史田迥秀言〔三六〕：「國家調度，行纔數月，已後停滯，所患在支太多、收太少，若隨時裁損所支，而增其收，庶可久也。」因條五事，一曰朝官及令譯史、諸司吏員、諸局承應人，太冗濫宜省併之。隨處屯軍皆設寄治官，徒費俸給，不若令有司兼總之。且沿河亭障各駐鄉兵，彼皆白徒，皆不可用，不若以此軍代之，以省其出。

四月，以調度不及，罷隨朝六品以下官及承應人從己人力輸傭錢。減修內司所役軍夫之半。經兵處，州、府、司吏減半，司、縣三分減一，其餘除開封府、南京轉運司外，例減三分之一。有祿官吏而不出境者，並罷給券，出境者給其半。

興定二年正月，詔「陝州等處司、縣官徵稅不足，閣其俸給何以養廉，自今不復閣俸」。彰化軍節度使張行信言〔三七〕：「送宣之使，其視五品而上各有定數，後竟停罷。今軍官以上奉待使者有所饋獻，至六品以下亦不免如例，而莫能辦，則斂所部以與之，至有獲罪者。保舉縣尹，特增其俸，然法行至今，而關以西尚有未到任者，豈所舉少而不敷耶，宜廣選舉，以補其闕。且丞簿亦親民者也，而獨不增，安能禁其侵牟哉。」

校勘記

〔一〕統軍使招討使副使　按，本卷下文正四品下有「副統軍」，本書卷五七百官志三云「副統軍一員，正四品」，「副招討使二員，從四品」。官品皆與「正三品」不符，「副使」二字疑是衍文。

〔二〕麴米麥十三稱石　「十三稱石」，據文例當作「各十三稱石」，脫一「各」字。下文「麴米麥十二稱石」、「麴米麥六稱石」、「麴米麥三稱石」同，不另出校。

〔三〕公田十四頃　「十四」，原作「四十四」。按，上文正四品外官「公田十五頃」，下文正五品外官「公田十三頃」，則從四品不應有「四十四頃」，上「四」字顯係衍文，今刪。

〔四〕錢少則支銀絹亦未晚也　「銀」下原衍一「銀」字，今删。

〔五〕都轉運判　按，本書卷五七百官志三，都轉運司下「都句判官」、「户籍判官」、「支度判官」、「鹽鐵判官」皆爲「從六品」。卷四二儀衛志下内外官傔從「外任官從己人力」條則謂都轉運判爲正七品，與此合。

〔六〕諸京縣令諸劇縣令　按，本書卷四二儀衛志下内外官傔從「外任官從己人力」條，從六品「赤劇縣令」與正七品「京縣次劇縣令」並舉，從七品「赤劇縣丞」與正八品「京縣次劇縣丞」並舉。本卷百官俸給從六品下不列外官花名，故不見「赤劇縣令」，而正八品有「赤縣丞、諸劇縣丞」，從八品下有「諸京縣丞、諸次劇縣丞」，依此例推則此處「諸劇縣令」當是「諸次劇縣令」。

〔七〕綿二十五兩　按，下文諸司屬令、諸府軍都指揮、潼關使皆言「無職田」，則此處必有職田。正六品外官「公田六頃」，從七品「職田五頃」，疑此下有脱文，或當作「職田五頃」。

〔八〕外官　「官」字原脱，據局本補。

〔九〕五品鹽使司判　按，本書卷五七百官志三，「山東鹽使司，與寶坻、滄、解、遼東、西京、北京凡七司」，「判官三員，正七品」。卷四九食貨志四鹽謂「山東、寶坻、滄鹽司判官乞陞爲從七品」。皆與此處「從七品」異。

〔一〇〕諸酒税榷場使　「酒税」，原作「河税」。按，本書卷五七百官志三「中都都麴使司」條注云，

「榷場兼酒使司附」，又「諸酒榷場使從七品」。卷四二儀衛志下內外官傔從「外任官從己人力」條，從七品「都巡河」後有「同七品酒使」，亦即此官。今據改。

〔二〕赤縣丞諸劇縣丞　二「丞」字，原均作「令」字。按，本書卷五七百官志三，赤縣令從六品，諸劇縣令正七品，且其俸給已見本卷上文，而下文從八品下有「諸京縣丞、諸次劇縣丞」，則此正八品者當是「赤縣丞、諸劇縣丞」。卷四二儀衛志下內外官傔從「外任官從己人力」條，「赤劇縣丞」從七品，「京縣次劇縣丞」正八品，「諸縣丞」從八品，皆視百官俸給高一級，然依比例求之則此亦當是「赤劇縣丞」。卷五二選舉志二，凡勞效，「官不至宣武，初授八品者授録事，二赤劇丞」。據卷五七百官志三「録事一員，正八品」，則「赤劇縣丞」爲正八品無可疑者。今據改。

〔三〕諸都巡檢　按，本書卷五七百官志三，「中都東北都巡檢使一員，正七品」。上文「正七品」下已有「諸都巡檢」，此處當是衍文。

〔三〕諸三品鹽司判官　檢本書百官志無三品鹽使司，疑所記有誤。

〔四〕諸部將隊將　「部將」，原作「都將」。按，本書卷五二選舉志二、卷五六百官志二，都將從九品，屬武衛軍，非外任官。又本書卷五七百官志三，諸邊將，「部將一員，正九品，輪番巡守邊境。隊將，正九品」。部將、隊將連言，與此處同。今據改。

〔五〕三品以上官司知法　按，本書卷五七百官志三，三品以上官司大興府、按察司、都轉運司等官署知法皆「從八品」。則此處所繫官品有誤，當繫於「從八品」之下。

〔一六〕諸防刺軍轄　「刺」，原作「次」。按，本書卷五七百官志三，諸防禦州、諸刺史州之下有「軍轄兼巡捕使，從九品」。又曰「諸防刺州，軍轄一員，掌同都軍，兼巡捕，仍與司候同管城壁」。則「次」當作「刺」，今據改。

〔一七〕左右別貯院木場判　按，本書卷五七百官志三，中都左右廂別貯院「判官，從九品」，中都木場「判官一員」，正九品。「木場」二字疑衍。

〔一八〕陝西東路德順州世襲蕃巡檢　「路」、「順」二字原脫。按，本書卷二六地理志下，置陝西東路轉運司於京兆府，置陝西西路轉運司於平涼府，自陝西分東路、西路以後，而州名有「德」字者僅一德順州。卷一一三白撒傳言，「宋境山州宕昌東上拶一帶蕃族，昔嘗歸附，分處德順、鎮戎之間」。可見德順有蕃族。今據補。

〔一九〕陝西西路原州世襲蕃巡檢　「西路」，原作「西京」。按，本書卷二六地理志下，「慶原路，舊作陝西西路」，領刺郡三，有原州。今據改。

〔二〇〕并仙韶長春院供應人等　按，本書卷五六百官志二，内侍局下有「長慶院都監、同監」，與「仙韶院都監、同監」並列，「長慶院」與「長春院」必有一誤，今無可考。

〔二一〕絹四十匹　「四十」，原作「十四」，據道光四年殿本改。按，上文正六品「絹五十匹」，下文正八品「絹三十匹」，則此處當是「絹四十匹」。

〔二二〕奉御　按，本志上文已列出，疑此處爲衍文。

〔二三〕未係班絹三匹綿二十兩　按上下文例，「絹三匹」上當脱貫石數字。又依比例，「絹三匹」疑當作「絹二匹」。

〔二四〕典客書表　即上文「典客署引接書表」，此處重出。

〔二五〕駞馬牛羊羣子擠酪人皆三貫石　「羣子」，原作「郡子」，據局本改。按，本書卷五三選舉志三，「尚廄局醫獸、駞馬牛羊羣子、酪人，皆無出身」。卷五七百官志三，諸羣牧所注「又設掃穩脱朵，分掌諸畜，所謂牛馬羣子也」。

〔二六〕小功粟一十貫石　依本志文例，「粟」當作「錢粟」。

〔二七〕無前職者以應仕及待闕職事給之　「仕」，原作「住」，據北監本、殿本、局本改。

〔二八〕及統軍司按察司書吏譯人　按，本書卷五七百官志三，統軍司注「書史十三人」，無「書吏」、「譯人」。

〔二九〕蒲輦二升　「蒲輦」，原作「備輦」。按，本書卷四四兵志兵制云，「猛安者千夫長也，謀克者百夫長也。謀克之副曰蒲里衍，士卒之副從曰阿里喜」。「蒲里衍」即「蒲輦」，蓋同音異譯。同卷養兵之法載，「凡河南、陝西、山東放老千户、謀克、蒲輦、正軍、阿里喜等給賞之例」，亦作「蒲輦」，卷五二選舉志二及他卷同。今據改。

〔三〇〕亦驗回程給之　「回」，原作「因」，據北監本、殿本、局本改。

〔二一〕未起閑住口數不在支限　「口」，疑是「日」字之誤。

〔二二〕各依上官品地里減半給之　「各」，南監本、北監本、殿本、局本作「皆」。「里」，原作「理」，據南監本、北監本、殿本、局本改。

〔二三〕統軍司書史譯書　「統軍司」，原作「統司」。按，本書卷五七百官志三有「統軍司」，今據改。「書吏」，參見本卷校勘記〔二八〕。

〔二四〕按察司書吏　按，下文又見「按察司書吏」，疑「書吏」爲「書史」之誤。

〔二五〕城寨係保鎮同　「保」，局本作「堡」。「係」字疑是衍文。

〔二六〕「三年」至「監察御史田迥秀言」　按，本書卷四八食貨志三錢幣，貞祐「四年正月，監察御史田迥秀言：『國家調度皆資寶券，行才數月，又復壅滯，非約束不嚴、奉行不謹也。夫錢幣欲流通，必輕重相權、散斂有術而後可。今之患在出太多、入太少爾。若隨時裁損所支，而增其所收，庶乎或可也。』因條五事」。卷一四宣宗紀上，貞祐「四年春正月癸亥，監察御史田迥秀條陳五事」。則「三年」當爲「四年」之誤。

〔二七〕彰化軍節度使張行信言　「言」字原脱，據局本補。